द आर्ट ऑफ वॉर

सुन त्जू

PAGES PLANET PUBLISHING

द्वारा प्रकाशित

पेज प्लैनेट पब्लिशिंग

ईमेल:

pagesplanetpublishing@gmail.com

विवरण या पूछताछ के लिए, कृपया ऊपर दिए गए ईमेल पर प्रकाशक से संपर्क करें।

पहली बार 2024 में पेजेस प्लैनेट पब्लिशिंग द्वारा प्रकाशित

लियोनेल जाइल्स द्वारा प्रस्तावना

जीवनचरित्र का सातवां खंड *चीनी के इतिहास, विज्ञान, कला, रीति-रिवाजों, रीति-रिवाजों, &c. से संबंधित युद्ध* की कला के लिए समर्पित है, और इसमें अन्य ग्रंथों के बीच, "सन-त्से के तेरह लेख" शामिल हैं, जिसका चीनी से एक जेसुइट फादर, जोसेफ अमिओट द्वारा अनुवाद किया गया है। ऐसा प्रतीत होता है कि पिता अमिओट ने अपने समय में एक सिनोलॉग के रूप में कोई छोटी प्रतिष्ठा का आनंद नहीं लिया था, और उनके मजदूरों का क्षेत्र निश्चित रूप से व्यापक था। लेकिन सूर्य त्ज़ी का उनका तथाकथित अनुवाद, अगर मूल के साथ कंधे से कंधा मिलाकर रखा जाता है, तो एक बार में एक अशुद्धता से थोड़ा बेहतर माना जाता है। इसमें बहुत कुछ है जो सन त्ज़ी ने नहीं लिखा था, और वास्तव में उसने जो किया वह बहुत कम है। यहाँ एक उचित नमूना है, जो अध्याय 5 के शुरुआती वाक्यों से लिया गया है: -

सैनिकों की सरकार में कौशल का। सनत्से ने कहा: सभी अधिकारियों के नाम रखें, दोनों सामान्य और सबाल्टर्न, और उन्हें एक अलग सूची में दर्ज करें, उनमें से प्रत्येक की प्रतिभा और क्षमता का एक नोट के साथ, ताकि अवसर आने पर आप उन्हें लाभ के साथ नियोजित कर सकें। सुनिश्चित करें कि आपको जो भी ऑर्डर करना है, वह आश्वस्त है कि आपकी मुख्य चिंता उन्हें नुकसान से बचाना है। दुश्मन के खिलाफ आप जिन सैनिकों को आगे बढ़ाते हैं, वे पत्थरों की तरह होने चाहिए जिन्हें आप अंडे के खिलाफ फेंकेंगे। शत्रु से बलवान और निर्बल के बीच और कोई अन्तर नहीं होना चाहिये, शून्य से पूर्ण में अन्तर होना चाहिये। खुले में हमला करो, लेकिन गुप्त रूप से विजयी बनो। यह, कुछ शब्दों में, कौशल और सैनिकों की सरकार की सभी पूर्णता में शामिल है।

उन्नीसवीं शताब्दी के दौरान, जिसने चीनी साहित्य के अध्ययन में एक अद्भुत विकास देखा, किसी भी अनुवादक ने सन त्ज़ी से निपटने के लिए उद्यम नहीं किया, हालांकि उनके काम को चीन में सैन्य विज्ञान के सबसे पुराने और सबसे अच्छे संग्रह के रूप में अत्यधिक मूल्यवान माना जाता था। यह वर्ष 1905 तक नहीं था कि कैप्टन ई.एफ. R.F.A., टोक्यो में "सोंशी" (सन त्ज़ी का जापानी रूप) शीर्षक के तहत दिखाई दिया। दुर्भाग्य से, यह स्पष्ट था कि चीनी के अनुवादक का ज्ञान सूर्य त्ज़ी की कई गुना कठिनाइयों से जूझने के लिए उसे फिट करने के लिए बहुत कम था। वह खुद स्पष्ट रूप से स्वीकार करता है कि दो जापानी सज्जनों की सहायता के बिना "साथ में अनुवाद असंभव होता। हम केवल आश्चर्य कर सकते हैं, फिर, कि उनकी मदद से यह इतना अधिक बुरा होना चाहिए था। यह केवल सर्वथा भूलों का प्रश्न नहीं है, जिससे कोई भी पूरी तरह छूट की आशा नहीं कर सकता है। चूक अक्सर होती थी; कठिन मार्ग जानबूझकर विकृत या धीमा कर दिया गया था। ऐसे अपराध कम क्षम्य हैं। ग्रीक या लैटिन क्लासिक के किसी भी संस्करण में उन्हें बर्दाश्त नहीं किया जाएगा, और चीनी से अनुवाद में ईमानदारी के समान मानक पर जोर दिया जाना चाहिए।

इस प्रकृति के दोषों से, कम से कम, मेरा मानना है कि वर्तमान अनुवाद मुफ्त है। यह मेरी अपनी शक्तियों के किसी भी बढ़े हुए अनुमान से नहीं किया गया था; लेकिन मैं यह महसूस करने में मदद नहीं कर सका कि सन त्ज़ी उससे बेहतर भाग्य का हकदार था, और मुझे पता था कि, किसी भी दर पर, मैं अपने पूर्ववर्तियों के काम में सुधार करने में शायद ही असफल हो सकता था। 1908 के अंत में, कैप्टन कैलथ्रोप के अनुवाद का एक नया और संशोधित संस्करण लंदन में प्रकाशित किया गया था, इस बार, हालांकि, उनके जापानी सहयोगियों के लिए किसी भी संकेत के बिना। मेरे पहले तीन अध्याय तब पहले से ही प्रिंटर के हाथों में थे, इसलिए कैप्टन कैलथ्रोप की आलोचनाओं को उनके पहले संस्करण के संदर्भ में समझा जाना चाहिए। यह पूरी तरह से दूसरे पर एक सुधार है, सोचा कि अभी भी बहुत कुछ है जो मस्टर पास नहीं कर सकता है। कुछ घोर भूलों को ठीक कर दिया गया है और कमियों को भर दिया गया है, लेकिन दूसरी ओर एक निश्चित संख्या में नई गलतियाँ दिखाई देती हैं। परिचय का पहला वाक्य आश्चर्यजनक रूप से गलत है; और बाद में, जबकि सन त्ज़ी पर "जापानी टिप्पणीकारों की एक सेना" का उल्लेख किया गया है (वैसे ये कौन हैं?), चीनी टिप्पणीकारों के बारे में एक शब्द भी नहीं कहा गया है, जो फिर भी, मैं जोर देकर कहता हूं, एक बहुत अधिक और असीम रूप से अधिक महत्वपूर्ण "सेना" बनाते हैं।

वर्तमान खंड की कुछ विशेष विशेषताओं पर अब ध्यान दिया जा सकता है। सबसे पहले, पाठ को क्रमांकित पैराग्राफ में काट दिया गया है, दोनों क्रॉस-रेफरेंस की सुविधा के लिए और आम तौर पर छात्रों की सुविधा के लिए। विभाजन मोटे तौर पर सन सिंग-येन के संस्करण का अनुसरण करता है; लेकिन मैंने कभी-कभी उनके दो या अधिक पैराग्राफ को एक में जोड़ना वांछनीय पाया है। अन्य कार्यों से उद्धृत करने में, चीनी लेखक शायद ही कभी संदर्भ के माध्यम से नंगे शीर्षक से अधिक देते हैं, और अनुसंधान का कार्य परिणाम में गंभीर रूप से बाधित होने के लिए उपयुक्त है। जहाँ तक सन त्ज़ी का संबंध है, इस कठिनाई को दूर करने की दृष्टि से, मैंने चीनी अक्षरों की एक पूर्ण सहमति को भी जोड़ा है, इसमें लेग का सराहनीय उदाहरण है, हालांकि रेडिकल के तहत वितरण के लिए एक वर्णमाला व्यवस्था को प्राथमिकता दी गई है जिसे उन्होंने अपनाया था। "द चाइनीज क्लासिक्स" से उधार ली गई एक अन्य विशेषता एक ही पृष्ठ पर पाठ, अनुवाद और नोट्स की छपाई है; हालाँकि, नोटों को चीनी पद्धति के अनुसार, उन अंशों के तुरंत बाद डाला जाता है, जिनका वे उल्लेख करते हैं। देशी टिप्पणी के द्रव्यमान से मेरा उद्देश्य केवल क्रीम निकालना रहा है, चीनी पाठ को यहां और वहां जोड़ना जब यह साहित्यिक रुचि के बिंदु प्रस्तुत करता था। यद्यपि यह अपने आप में चीनी साहित्य की एक महत्वपूर्ण शाखा है, लेकिन इस तरह की बहुत कम टिप्पणी अब तक अनुवाद द्वारा सीधे सुलभ बनाई गई है।

मैं निष्कर्ष में कह सकता हूं कि, मेरी शीट की छपाई के कारण क्योंकि वे पूरे हो गए थे, काम को अंतिम संशोधन का लाभ नहीं मिला है। समग्र की समीक्षा करने पर, मेरी आलोचनाओं के सार को संशोधित किए बिना, मैं कुछ उदाहरणों में उनकी उदासीनता को कम करने के लिए इच्छुक हो

सकता था। एक ब्लडजन को चलाने के लिए चुना गया है, हालांकि, मैं रोऊंगा नहीं अगर बदले में मुझे पोर पर एक रैप से अधिक के साथ दौरा किया जाता है। वास्तव में, मैं भविष्य के विरोधियों के हाथों में तलवार डालने के लिए कुछ दर्द में रहा हूं, जो कि अनुवादित प्रत्येक मार्ग के लिए या तो पाठ या संदर्भ देकर ईमानदारी से देता है। एक तीखी समीक्षा, यहां तक कि शंघाई आलोचक की कलम से भी, जो "केवल अनुवाद" का तिरस्कार करता है, मुझे स्वीकार करना चाहिए, पूरी तरह से अवांछित नहीं होगा। आखिरकार, मुझे जिस सबसे बुरे भाग्य से डरना होगा, वह वह है जो द विकर ऑफ वेकफील्ड में जॉर्ज के सरल विरोधाभासों को प्रभावित करता है।

परिचय

सन वू और उनकी पुस्तक

सु-मा चिएन सन त्ज़ी की निम्नलिखित जीवनी देता है:[1]

सन त्ज़ी वू ची राज्य का मूल निवासी था। उनकी युद्ध कला ने उन्हें वू के राजा हो लू के ध्यान में लाया। हो लू ने उससे कहा:

"मैंने आपके 13 अध्यायों को ध्यान से पढ़ा है। क्या मैं सैनिकों के प्रबंधन के आपके सिद्धांत को एक मामूली परीक्षण के लिए प्रस्तुत कर सकता हूं?

सन त्ज़ी ने उत्तर दिया: "आप कर सकते हैं।

हो लू ने पूछा: "क्या परीक्षण महिलाओं पर लागू किया जा सकता है?"

जवाब फिर से हां में था, इसलिए 180 महिलाओं को पैलेस से बाहर लाने की व्यवस्था की गई। सन त्ज़ी ने उन्हें दो कंपनियों में विभाजित किया, और प्रत्येक के सिर पर राजा की पसंदीदा में से एक को रखा। फिर उसने उन सभी को अपने हाथों में भाले लेने के लिए कहा, और उन्हें इस प्रकार संबोधित किया: "मुझे लगता है कि आप आगे और पीछे, दाहिने हाथ और बाएं हाथ के बीच अंतर जानते हैं?"

लड़कियों ने जवाब दिया: हाँ।

सन त्ज़ी ने आगे कहा: "जब मैं कहता हूं" आंखें सामने, "आपको सीधे आगे देखना चाहिए। जब मैं "लेफ्ट टर्न" कहता हूं, तो आपको अपने बाएं हाथ की ओर मुंह करना चाहिए। जब मैं "राइट टर्न" कहता हूं, तो आपको अपने दाहिने हाथ की ओर मुंह करना चाहिए। जब मैं कहता हूं "मोड़ के बारे में," आपको अपनी पीठ की ओर सही दौर का सामना करना चाहिए।

फिर से लड़कियों ने सहमति दे दी। आदेश के शब्दों को इस प्रकार समझाया गया है, उन्होंने ड्रिल शुरू करने के लिए हलबर्ड और युद्ध-कुल्हाड़ियों की स्थापना की। फिर, ड्रम की आवाज़ के लिए, उन्होंने आदेश दिया "सही मोड़। लेकिन लड़कियां केवल हंसने लगीं। सन त्ज़ी ने कहा: "यदि आदेश के शब्द स्पष्ट और विशिष्ट नहीं हैं, यदि आदेश पूरी तरह से समझ में नहीं आते हैं, तो सामान्य को दोष देना है।

इसलिए उसने उन्हें फिर से ड्रिल करना शुरू कर दिया, और इस बार "लेफ्ट टर्न" का आदेश दिया, जिसके बाद लड़कियां एक बार फिर हंसी के फिट में फट गईं। Sun Tzŭ: "यदि आदेश के शब्द स्पष्ट और विशिष्ट नहीं हैं, यदि आदेश पूरी तरह से नहीं समझे जाते हैं, तो सामान्य को

दोष देना है। लेकिन अगर उसके आदेश *स्पष्ट* हैं, और सैनिक फिर भी अवज्ञा करते हैं, तो यह उनके अधिकारियों की गलती है।

इतना कहकर उसने दोनों कंपनियों के नेताओं का सिर कलम करने का आदेश दिया। अब वू का राजा एक उठे हुए मंडप के ऊपर से दृश्य देख रहा था; और जब उसने देखा कि उसकी पसंदीदा को मार डाला जाने वाला है, तो वह बहुत घबरा गया और जल्दी से निम्नलिखित संदेश भेजा: "अब हम सैनिकों को संभालने की हमारे जनरल की क्षमता के बारे में काफी संतुष्ट हैं। यदि हम इन दो से वंचित हैं, तो हमारा मांस और पेय अपना स्वाद खो देंगे। यह हमारी इच्छा है कि उनका सिर न काटा जाए।

सन त्ज़ी ने उत्तर दिया: "एक बार महामहिम की सेना के जनरल होने के लिए कमीशन प्राप्त करने के बाद, महामहिम के कुछ आदेश हैं, जो उस क्षमता में कार्य करते हुए, मैं स्वीकार करने में असमर्थ हूं।

तदनुसार, उसने दोनों नेताओं का सिर कलम करवा दिया, और सीधे जोड़ी को उनके स्थान पर नेताओं के रूप में स्थापित कर दिया। जब यह किया गया था, तो ड्रम को एक बार फिर ड्रिल के लिए आवाज़ दी गई थी; और लड़कियां सभी विकासों से गुजरीं, दाईं या बाईं ओर मुड़कर, आगे बढ़ते हुए या पीछे की ओर घूमते हुए, घुटने टेकते हुए या खड़े होकर, पूर्ण सटीकता और सटीकता के साथ, ध्वनि का उच्चारण करने का साहस नहीं करते। तब सुन त्ज़ी ने राजा के पास एक दूत भेजा, जिसमें कहा गया था: "आपके सैनिक, महोदय, अब ठीक से ड्रिल और अनुशासित हैं, और आपके महामहिम के निरीक्षण के लिए तैयार हैं। उन्हें किसी भी उपयोग के लिए रखा जा सकता है जो उनके संप्रभु इच्छा कर सकते हैं; उन्हें आग और पानी से गुजरने दो, और वे अवज्ञा नहीं करेंगे।

लेकिन राजा ने जवाब दिया: "हमारे जनरल ड्रिलिंग बंद करो और शिविर में लौट आओ। हमारे लिए, हमें नीचे आने और सैनिकों का निरीक्षण करने की कोई इच्छा नहीं है।

इसके बाद सुन त्ज़ी ने कहा: "राजा केवल शब्दों का शौकीन है, और उन्हें कर्मों में अनुवाद नहीं कर सकता।

उसके बाद, हो लू ने देखा कि सन त्ज़ी वह था जो जानता था कि सेना को कैसे संभालना है, और अंत में उसे सेनापति नियुक्त किया। पश्चिम में, उन्होंने चू राज्य को हराया और राजधानी यिंग में अपना रास्ता मजबूर कर दिया; उत्तर में उसने ची और चिन के राज्यों में भय पैदा कर दिया, और सामंती राजकुमारों के बीच विदेशों में अपनी प्रसिद्धि फैला दी। और सुन त्ज़ी ने राजा की शक्ति में हिस्सा लिया।

स्वयं सन त्ज़ी के बारे में इस अध्याय में हमें बस इतना ही बताना है। लेकिन वह अपने वंशज, सन पिन की जीवनी देने के लिए आगे बढ़ता है, जो अपने प्रसिद्ध पूर्वज की मृत्यु के लगभग सौ

साल बाद पैदा हुआ था, और अपने समय की उत्कृष्ट सैन्य प्रतिभा भी। इतिहासकार उसे सन त्ज़ी के रूप में भी बोलता है, और उसकी प्रस्तावना में हम पढ़ते हैं: "सन त्ज़ी ने अपने पैर काट दिए थे और फिर भी युद्ध की कला पर चर्चा करना जारी रखा। [3] ऐसा लगता है कि, "पिन" उनके उत्परिवर्तन के बाद उन्हें दिया गया एक उपनाम था, जब तक कि नाम के लिए कहानी का आविष्कार नहीं किया गया था। उनके करियर की मुकुट की घटना, उनके विश्वासघाती प्रतिद्वंद्वी पांग चुआन की करारी हार, अध्याय V § 19, नोट में संक्षेप में संबंधित पाई जाएगी।

बड़े सन त्ज़ी पर लौटने के लिए। शिह ची के दो अन्य अंशों में उनका उल्लेख किया गया है: -

उसके शासनकाल के तीसरे वर्ष में [512 ईसा पूर्व] वू के राजा हो लू ने त्ज़ी-सू [यानी वू युआन] और पो पेई के साथ मैदान संभाला और चू पर हमला किया। उसने शू शहर पर कब्जा कर लिया और दो राजकुमार के बेटों को मार डाला जो पहले वू के सेनापति थे। वह तब यिंग [राजधानी] पर एक वंश का ध्यान कर रहा था; लेकिन जनरल सुन वू ने कहा: "सेना थक गई है। यह अभी तक संभव नहीं है। हमें इंतजार करना चाहिए".... [आगे की सफल लड़ाई के बाद,] "नौवें वर्ष [506 ईसा पूर्व] में, राजा हो लू ने वू त्ज़ी-सू और सुन वू को संबोधित करते हुए कहा: "पहले, आपने घोषणा की थी कि हमारे लिए यिंग में प्रवेश करना अभी तक संभव नहीं था। क्या अब समय परिपक्व हो गया है? दोनों आदमियों ने जवाब दिया: "चू का सेनापति त्ज़ी-चांग, [4] लोभी और लोभी है, और तांग और त्साई के हाकिमों को उसके खिलाफ एक शिकायत है। यदि महामहिम ने एक बड़ा हमला करने का संकल्प लिया है, तो आपको तांग और त्साई पर जीत हासिल करनी चाहिए, और फिर आप सफल हो सकते हैं। हो लू ने इस सलाह का पालन किया, [पांच पिच वाली लड़ाइयों में चू को हराया और यिंग में मार्च किया। [5]

यह नवीनतम तिथि है जिस पर सन वू का कुछ भी दर्ज किया गया है। ऐसा प्रतीत नहीं होता है कि वह अपने संरक्षक से बच गया है, जो 496 में एक घाव के प्रभाव से मर गया था। एक अन्य अध्याय में यह मार्ग आता है:[6]

इस समय से, कई प्रसिद्ध सैनिक पैदा हुए, एक के बाद एक: काओ-फैन, [7] जो चिन राज्य द्वारा नियोजित किया गया था; वांग-त्जु, [8] ची की सेवा में; और सन वू, वू की सेवा में। इन लोगों ने युद्ध के सिद्धांतों पर प्रकाश डाला और विकसित किया।

यह काफी स्पष्ट है कि सु-मा चिएन को कम से कम एक ऐतिहासिक व्यक्ति के रूप में सन वू की वास्तविकता के बारे में कोई संदेह नहीं था; और एक अपवाद के साथ, वर्तमान में ध्यान देने योग्य है, वह विचाराधीन अवधि पर अब तक का सबसे महत्वपूर्ण अधिकारी है। इसलिए, वू यूह चुन चू के रूप में इस तरह के काम के बारे में बहुत कुछ कहना आवश्यक नहीं होगा, जिसे पहली शताब्दी ईस्वी के चाओ येह द्वारा लिखा गया माना जाता है। एट्रिब्यूशन कुछ हद तक संदिग्ध है; लेकिन यहां तक कि अगर यह अन्यथा था, तो उसका खाता बहुत कम मूल्य का होगा, क्योंकि

यह *शिह ची* पर आधारित है और रोमांटिक विवरण के साथ विस्तारित है। सन त्ज़ी की कहानी अध्याय 2 में मिलेगी, इसके लायक क्या है। इसमें केवल नए बिंदु ध्यान देने योग्य हैं: (1) सन त्ज़ी को पहली बार वू त्ज़ी-सू द्वारा हो लू की सिफारिश की गई थी। (2) उन्हें वू का मूल निवासी कहा जाता है। (३) उन्होंने पहले एक सेवानिवृत्त जीवन व्यतीत किया था, और उनके समकालीन उनकी क्षमता से अनजान थे।

निम्नलिखित मार्ग हुआई-नान त्ज़ी में आता है: "जब संप्रभु और मंत्री मन की विकृति दिखाते हैं, तो सूर्य त्ज़ी के लिए भी दुश्मन का सामना करना असंभव है। यह मानते हुए कि यह काम वास्तविक है (और अब तक इस पर कोई संदेह नहीं डाला गया है), हमारे पास यहां सन त्ज़ी के लिए सबसे पहला प्रत्यक्ष संदर्भ है, क्योंकि हुआई-नान त्ज़ी की मृत्यु 122 ईसा पूर्व में हुई थी, *शिह ची* को दुनिया को दिए जाने से कई साल पहले।

लियू सियांग (80-9 ईसा पूर्व) कहते हैं: "30,000 पुरुषों के सिर पर सन त्ज़ी ने 200,000 के साथ चू को क्यों हराया, इसका कारण यह है कि बाद वाले अनुशासनहीन थे।

टेंग मिंग-शिह हमें सूचित करता है कि उपनाम "सूर्य" सन वू के दादा को ची [547-490 ईसा पूर्व] के ड्यूक चिंग द्वारा दिया गया था। सन वू के पिता सन पिंग, ची में राज्य मंत्री बने, और सन वू खुद, जिनकी शैली चांग-चिंग थी, विद्रोह के कारण वू भाग गए, जिसे टीएन पाओ के रिश्तेदारों द्वारा भड़काया जा रहा था। उनके तीन बेटे थे, जिनमें से दूसरा, जिसका नाम मिंग था, सन पिन का पिता था। इस खाते के अनुसार, पिन वू का पोता था, जिसे देखते हुए कि सन पिन की वेई पर जीत 341 ईसा पूर्व में प्राप्त हुई थी, कालानुक्रमिक रूप से असंभव के रूप में खारिज किया जा सकता है। ये डेटा टेंग मिंग-शिह द्वारा कहां से प्राप्त किए गए थे, मुझे नहीं पता, लेकिन निश्चित रूप से कोई निर्भरता नहीं है जो भी उनमें रखी जा सकती है।

एक दिलचस्प दस्तावेज जो हान काल के करीब से बच गया है, वह महान त्साओ त्साओ, या वेई वू ती द्वारा सन त्ज़ी के अपने संस्करण के लिए लिखी गई संक्षिप्त प्रस्तावना है। मैं इसे पूरा दूंगा -

मैंने सुना है कि पूर्वजों ने अपने लाभ के लिए धनुष और तीर का इस्तेमाल किया था। [10] लुन यू कहते हैं: "सैन्य शक्ति की पर्याप्तता होनी चाहिए। शू चिंग ने "सरकार की आठ वस्तुओं" के बीच "सेना" का उल्लेख किया है। *आई चिंग* कहता है: "'सेना' दृढ़ता और न्याय को इंगित करती है; अनुभवी नेता का भाग्य अच्छा रहेगा। *शिह चिंग* कहता है: "राजा अपने क्रोध में राजसी हो गया, और उसने अपने सैनिकों को मार्शल किया। पीला सम्राट, तांग द कम्पीटर और वू वांग सभी ने अपनी पीढ़ी को बचाने के लिए भाले और युद्ध-कुल्हाड़ियों का इस्तेमाल किया। सू-मा फा कहता है: "यदि एक व्यक्ति निर्धारित उद्देश्य से दूसरे को मार डालता है, तो वह खुद को मार सकता है। वह जो पूरी तरह से युद्ध के उपायों पर भरोसा करता है, उसे नष्ट कर दिया जाएगा; जो केवल शांतिपूर्ण उपायों पर भरोसा करता है, वह नष्ट हो जाएगा। इसके उदाहरण एक ओर फू चाई [11]

और दूसरी ओर येन वांग हैं। [12] सैन्य मामलों में, ऋषि का शासन आम तौर पर शांति बनाए रखने के लिए होता है, और अवसर की आवश्यकता होने पर ही अपनी सेना को स्थानांतरित करना होता है। वह सशस्त्र बल का उपयोग तब तक नहीं करेगा जब तक कि आवश्यकता न हो।

मैंने युद्ध और लड़ाई के विषय पर कई किताबें पढ़ी हैं; लेकिन सुन वू द्वारा रचित काम उन सभी में सबसे गहरा है। [सन त्ज़ी ची राज्य के मूल निवासी थे, उनका व्यक्तिगत नाम वू था। उन्होंने वू के राजा हो लू के लिए 13 अध्यायों में *युद्ध की कला* लिखी । इसके सिद्धांतों का परीक्षण महिलाओं पर किया गया था, और बाद में उन्हें एक सामान्य बनाया गया था। उन्होंने पश्चिम की ओर एक सेना का नेतृत्व किया, चू राज्य को कुचल दिया और राजधानी यिंग में प्रवेश किया। उत्तर में, उन्होंने ची और चिन को विस्मय में रखा। अपने समय के सौ साल और उससे अधिक बाद, सन पिन रहते थे। वह वू का वंशज था। [13] विचार-विमर्श और योजना के अपने उपचार में, क्षेत्र लेने में तेजी का महत्व,[14] गर्भाधान की स्पष्टता, और डिजाइन की गहराई, सन त्ज़ी कार्पिंग आलोचना की पहुंच से परे है। हालांकि, मेरे समकालीन उनके निर्देशों के पूर्ण अर्थ को समझने में विफल रहे हैं, और छोटे विवरणों को व्यवहार में लाते हुए जिसमें उनका काम प्रचुर मात्रा में है, उन्होंने इसके आवश्यक उद्देश्य की अनदेखी की है। यही वह उद्देश्य है जिसने मुझे संपूर्ण की एक मोटी व्याख्या की रूपरेखा तैयार करने के लिए प्रेरित किया है।

उपरोक्त में ध्यान देने योग्य एक बात स्पष्ट कथन है कि 13 अध्याय विशेष रूप से राजा हो लू के लिए रचे गए थे। यह I. § 15 के आंतरिक साक्ष्य द्वारा समर्थित है, जिसमें यह स्पष्ट प्रतीत होता है कि कुछ शासक को संबोधित किया गया है।

हान शू के *ग्रंथ सूची खंड* में, एक प्रविष्टि है जिसने बहुत चर्चा को जन्म दिया है: "82 *p'ien* (या अध्याय) में वू के सन त्ज़ी के काम, 9 *चुआन* में आरेखों के साथ। यह स्पष्ट है कि यह केवल 13 अध्याय नहीं हो सकते हैं जिन्हें सु-मा चिन को जाना जाता है, या जिनके पास आज हमारे पास है। चांग शू-चीह सन त्ज़ी के आर्ट ऑफ़ वॉर के एक संस्करण को संदर्भित करता है, जिसमें से "13 अध्याय" ने पहला *चुआन* बनाया, यह कहते हुए कि इसके अलावा दो अन्य *चुआन* थे । इसने एक सिद्धांत सामने लाया है, कि इन 82 अध्यायों में से अधिकांश में सन त्ज़ी के अन्य लेखन शामिल थे - हमें उन्हें एपोक्रिफ़ल कहना चाहिए - *वेन टा* के समान, जिनमें से नौ स्थितियों से निपटने वाला एक नमूना [15] *तुंग टीएन* में संरक्षित है, और दूसरा हो शिन की टिप्पणी में। यह सुझाव दिया जाता है कि हो लू के साथ अपने साक्षात्कार से पहले, सन त्ज़ी ने केवल 13 अध्याय लिखे थे, लेकिन बाद में अपने और राजा के बीच प्रश्न और उत्तर के रूप में एक प्रकार की व्याख्या की। Pi I-hsun, *Sun Tzŭ Hsu Lu* के लेखक, वू युह Ch'un Ch'iu के एक उद्धरण के साथ इसका समर्थन करते हैं: "वू के राजा ने Sun Tzŭ को बुलाया, और उनसे युद्ध की कला के बारे में सवाल पूछे। हर बार जब उसने अपने काम का एक अध्याय निर्धारित किया, तो राजा को उसकी प्रशंसा करने के लिए पर्याप्त शब्द नहीं मिले। जैसा कि वह बताते हैं, यदि पूरे

काम को उसी पैमाने पर उजागर किया गया था जैसा कि उपर्युक्त अंशों में है, तो अध्यायों की कुल संख्या काफी होने में विफल नहीं हो सकती है। फिर सन त्ज़ी के लिए जिम्मेदार कई अन्य ग्रंथों को शामिल किया जा सकता है। तथ्य यह है कि *हान चिह ने 82 p'ien को छोड़कर Sun Tzŭ के किसी भी काम का उल्लेख नहीं किया है,* जबकि सुई और तांग ग्रंथ सूची "13 अध्यायों" के अलावा दूसरों के शीर्षक देती हैं, यह अच्छा प्रमाण है, Pi I-hsun सोचता है, कि ये सभी *82 p'ien में निहित थे।* वू यूह चून चिउ द्वारा प्रदान किए गए विवरणों की सटीकता के लिए हमारे विश्वास को पिन किए बिना, या पाई आई-सुन द्वारा उद्धृत किसी भी ग्रंथ की वास्तविकता को स्वीकार किए बिना, हम इस सिद्धांत में रहस्य का एक संभावित समाधान देख सकते हैं। Ssu-ma Ch'ien और Pan Ku के बीच Sun Tzŭ के जादुई नाम के तहत बड़े होने के लिए जालसाजी की एक शानदार फसल के लिए बहुत समय था, और *82 p'ien* बहुत अच्छी तरह से मूल काम के साथ इन गांठों के एकत्रित संस्करण का प्रतिनिधित्व कर सकते हैं। यह भी संभव है, हालांकि कम संभावना है, कि उनमें से कुछ पहले के इतिहासकार के समय में मौजूद थे और जानबूझकर उनके द्वारा अनदेखा किए गए थे। [16]

तू म्यू का अनुमान एक मार्ग पर आधारित प्रतीत होता है जिसमें कहा गया है: "वेई वू ती ने सन वू की *आर्ट ऑफ वॉर* को एक साथ जोड़ा," जो बदले में त्साओ राजा के प्रस्तावना के अंतिम शब्दों की गलतफहमी के परिणामस्वरूप हो सकता है। यह, जैसा कि सन सिंग-येन बताते हैं, यह कहने का केवल एक मामूली तरीका है कि उन्होंने एक व्याख्यात्मक व्याख्या की, या दूसरे शब्दों में, इस पर एक टिप्पणी लिखी। कुल मिलाकर, इस सिद्धांत को बहुत कम स्वीकृति मिली है। इस प्रकार, *Ssu K'u Ch'uan Shu* कहता है: "शिह ची में *13 अध्यायों का उल्लेख* दर्शाता है कि वे हान चिह से पहले अस्तित्व में थे, और बाद के अभिवृद्धि को मूल कार्य का हिस्सा नहीं माना जाना चाहिए। तू म्यू के दावे को निश्चित रूप से सबूत के रूप में नहीं लिया जा सकता है।

फिर, यह मानने का हर कारण है कि 13 अध्याय सु-मा चिएन के समय में व्यावहारिक रूप से मौजूद थे जैसा कि अब हमारे पास है। यह काम तब अच्छी तरह से जाना जाता था, वह हमें इतने सारे शब्दों में बताता है। "सन त्ज़ी के *13 अध्याय* और वू ची की युद्ध की कला दो किताबें हैं जिन्हें लोग आमतौर पर सैन्य मामलों के विषय पर संदर्भित करते हैं। वे दोनों व्यापक रूप से वितरित हैं, इसलिए मैं यहां उनकी चर्चा नहीं करूंगा। लेकिन जैसे-जैसे हम आगे पीछे जाते हैं, गंभीर कठिनाइयां पैदा होने लगती हैं। मुख्य तथ्य जिसका सामना करना पड़ता है वह यह है कि *त्सो चुआन,* सबसे बड़ा समकालीन रिकॉर्ड, सन वू का कोई उल्लेख नहीं करता है, या तो एक सामान्य या एक लेखक के रूप में। इस अजीब परिस्थिति को देखते हुए, यह स्वाभाविक है कि कई विद्वानों को न केवल शिह ची में दी गई सन वू की कहानी पर संदेह करना चाहिए, बल्कि खुद को स्पष्ट रूप से आदमी के अस्तित्व के बारे में संदेह भी दिखाना चाहिए। मामले के इस पक्ष की सबसे शक्तिशाली प्रस्तुति ये शुई-हसीन द्वारा निम्नलिखित स्वभाव में पाई जानी है: [17]-

यह सु-मा चिन के इतिहास में कहा गया है कि सन वू ची राज्य का मूल निवासी था, और वू द्वारा नियोजित किया गया था; और यह कि हो लू के शासनकाल में उसने चू को कुचल दिया, यिंग में प्रवेश किया, और एक महान सेनापति था। लेकिन त्सो की कमेंट्री में कोई सन वू बिल्कुल भी दिखाई नहीं देता है। यह सच है कि त्सो की टिप्पणी में वह सब कुछ शामिल नहीं है जो अन्य इतिहासों में है। लेकिन त्सो ने यिंग काओ-शू, [18] त्साओ कुई, [19], चू चिह-बू और चुआन शी-चू [20] जैसे अश्लील प्लेबीयन और किराए पर लेने वाले रफ़ियंस का उल्लेख करना नहीं छोड़ा है। सन वू के मामले में, जिनकी प्रसिद्धि और उपलब्धियां इतनी शानदार थीं, चूक बहुत अधिक स्पष्ट है। फिर, विवरण दिया जाता है, उनके उचित क्रम में, उनके समकालीनों वू युआन और मंत्री पेई के बारे में। [21] क्या यह विश्वसनीय है कि अकेले सन वू को पारित किया जाना चाहिए था?

साहित्यिक शैली के संदर्भ में, सन त्ज़ी का काम कुआन त्ज़ी, [22] लियू ताओ, [23] और यूह यू [24] के समान स्कूल से संबंधित है और "वसंत और शरद ऋतु" के अंत में रहने वाले कुछ निजी विद्वानों का उत्पादन हो सकता है या "युद्धरत राज्यों" की अवधि। [25] यह कहानी कि उनके उपदेशों को वास्तव में वू राज्य द्वारा लागू किया गया था, केवल उनके अनुयायियों की ओर से बड़ी बात का परिणाम है।

चाउ राजवंश [26] के उत्कर्ष काल से लेकर "वसंत और शरद ऋतु" के समय तक, सभी सैन्य कमांडर राजनेता भी थे, और बाहरी अभियानों के संचालन के लिए पेशेवर जनरलों का वर्ग तब मौजूद नहीं था। यह "सिक्स स्टेट्स" की अवधि तक नहीं था[27] कि यह रिवाज बदल गया। अब हालांकि वू एक असभ्य राज्य था, यह कल्पना की जा सकती है कि त्सो को इस तथ्य को अलिखित छोड़ देना चाहिए था कि सन वू एक महान जनरल था और फिर भी कोई नागरिक कार्यालय नहीं था? इसलिए, हमें जंग-चू [28] और सन वू के बारे में जो बताया गया है, वह प्रामाणिक मामला नहीं है, बल्कि पंडितों के सिद्धांत का लापरवाह निर्माण है। विशेष रूप से महिलाओं पर हो लू के प्रयोग की कहानी पूरी तरह से निरर्थक और अविश्वसनीय है।

ये शुई-हसिन सु-मा चिन का प्रतिनिधित्व करता है जैसा कि कहा गया है कि सन वू ने चेयू को कुचल दिया और यिंग में प्रवेश किया। यह बिल्कुल सही नहीं है। इसमें कोई संदेह नहीं है कि पाठक के दिमाग पर छोड़ी गई छाप यह है कि उसने कम से कम इन कारनामों में हिस्सा लिया। तथ्य महत्वपूर्ण हो भी सकता है और नहीं भी; लेकिन शिह ची में कहीं भी स्पष्ट रूप से यह नहीं कहा गया है कि यिंग को लेने के अवसर पर सन त्ज़ी सामान्य था, या वह वहां भी गया था। इसके अलावा, जैसा कि हम जानते हैं कि वू युआन और पो पेई दोनों ने अभियान में भाग लिया था, और यह भी कि इसकी सफलता काफी हद तक हो लू के छोटे भाई फू काई के डैश और उद्यम के कारण थी, यह देखना आसान नहीं है कि कैसे एक और जनरल एक ही अभियान में बहुत प्रमुख भूमिका निभा सकता था।

सुंग राजवंश के चेन चेन-सन के पास नोट है:

सैन्य लेखक सन वू को अपनी कला के पिता के रूप में देखते हैं। लेकिन तथ्य यह है कि वह *त्सो चुआन में दिखाई नहीं देता है*, हालांकि कहा जाता है कि उसने वू के हो लू राजा के अधीन सेवा की थी, यह अनिश्चित बनाता है कि वह वास्तव में किस अवधि का था।

वह यह भी कहता है-

सन वू और वू ची के काम वास्तविक पुरातनता के हो सकते हैं।

यह ध्यान देने योग्य है कि ये शुई-हसिन और चेन चेन-सून दोनों, सूर्य वू के व्यक्तित्व को खारिज करते हुए, जैसा कि वह सु-मा चिएन के इतिहास में शामिल है, पारंपरिक रूप से उस काम को सौंपी गई तारीख को स्वीकार करने के लिए इच्छुक हैं जो उसके नाम से गुजरती है। ह्सू लू का लेखक इस भेद की सराहना करने में विफल रहता है, और परिणामस्वरूप चेन चेन-सन पर उसका कड़वा हमला वास्तव में अपनी छाप छोड़ देता है। हालांकि, वह दो बिंदुओं में से एक बनाता है, जो निश्चित रूप से हमारे "13 अध्यायों" की उच्च प्राचीनता के पक्ष में बताता है। "सुन त्ज़ी," वे कहते हैं, "चिंग वांग [519-476] के युग में रहते होंगे, क्योंकि वह अक्सर चाउ, चिन और हान राजवंशों के बाद के कार्यों में साहित्यिक चोरी करते हैं। इस संबंध में दो सबसे बेशर्म अपराधी वू ची और हुआई-नान त्ज़ी हैं, दोनों अपने समय में महत्वपूर्ण ऐतिहासिक व्यक्ति हैं। पूर्व सूर्य त्ज़ी की कथित तारीख के बाद केवल एक सदी में रहता था, और उसकी मृत्यु 381 ईसा पूर्व में हुई थी। यह उनके लिए था, लियू हसियांग के अनुसार, त्सेंग शेन ने त्सो चुआन को वितरित किया, जिसे उसके लेखक ने उन्हें सौंपा था। [29] अब तथ्य यह है कि युद्ध की कला से उद्धरण, स्वीकार किए जाते हैं या अन्यथा, विभिन्न युगों के इतने सारे लेखकों में पाए जाते हैं, उन सभी के लिए एक बहुत मजबूत पूर्वकाल स्थापित करता है, - दूसरे शब्दों में, कि सन त्ज़ी का ग्रंथ पहले से ही अस्तित्व में था 5 वीं शताब्दी ईसा पूर्व के अंत में। सन त्ज़ी की प्राचीनता का और प्रमाण पुरातन या पूरी तरह से अप्रचलित अर्थों द्वारा प्रस्तुत किया गया है, जो उनके द्वारा उपयोग किए जाने वाले कई शब्दों से जुड़ा हुआ है। इनमें से एक सूची, जिसे शायद बढ़ाया जा सकता है, ह्सू लू में दी गई है; और यद्यपि कुछ व्याख्याएं संदिग्ध हैं, मुख्य तर्क शायद ही इससे प्रभावित होता है। फिर, यह नहीं भूलना चाहिए कि ये शुई-हसीन, एक विद्वान और पहली रैंक के आलोचक, जानबूझकर 13 अध्यायों की शैली को पांचवीं शताब्दी के शुरुआती भाग से संबंधित बताते हैं। यह देखते हुए कि वह वास्तव में स्वयं सन वू के अस्तित्व को नकारने के प्रयास में लगा हुआ है, हम यह सुनिश्चित कर सकते हैं कि वह बाद की तारीख में काम सौंपने में संकोच नहीं करता, अगर वह ईमानदारी से इसके विपरीत नहीं मानता। और यह ठीक ऐसे बिंदु पर है कि एक शिक्षित चाइनामैन का निर्णय सबसे अधिक वजन ले जाएगा। अन्य आंतरिक साक्ष्य तलाशने के लिए दूर नहीं हैं। इस प्रकार XIII में § 1, भूमि-कार्यकाल की प्राचीन प्रणाली के लिए एक अचूक संकेत है जो मेनसियस के समय तक पहले ही गुजर चुका था, जो इसे संशोधित रूप में पुनर्जीवित करने के लिए उत्सुक

था। [30] एकमात्र युद्ध सन त्ज़ी जानता है कि विभिन्न सामंती राजकुमारों के बीच किया जाता है, जिसमें बख्तरबंद रथ एक बड़ी भूमिका निभाते हैं। ऐसा लगता है कि चाउ राजवंश के अंत से पहले उनका उपयोग पूरी तरह से समाप्त हो गया था। वह वू के एक व्यक्ति के रूप में बोलता है, एक राज्य जो 473 ईसा पूर्व के रूप में अस्तित्व में नहीं था। इस पर मैं अभी बात करूंगा।

लेकिन एक बार 5 वीं शताब्दी या उससे पहले के काम का उल्लेख करें, और इसके एक वास्तविक उत्पादन के अलावा अन्य होने की संभावना समझदारी से कम हो जाती है। जालसाजी का महान युग लंबे समय बाद तक नहीं आया। यह 473 के तुरंत बाद की अवधि में जाली होना चाहिए था, विशेष रूप से संभावना नहीं है, क्योंकि कोई भी, एक नियम के रूप में, खुद को खोए हुए कारण के साथ पहचानने में जल्दबाजी नहीं करता है। जहां तक ये शुई-हसीन के सिद्धांत का सवाल है, कि लेखक एक साहित्यिक वैरागी था, जो मुझे काफी अस्थिर लगता है। यदि सूर्य त्ज़ी की अधिकतमता को पढ़ने के बाद एक बात दूसरे की तुलना में अधिक स्पष्ट है, तो यह है कि उनका सार व्यक्तिगत अवलोकन और अनुभव के एक बड़े भंडार से आसुत किया गया है। वे न केवल एक जन्मजात रणनीतिकार के दिमाग को दर्शाते हैं, जो सामान्यीकरण के एक दुर्लभ संकाय के साथ उपहार में दिया गया है, बल्कि एक व्यावहारिक सैनिक भी है जो अपने समय की सैन्य स्थितियों से निकटता से परिचित है। इस तथ्य के बारे में कुछ भी नहीं कहने के लिए कि इन बातों को चीनी इतिहास के सभी महानतम कप्तानों द्वारा स्वीकार और समर्थन किया गया है, वे ताजगी और ईमानदारी, तीक्ष्णता और सामान्य ज्ञान का संयोजन प्रदान करते हैं, जो इस विचार को बाहर करता है कि वे अध्ययन में कृत्रिम रूप से गढ़े गए थे। यदि हम स्वीकार करते हैं, तो, कि 13 अध्याय "चुन चिउ" अवधि के अंत में रहने वाले एक सैन्य व्यक्ति का वास्तविक उत्पादन थे, *क्या हम त्सो चुआन की चुप्पी के बावजूद, सु-मा चिएन के खाते को पूरी तरह से स्वीकार करने के लिए बाध्य नहीं हैं?* एक शांत इतिहासकार के रूप में उनकी उच्च प्रतिष्ठा को देखते हुए, क्या हमें यह मानने में संकोच नहीं करना चाहिए कि सन वू की जीवनी के लिए उन्होंने जो रिकॉर्ड बनाए थे, वे झूठे और अविश्वसनीय थे? मुझे डर है कि इसका उत्तर नकारात्मक होना चाहिए। अभी भी एक कब्र है, अगर घातक नहीं है, तो कहानी में शामिल कालक्रम पर आपत्ति है जैसा कि *शिह ची में* बताया गया है, जहां तक मुझे पता है, किसी ने अभी तक इंगित नहीं किया है। सन त्ज़ी में दो मार्ग हैं जिनमें वह समकालीन मामलों की ओर इशारा करता है। छठी में पहला। § 21:-

यद्यपि मेरे अनुमान के अनुसार यूह के सैनिक संख्या में हमारे अपने से अधिक हैं, इससे उन्हें जीत के मामले में कुछ भी लाभ नहीं होगा। मैं तब कहता हूं कि जीत हासिल की जा सकती है।

दूसरा एकादश में है। § 30:—

यह पूछे जाने पर कि क्या शुआई-जान की नकल करने के लिए सेना बनाई जा सकती है, मुझे जवाब देना चाहिए, हां। क्योंकि वू के लोग और यूह के लोग शत्रु हैं; फिर भी अगर वे एक ही नाव

में एक नदी पार कर रहे हैं और तूफान से फंस जाते हैं, तो वे एक-दूसरे की सहायता के लिए आएंगे जैसे बायां हाथ दाएं की मदद करता है।

रचना की तारीख के प्रमाण के रूप में ये दो पैराग्राफ बेहद मूल्यवान हैं। वे बू और यूह के बीच संघर्ष की अवधि को काम सौंपते हैं। Pi I-hsun द्वारा बहुत कुछ देखा गया है। लेकिन जो बात अब तक नोटिस से बच गई है, वह यह है कि वे सु-मा चिएन की कथा की विश्वसनीयता को भी गंभीर रूप से कम करते हैं। जैसा कि हमने ऊपर देखा, सूर्य बू के संबंध में दी गई पहली सकारात्मक तिथि 512 ईसा पूर्व है। फिर उन्हें एक जनरल के रूप में कहा जाता है, जो हो लू के गोपनीय सलाहकार के रूप में कार्य करते हैं, ताकि उस सम्राट के साथ उनका कथित परिचय पहले ही हो चुका हो, और निश्चित रूप से 13 अध्याय पहले भी लिखे गए होंगे। लेकिन उस समय, और कई वर्षों के बाद, 506 में यिंग पर कब्जा करने के लिए, Ch'you और Yüeh नहीं, बू का महान वंशानुगत दुश्मन था। दो राज्य, च्यू और बू, आधी सदी से अधिक समय से लगातार युद्ध में थे,[31] जबकि बू और यूह के बीच पहला युद्ध केवल 510 में छेड़ा गया था,[32] और तब भी चू के साथ भयंकर संघर्ष के बीच में एक छोटे से अंतराल से अधिक नहीं था। अन 13 अध्यायों में चू का उल्लेख बिल्कुल नहीं है। स्वाभाविक अनुमान यह है कि वे ऐसे समय में लिखे गए थे जब यूह बू का प्रमुख विरोधी बन गया था, अर्थात, चू को 506 के महान अपमान का सामना करने के बाद। इस बिंदु पर, तिथियों की एक तालिका उपयोगी पाई जा सकती है।

ई.पू.

514	हो लू का परिग्रहण।
512	हो लू चू पर हमला करता है, लेकिन राजधानी यिंग में प्रवेश करने से रोक दिया जाता है। *शिह ची* ने सन बू को सामान्य के रूप में उल्लेख किया है।
511	चू पर एक और हमला।
510	बू यूह पर एक सफल हमला करता है. दोनों राज्यों के बीच यह पहली जंग है।
509 या 508	चू बू पर हमला करता है, लेकिन यू-चांग में सांकेतिक रूप से हार जाता है।
506	हो लू तांग और त्साई की सहायता से चू पर हमला करता है। पो-चू की निर्णायक लड़ाई, और यिंग पर कब्जा। शिह ची में सूर्य बू का अंतिम उल्लेख।

505	युएह अपनी सेना की अनुपस्थिति में वू पर छापा मारता है। वूइस को चिन ने पीटा और यिंग को खाली कर दिया।
504	हो लू फू चाई को चू पर हमला करने के लिए भेजता है।
497	कोउ चिएन यूह का राजा बन जाता है।
496	वू यूह पर हमला करता है, लेकिन त्सुई-ली.हो लू में कोउ चिएन द्वारा पराजित किया जाता है।
494	फू चाई फू-चाओ की महान लड़ाई में कोउ चिएन को हरा देता है , और यूह की राजधानी में प्रवेश करता है।
485 या 484	कोउ चिएन ने वू को श्रद्धांजलि दी। वू त्ज़ी-ह्सू की मृत्यु।
482	फू चाई की अनुपस्थिति में कोउ चिएन वू पर हमला करता है।
478 से 476	वू पर यूह द्वारा आगे के हमले।
475	कोउ चिएन वू की राजधानी की घेराबंदी करता है।
473	वू की अंतिम हार और विलुप्त होने।

VI. § 21 से ऊपर उद्धृत वाक्य शायद ही मुझे एक के रूप में लगता है जो जीत के पूर्ण फ्लश में लिखा जा सकता था। ऐसा लगता है कि, कम से कम इस पल के लिए, ज्वार वू के खिलाफ हो गया था, और वह संघर्ष का सबसे बुरा हो रहा था। इसलिए हम यह निष्कर्ष निकाल सकते हैं कि हमारा ग्रंथ 505 में अस्तित्व में नहीं था, जिस तारीख से पहले यूह ने वू के खिलाफ कोई उल्लेखनीय सफलता हासिल नहीं की थी। हो लू की मृत्यु 496 में हुई, ताकि यदि पुस्तक उसके लिए लिखी गई थी, तो यह 505-496 की अवधि के दौरान रही होगी, जब शत्रुता में एक खामोशी थी, वू संभवतः चू के खिलाफ अपने सर्वोच्च प्रयास से समाप्त हो गया था। दूसरी ओर, यदि हम हो लू के साथ सन वू के नाम को जोड़ने वाली परंपरा की अवहेलना करना चुनते

हैं, तो यह समान रूप से 496 और 494 के बीच प्रकाश को देख सकता है, या संभवतः 482-473 की अवधि में, जब यूह एक बार फिर एक बहुत ही गंभीर खतरा बन रहा था। [33] हम काफी हद तक निश्चित महसूस कर सकते हैं कि लेखक, जो भी वह हो सकता है, अपने समय में किसी भी महान प्रतिष्ठा का व्यक्ति नहीं था। इस बिंदु पर *त्सो चुआन* की नकारात्मक गवाही अभी भी शिह ची से जुड़े *अधिकार के किसी भी टुकड़े से कहीं अधिक* है, अगर एक बार इसके अन्य तथ्यों को बदनाम कर दिया जाता है। सन हिंग-येन, हालांकि, महान टिप्पणी से अपने नाम की चूक को समझाने का एक कमजोर प्रयास करता है। वे कहते हैं कि यह वू त्ज़ी-सू था, जिसे सन वू के कारनामों का सारा श्रेय मिला, क्योंकि बाद वाले (एक विदेशी होने के नाते) को राज्य में एक कार्यालय के साथ पुरस्कृत नहीं किया गया था।

फिर सन त्ज़ी किंवदंती की उत्पत्ति कैसे हुई? यह हो सकता है कि पुस्तक की बढ़ती हस्ती ने अपने लेखक को एक प्रकार का तथ्यात्मक यश प्रदान किया। यह केवल सही और उचित महसूस किया गया था कि युद्ध के विज्ञान में इतनी अच्छी तरह से वाकिफ व्यक्ति को अपने श्रेय के लिए ठोस उपलब्धियां भी मिलनी चाहिए। अब यिंग पर कब्जा निस्संदेह हो लू के शासनकाल में हथियारों का सबसे बड़ा पराक्रम था; इसने आसपास के सभी राज्यों पर एक गहरी और स्थायी छाप छोड़ी, और वू को अपनी शक्ति के अल्पकालिक चरम पर पहुंचा दिया। इसलिए, जैसे-जैसे समय बीतता गया, इससे अधिक स्वाभाविक क्या है कि रणनीति के स्वीकृत मास्टर, सन वू को उस अभियान के साथ लोकप्रिय रूप से पहचाना जाना चाहिए, पहले शायद केवल इस अर्थ में कि उनके मस्तिष्क ने इसकी कल्पना की और इसकी योजना बनाई; बाद में, कि यह वास्तव में उसके द्वारा वू युआन, [34] पो पेई और फू काई के साथ मिलकर किया गया था?

यह स्पष्ट है कि सन त्ज़ी के जीवन की रूपरेखा को भी फिर से संगठित करने का कोई भी प्रयास लगभग पूरी तरह से अनुमान पर आधारित होना चाहिए। इस आवश्यक परंतुक के साथ, मुझे कहना चाहिए कि उन्होंने शायद हो लू के परिग्रहण के समय वू की सेवा में प्रवेश किया, और अनुभव इकट्ठा किया, हालांकि केवल एक अधीनस्थ अधिकारी की क्षमता में, गहन सैन्य गतिविधि के दौरान जिसने राजकुमार के शासनकाल के पहले भाग को चिह्नित किया। [35] यदि वह एक जनरल के रूप में उभरा, तो वह निश्चित रूप से उपर्युक्त तीनों के साथ समान स्तर पर कभी नहीं था। वह यिंग के निवेश और व्यवसाय में निस्संदेह मौजूद था, और अगले वर्ष वू के अचानक पतन को देखा। इस महत्वपूर्ण मोड़ पर यूह का हमला, जब उसका प्रतिद्वंद्वी हर तरफ से शर्मिंदा था, ऐसा लगता है कि उसने उसे आश्वस्त किया है कि यह अपस्टार्ट राज्य महान दुश्मन था जिसके खिलाफ हर प्रयास को निर्देशित करना होगा। सन वू इस प्रकार एक अच्छी तरह से अनुभवी योद्धा थे जब वह अपनी प्रसिद्ध पुस्तक लिखने के लिए बैठे थे, जो मेरी गणना के अनुसार हो लू के शासनकाल की शुरुआत के बजाय अंत में दिखाई दिया होगा। महिलाओं की कहानी संभवतः उसी समय के बारे में होने वाली किसी वास्तविक घटना से बढ़ी होगी। जैसा कि हम किसी भी स्रोत से इसके बाद

सन वू के बारे में नहीं सुनते हैं, वह शायद ही अपने संरक्षक से बच गया हो या यूह के साथ मृत्यु-संघर्ष में भाग लिया हो, जो त्सुई-ली में आपदा के साथ शुरू हुआ था।

यदि ये निष्कर्ष लगभग सही हैं, तो भाग्य में एक निश्चित विडंबना है जिसने फैसला किया कि चीन के सबसे शानदार शांति व्यक्ति को युद्ध पर अपने सबसे महान लेखक के साथ समकालीन होना चाहिए।

सूर्य त्ज़ि का पाठ

मुझे सन त्ज़ी के पाठ के इतिहास के बारे में बहुत कुछ बटोरना मुश्किल लगा है। शुरुआती लेखकों में होने वाले उद्धरण यह दिखाने के लिए जाते हैं कि "13 अध्याय" जिनमें से सु-मा चिएन बोलते हैं, अनिवार्य रूप से वही थे जो अब मौजूद हैं। हमारे पास इसके लिए उनका शब्द है कि वे उनके दिनों में व्यापक रूप से प्रसारित किए गए थे, और केवल खेद है कि उन्होंने उस खाते पर चर्चा करने से परहेज किया। सन सिंग-येन अपनी प्रस्तावना में कहते हैं:

चिन और हान राजवंशों के दौरान सन त्ज़ी की *युद्ध की कला* सैन्य कमांडरों के बीच सामान्य उपयोग में थी, लेकिन ऐसा लगता है कि उन्होंने इसे रहस्यमय आयात के काम के रूप में माना है, और भावी पीढ़ी के लाभ के लिए इसे उजागर करने के लिए तैयार नहीं थे। इस प्रकार यह हुआ कि वेई वू इस पर टिप्पणी लिखने वाले पहले व्यक्ति थे।

जैसा कि हम पहले ही देख चुके हैं, यह मानने का कोई उचित आधार नहीं है कि त्साओ कुंग ने पाठ के साथ छेड़छाड़ की थी। लेकिन पाठ अपने आप में अक्सर इतना अस्पष्ट होता है, और उस समय से आने वाले संस्करणों की संख्या इतनी महान होती है, विशेष रूप से तांग और सुंग राजवंशों के दौरान, कि यह आश्चर्य की बात होगी यदि कई भ्रष्टाचार रेंगने में कामयाब नहीं हुए थे। सुंग काल के मध्य में, जिस समय तक सन त्ज़ी पर सभी मुख्य टिप्पणियां अस्तित्व में थीं, एक निश्चित ची टीएन-पाओ ने 15 चुआन में एक काम प्रकाशित किया जिसका शीर्षक था "दस लेखकों की एकत्रित टिप्पणियों के साथ सन त्ज़ी"। एक और पाठ था, जिसमें ता-सिंग के चू फू द्वारा आगे रखे गए संस्करण रीडिंग थे, जिसमें उस अवधि के विद्वानों के बीच समर्थक भी थे; लेकिन मिंग संस्करणों में, सन सिंग-येन हमें बताता है, ये रीडिंग किसी कारण या अन्य के लिए अब प्रचलन में नहीं थीं। इस प्रकार, 18 वीं शताब्दी के अंत तक, क्षेत्र के एकमात्र कब्जे में पाठ ची टीएन-पाओ के संस्करण से लिया गया था, हालांकि उस महत्वपूर्ण कार्य की कोई वास्तविक प्रति जीवित नहीं थी। इसलिए, यह सन त्ज़ी का पाठ है जो 1726 में मुद्रित महान इंपीरियल विश्वकोश के युद्ध खंड में दिखाई देता है, कू *चिन टू शू ची चेंग*। व्यावहारिक रूप से एक ही पाठ के मेरे निपटान में एक और प्रति, मामूली बदलावों के साथ, "चाउ और चिन राजवंशों के ग्यारह दार्शनिकों" [1758] में निहित है। और कैप्टन कैलथ्रोप के पहले संस्करण में मुद्रित चीनी स्पष्ट रूप से एक समान संस्करण है जिसे जापानी चैनलों के माध्यम से फ़िल्टर किया गया है। इसलिए चीजें तब तक बनी रहीं जब तक कि सन हिंग-येन [1752-1818], एक प्रतिष्ठित पुरातनपंथी और शास्त्रीय विद्वान, जिन्होंने सन वू के वास्तविक वंशज होने का दावा किया, [36] गलती से ची टीन-पाओ के लंबे समय से खोए हुए काम की एक प्रति की खोज की, जब हुआ-यिन मंदिर के पुस्तकालय की यात्रा पर। [37] इसके साथ जोड़ा गया था मैं शुओ का चेंग यू-त्सियन, में उल्लेख किया गया है *तुंग चिह*, और यह भी माना जाता है कि यह नष्ट हो गया है। इसे सन सिंग-येन "मूल संस्करण

(या पाठ)" के रूप में नामित करता है - बल्कि एक भ्रामक नाम, क्योंकि यह किसी भी तरह से हमारे सामने सन त्ज़ी के पाठ को इसकी प्राचीन शुद्धता में स्थापित करने का दावा नहीं कर सकता है। ची टीएन-पाओ एक लापरवाह संकलक था, और ऐसा प्रतीत होता है कि वह अपने दिन में कुछ हद तक विवादित संस्करण को पुन: पेश करने के लिए सामग्री थी, बिना इसे उपलब्ध शुरुआती संस्करणों के साथ समेटने के लिए परेशान किए बिना। सौभाग्य से, सन त्ज़ी के दो संस्करण, जो नए खोजे गए काम से भी पुराने थे, अभी भी मौजूद थे, एक *संविधान* पर तू यू के महान ग्रंथ, तुंग टीएन में दफन है, दूसरा इसी तरह *ताई पिंग यू लैन* विश्वकोश में निहित है। दोनों में पूरा पाठ पाया जाना है, हालांकि टुकड़ों में विभाजित, अन्य पदार्थों के साथ मिलाया गया, और कई अलग-अलग वर्गों में बिखरे हुए टुकड़े-टुकड़े किए गए। यह देखते हुए कि यू लैन हमें वर्ष 983 में वापस ले जाता है, और *तुंग टीएन* लगभग 200 साल आगे, तांग राजवंश के मध्य में, सन त्ज़ी के इन शुरुआती प्रतिलेखों के मूल्य को शायद ही कम करके आंका जा सकता है। फिर भी उनका उपयोग करने का विचार किसी को भी तब तक नहीं लगता जब तक कि सन हिंग-येन ने सरकारी निर्देशों के तहत कार्य करते हुए, पाठ का पूरी तरह से पाठ नहीं किया। यह उनका अपना वृत्तांत है-

सन त्ज़ी के पाठ में कई गलतियों के कारण, जो उनके संपादकों ने सौंप दिया था, सरकार ने आदेश दिया कि प्राचीन संस्करण [ची टीएन-पाओ के] का उपयोग किया जाना चाहिए, और यह कि पाठ को संशोधित और सही किया जाना चाहिए। ऐसा हुआ कि वू निएन-हू, गवर्नर पाई कुआ, और दूसरी डिग्री के स्नातक हसी, सभी ने खुद को इस अध्ययन के लिए समर्पित कर दिया था, शायद इसमें मुझसे आगे निकल गए थे। तदनुसार, मैंने सैन्य पुरुषों के लिए एक पाठ्यपुस्तक के रूप में ब्लॉकों पर पूरे काम में कटौती की है।

यहां जिन तीन व्यक्तियों का उल्लेख किया गया है, वे स्पष्ट रूप से सन सिंग-येन के कमीशन से पहले सन त्ज़ी के पाठ पर कब्जा कर लिया गया था, लेकिन हमें संदेह है कि उन्होंने वास्तव में क्या काम पूरा किया है। किसी भी दर पर, नया संस्करण, जब अंततः निर्मित हुआ, सन हिंग-येन और केवल एक सह-संपादक वू जेन-शी के नाम पर दिखाई दिया। उन्होंने "मूल संस्करण" को अपने आधार के रूप में लिया, और पुराने संस्करणों के साथ-साथ मौजूदा टिप्पणियों और सूचना के अन्य स्रोतों जैसे कि *आई शुओ* के साथ सावधानीपूर्वक तुलना करके, बहुत बड़ी संख्या में संदिग्ध अंशों को बहाल करने में सफल रहे, और निकला, कुल मिलाकर, जिसे निकटतम सन्निकटन के रूप में स्वीकार किया जाना चाहिए, जिसे हम कभी भी सन त्ज़ी के मूल कार्य तक पहुंचने की संभावना रखते हैं। इसके बाद इसे "मानक पाठ" कहा जाएगा।

मैंने जो प्रति इस्तेमाल की है, वह 1877 के पुनः जारी की गई है। यह 6 पेन में है, जो 83 पेन में 23 प्रारंभिक दार्शनिक कार्यों के एक अच्छी तरह से मुद्रित सेट का हिस्सा है। [38] यह सन हिंग-येन (बड़े पैमाने पर इस परिचय में उद्धृत) द्वारा एक प्रस्तावना के साथ खुलता है, जो सन

त्ज़ी के जीवन और प्रदर्शन के पारंपरिक दृष्टिकोण को सही ठहराता है, और इसके पक्ष में सबूतों को उल्लेखनीय रूप से संक्षिप्त रूप से सारांशित करता है। इसके बाद त्साओ कुंग की प्रस्तावना उनके संस्करण के लिए, और शिह ची से सन त्ज़ी की जीवनी, दोनों का ऊपर अनुवाद किया गया है। फिर आइए, सबसे पहले, चेंग यू-त्सियन का *आई शुओ*, [३९] लेखक की प्रस्तावना के साथ, और अगला, ऐतिहासिक और ग्रंथ सूची संबंधी जानकारी का एक छोटा विविध शीर्षक *सन त्ज़ी ह्सू लू*, जिसे पाई आई-सुन द्वारा संकलित किया गया है। काम के शरीर के संबंध में, प्रत्येक अलग वाक्य के बाद पाठ पर एक नोट होता है, यदि आवश्यक हो, और फिर कालानुक्रमिक क्रम में व्यवस्थित विभिन्न टिप्पणियों द्वारा। अब हम एक-एक करके इन पर संक्षेप में चर्चा करेंगे।

टिप्पणीकार

सन त्ज़ी टिप्पणीकारों के एक असाधारण लंबे प्रतिष्ठित रोल का दावा कर सकते हैं, जो किसी भी क्लासिक का सम्मान करेगा। ओ-यांग हसिउ इस तथ्य पर टिप्पणी करते हैं, हालांकि उन्होंने कहानी पूरी होने से पहले लिखा था, और यह कहकर सरलता से समझाते हैं कि युद्ध की कलाकृतियां, अटूट होने के कारण, इसलिए विभिन्न तरीकों से उपचार के लिए अतिसंवेदनशील होनी चाहिए।

1. TS'AO TS'AO या Ts'ao Kung, जिसे बाद में वी वू ती [A.D. 155-220] के नाम से जाना जाता है। इसमें संदेह के लिए शायद ही कोई जगह है कि सन त्ज़ी पर सबसे शुरुआती टिप्पणी वास्तव में इस असाधारण व्यक्ति की कलम से आई थी, जिसकी जीवनी *सैन कुओ चिह* में रोमांस की तरह पढ़ती है। दुनिया की सबसे बड़ी सैन्य प्रतिभाओं में से एक, और अपने संचालन के पैमाने में नेपोलियन, वह विशेष रूप से अपने मार्च की अद्भुत तेजी के लिए प्रसिद्ध था, जिसने "Ts'ao Ts'ao की बात, और Ts'ao Ts'ao दिखाई देगा" पंक्ति में अभिव्यक्ति पाई है। ओ-यांग हसिउ उनके बारे में कहते हैं कि वह एक महान कप्तान थे जिन्होंने "तुंग चो, लू पू और दो युआन, पिता और पुत्र के खिलाफ अपनी ताकत को मापा और उन सभी को जीत लिया; जिसके बाद उसने हान के साम्राज्य को वू और शू के साथ विभाजित किया, और खुद को राजा बना लिया। यह दर्ज किया गया है कि जब भी एक दूरगामी अभियान की पूर्व संध्या पर वेई द्वारा युद्ध की परिषद आयोजित की जाती थी, तो उसके पास अपनी सभी गणना तैयार होती थी; जिन जनरलों ने उनका उपयोग किया, वे दस में से एक लड़ाई नहीं हारे; जो लोग किसी विशेष रूप से उनके विपरीत दौड़ते थे, उन्होंने अपनी सेनाओं को असंयमित रूप से पीटा और उड़ान भरने के लिए देखा। सन त्ज़ी पर त्साओ कुंग के नोट्स, तपस्या संक्षिप्तता के मॉडल, इतिहास के लिए जाने जाने वाले कठोर कमांडर की इतनी अच्छी तरह से विशेषता है, कि वास्तव में उन्हें केवल एक साहित्यकार के काम के रूप में कल्पना करना कठिन है। कभी-कभी, वास्तव में, अत्यधिक संपीड़न के कारण, वे शायद ही समझदार होते हैं और पाठ की तुलना में टिप्पणी की आवश्यकता से कम नहीं होते हैं। [40]

2. मेंग शीह। इस नाम से जो टिप्पणी हमारे पास आई है, वह तुलनात्मक रूप से अल्प है, और लेखक के बारे में कुछ भी ज्ञात नहीं है। यहां तक कि उनका निजी नाम भी दर्ज नहीं किया गया है। ची टीएन-पाओ का संस्करण उसे चिया लिन के बाद रखता है, और चाओ कुंग-वू भी उसे तांग राजवंश को सौंपता है,[41] लेकिन यह एक गलती है। सन सिंग-येन की प्रस्तावना में, वह लियांग राजवंश [502-557] के मेंग शिह के रूप में दिखाई देता है। अन्य लोग उन्हें तीसरी शताब्दी के मेंग कांग के साथ पहचानेंगे। उन्हें एक काम में "पांच टिप्पणीकारों" में से अंतिम के रूप में नामित किया गया है, अन्य वेई वू ती, तू म्यू, चेन हाओ और चिया लिन हैं।

3. 8 वीं शताब्दी के ली चुआन सैन्य रणनीति पर एक प्रसिद्ध लेखक थे। उनका एक काम आज तक लगातार उपयोग में रहा है। *तुंग चिह* ने उनके द्वारा लिखित "चाउ से तांग राजवंश तक प्रसिद्ध जनरलों के जीवन" का उल्लेख किया है। [42] चाओ कुंग-वू और *टीएन-ए-को* कैटलॉग के अनुसार , उन्होंने पाठ के एक प्रकार का अनुसरण किया सुन त्ज़ी जो अब मौजूद लोगों से काफी भिन्न है। उनके नोट्स ज्यादातर छोटे और बिंदु तक हैं, और वह अक्सर चीनी इतिहास के उपाख्यानों द्वारा अपनी टिप्पणी को चित्रित करते हैं।

4. टीयू यू (मृत्यु 812) ने सन त्ज़ी पर एक अलग टिप्पणी प्रकाशित नहीं की, उनके नोट्स *तुंग टीएन* से लिए जा रहे थे, संविधान पर विश्वकोश ग्रंथ जो उनका जीवन-कार्य था। वे काफी हद तक त्साओ कुंग और मेंग शिह की पुनरावृत्ति हैं, इसके अलावा यह माना जाता है कि उन्होंने वांग लिंग और अन्य की प्राचीन टिप्पणियों पर आकर्षित किया। तुंग टीएन की अजीबोगरीब व्यवस्था के कारण, उसे संदर्भ के अलावा, प्रत्येक मार्ग को उसके गुणों के आधार पर समझाना पड़ता है, और कभी-कभी उसका अपना स्पष्टीकरण त्साओ कुंग से सहमत नहीं होता है, जिसे वह हमेशा पहले उद्धृत करता है। हालांकि सख्ती से "दस टिप्पणीकारों" में से एक के रूप में नहीं माना जाना चाहिए, उन्हें ची टीएन-पाओ द्वारा उनकी संख्या में जोड़ा गया था, गलत तरीके से उनके पोते तू म्यू के बाद रखा गया था।

5. तू मु (803-852) शायद एक कवि के रूप में सबसे अच्छा जाना जाता है - तांग काल की शानदार आकाशगंगा में भी एक उज्ज्वल तारा। हम चाओ कुंग-वू से सीखते हैं कि यद्यपि उन्हें युद्ध का कोई व्यावहारिक अनुभव नहीं था, लेकिन उन्हें इस विषय पर चर्चा करने का बेहद शौक था, और इसके अलावा *चुन चिउ* और *चान कुओ* युग के सैन्य इतिहास में अच्छी तरह से पढ़ा गया था। इसलिए, उनके नोट्स अच्छी तरह से ध्यान देने योग्य हैं। वे बहुत प्रचुर मात्रा में हैं, और ऐतिहासिक समानताओं से परिपूर्ण हैं। सन त्ज़ी के काम का सार इस प्रकार उनके द्वारा संक्षेप में प्रस्तुत किया गया है: "परोपकार और न्याय का अभ्यास करें, लेकिन दूसरी ओर आर्टिफ़िस और समीचीनता के उपायों का पूरा उपयोग करें। उन्होंने आगे घोषणा की कि सन त्ज़ी की मृत्यु के बाद से हजारों वर्षों की सभी सैन्य जीत और आपदाएं, जांच करने पर, हर विशेष रूप से, उनकी पुस्तक में निहित अधिकतमताओं को बनाए रखने और पुष्टि करने के लिए पाई जाएंगी। त्साओ कुंग के खिलाफ तू म्यू के कुछ हद तक द्वेषपूर्ण आरोप पर पहले से ही कहीं और विचार किया गया है।

6. चेन हाओ तू म्यू के समकालीन प्रतीत होते हैं। चाओ कुंग-वू का कहना है कि उन्हें सन त्ज़ी पर एक नई टिप्पणी लिखने के लिए मजबूर किया गया था क्योंकि एक ओर त्साओ कुंग बहुत अस्पष्ट और सूक्ष्म था, और दूसरी ओर तू म्यू बहुत लंबा-चौड़ा और फैला हुआ था। ओउ-यांग हसिउ, 11 वीं शताब्दी के मध्य में लिखते हुए, त्साओ कुंग, तू म्यू और चेन हाओ को सन त्ज़ी पर तीन मुख्य टिप्पणीकार कहते हैं, और देखते हैं कि चेन हाओ लगातार तू म्यू की कमियों पर हमला कर रहा है। उनकी टिप्पणी, हालांकि योग्यता में कमी नहीं है, उन्हें अपने पूर्ववर्तियों के नीचे रैंक करना चाहिए।

7. चिया लिन को तांग राजवंश के तहत रहने के लिए जाना जाता है, क्योंकि सन त्ज़ी पर उनकी टिप्पणी का उल्लेख *तांग शू* में किया गया है और बाद में उसी राजवंश के ची हसीह द्वारा मेंग शिह और तू यू के साथ पुनर्प्रकाशित किया गया था। यह कुछ हद तक कम बनावट का है, और गुणवत्ता के मामले में भी, शायद ग्यारह में से सबसे कम मूल्यवान।

8. मेईयाओ-चेन (1002-1060), जिसे आमतौर पर मेई शेंग-यू के रूप में उनकी "शैली" से जाना जाता है, तू म्यू की तरह, भेद का कवि था। उनकी टिप्पणी महान ओ-यांग हसिउ द्वारा एक प्रशंसनीय प्रस्तावना के साथ प्रकाशित की गई थी, जिसमें से हम निम्नलिखित को हटा सकते हैं:

बाद के विद्वानों ने सन त्ज़ी को गलत तरीके से पढ़ा है, उनके शब्दों को विकृत किया है और उन्हें अपने स्वयं के एकतरफा विचारों के साथ वर्ग बनाने की कोशिश की है। इस प्रकार, हालांकि टिप्पणीकारों की कमी नहीं रही है, केवल कुछ ही कार्य के बराबर साबित हुए हैं। मेरे दोस्त शेंग-यू इस गलती में नहीं पड़ा है। सन त्ज़ी के काम के लिए एक महत्वपूर्ण टिप्पणी प्रदान करने के प्रयास में, वह इस तथ्य पर दृष्टि नहीं खोता है कि ये बातें आंतरिक युद्ध में लगे राज्यों के लिए थीं; कि लेखक तीन प्राचीन राजवंशों के संप्रभु के तहत प्रचलित सैन्य परिस्थितियों से चिंतित नहीं है, [43] न ही युद्ध मंत्री को निर्धारित नौ दंडात्मक उपायों के साथ। [44] फिर, सन वू को डिक्शन की संक्षिप्तता पसंद थी, लेकिन उसका अर्थ हमेशा गहरा होता है। चाहे विषय एक सेना को मार्च करना हो, या सैनिकों को संभालना हो, या दुश्मन का अनुमान लगाना हो, या जीत की ताकतों को नियंत्रित करना हो, इसे हमेशा व्यवस्थित रूप से व्यवहार किया जाता है; कहावतें सख्त तार्किक अनुक्रम में एक साथ बंधी हुई हैं, हालांकि यह टिप्पणीकारों द्वारा अस्पष्ट किया गया है जो शायद उनके अर्थ को समझने में विफल रहे हैं। अपनी टिप्पणी में, मेई शेंग-यू ने इन आलोचकों के सभी अड़ियल पूर्वाग्रहों को दरकिनार कर दिया है, और स्वयं सन त्ज़ी के सही अर्थ को सामने लाने की कोशिश की है। इस तरह, भ्रम के बादल छंट गए हैं और कहावतें स्पष्ट हो गई हैं। मुझे विश्वास है कि वर्तमान कार्य तीन महान टिप्पणियों के साथ-साथ सौंपे जाने के योग्य है; और एक महान सौदे के लिए जो वे कहावतों में पाते हैं, आने वाली पीढ़ियों के पास मेरे दोस्त शेंग-यू को धन्यवाद देने का निरंतर कारण होगा।

दोस्ती के उत्साह के लिए कुछ भत्ता देते हुए, मैं इस अनुकूल निर्णय का समर्थन करने के लिए इच्छुक हूं, और निश्चित रूप से योग्यता के क्रम में उसे चेन हाओ से ऊपर रखूंगा।

9. वांग एचएसआई, सुंग राजवंश का भी, उनकी कुछ व्याख्याओं में निश्चित रूप से मूल है, लेकिन मेई याओ-चेन की तुलना में बहुत कम विवेकपूर्ण है, और कुल मिलाकर बहुत भरोसेमंद मार्गदर्शक नहीं है। वह त्साओ कुंग के साथ अपनी टिप्पणी की तुलना करने का शौकीन है, लेकिन तुलना अक्सर उसके लिए चापलूसी नहीं करती है। हम चाओ कुंग-वू से सीखते हैं कि वांग हसी ने सन त्ज़ी के प्राचीन पाठ को संशोधित किया, कमियों को भरा और गलतियों को सुधारा। [45]

10. सुंग राजवंश के हो येन-हसी। इस टिप्पणीकार का व्यक्तिगत नाम ऊपर दिए गए अनुसार दिया गया है चेंग चिओ में *तुंग चिह*, बारहवीं शताब्दी के मध्य के बारे में लिखा गया है, लेकिन वह यू हाई में बस हो शिह के रूप में दिखाई देता है, और मा तुआन-लिन ने चाओ कुंग-वू को यह कहते हुए उद्धृत किया कि उनका व्यक्तिगत नाम अज्ञात है। चेंग चिआओ के कथन पर संदेह करने का कोई कारण नहीं लगता है, अन्यथा मुझे एक अनुमान लगाने और उसे एक हो चू-फी के साथ पहचानने के लिए इच्छुक होना चाहिए था, जो युद्ध पर एक छोटे ग्रंथ के लेखक थे, जो 11 वीं शताब्दी के उत्तरार्ध में रहते थे। हो शिह की टिप्पणी, *टीन-ए-को* कैटलॉग के शब्दों में , यहां और वहां "सहायक परिवर्धन शामिल हैं", लेकिन वंशवादी इतिहास और अन्य स्रोतों से, अनुकूलित रूप में, लिए गए प्रचुर मात्रा में अर्क के लिए मुख्य रूप से उल्लेखनीय है।

11. चांग यू। सूची शायद कोई महान मौलिकता के एक टिप्पणीकार के साथ बंद हो जाती है, लेकिन स्पष्ट प्रदर्शन की सराहनीय शक्तियों के साथ उपहार में दिया गया है। उनका टीकाकार त्साओ कुंग पर आधारित है, जिनके संक्षिप्त वाक्यों को वह मास्टरली फैशन में विस्तार और विकसित करने का प्रयास करता है। चांग यू के बिना, यह कहना सुरक्षित है कि त्साओ कुंग की अधिकांश टिप्पणी अपनी प्राचीन अस्पष्टता में लिपटी रही होगी और इसलिए मूल्यहीन होगी। सुंग इतिहास, *तुंग काओ* या यू हाई में उनके काम का उल्लेख नहीं किया गया है, लेकिन यह *तुंग चिह* में एक जगह *पाता* है, जो उन्हें "प्रसिद्ध जनरलों के जीवन" के लेखक के रूप में भी नामित करता है। [46]

यह उल्लेखनीय है कि अंतिम-नामित चार सभी को इतने कम समय के भीतर पनपना चाहिए था। चाओ कुंग-वू ने इसके बारे में यह कहकर कहा: "सुंग राजवंश के शुरुआती वर्षों के दौरान साम्राज्य ने शांति के लंबे समय तक आनंद लिया, और पुरुषों ने युद्ध की कला का अभ्यास करना बंद कर दिया। लेकिन जब [चाओ] युआन-हाओ का विद्रोह आया [1038-42] और सीमांत जनरलों को समय-समय पर हराया गया, तो अदालत ने युद्ध में कुशल पुरुषों के लिए कड़ी जांच की, और सैन्य विषय सभी उच्च अधिकारियों के बीच प्रचलित हो गए। इसलिए यह है कि हमारे राजवंश में सूर्य त्ज़ी के टीकाकार मुख्य रूप से उस अवधि के हैं। [47]

इन ग्यारह टिप्पणीकारों के अलावा, कई अन्य हैं जिनका काम हमारे पास नहीं आया है। सुई शू में चार का उल्लेख है, अर्थात् वांग लिंग (अक्सर तू यू द्वारा वांग त्ज़ी के रूप में उद्धृत); चांग त्ज़ी-शांग; वेई के चिया व्सू; [48] और वू के शेन यू *तांग शू* सन हाओ और *तुंग* चिह सियाओ ची को जोड़ता है, जबकि *टीयू शू* एक मिंग टीकाकार, हुआंग जून-यू का उल्लेख करता है। यह संभव है कि इनमें से कुछ केवल अन्य टिप्पणियों के कलेक्टर और संपादक रहे हों, जैसे ची टीएन-पाओ और ची हसीह, जिनका उल्लेख ऊपर किया गया है।

सन त्ज़ी की सराहना

सुन त्ज़ी ने चीन के कुछ महानतम पुरुषों के दिमाग पर एक शक्तिशाली आकर्षण का प्रयोग किया है। प्रसिद्ध जनरलों में से जो उत्साह के साथ अपने पृष्ठों का अध्ययन करने के लिए जाने जाते हैं, उनका उल्लेख हान हसिन (डी. 196 ईसा पूर्व), [49] फेंग I (डी. 34 ईस्वी), [50] लू मेंग (डी. 219), [51] और यो फी (1103-1141) किया जा सकता है। [52] त्साओ कुंग की राय, जो चीनी सैन्य इतिहास में सर्वोच्च स्थान हान हसिन के साथ विवाद करती है, पहले ही दर्ज की जा चुकी है। [53] अभी भी अधिक उल्लेखनीय, एक तरह से, विशुद्ध रूप से साहित्यिक पुरुषों की गवाही है, जैसे कि सु सुन (सु तुंग-पो के पिता), जिन्होंने सैन्य विषयों पर कई निबंध लिखे, जिनमें से सभी सूर्य त्ज़ी के लिए अपनी मुख्य प्रेरणा देते हैं। उनके द्वारा निम्नलिखित संक्षिप्त मार्ग यू हाई में संरक्षित है: [54]-

सुन वू का यह कथन कि युद्ध में कोई विजय प्राप्त करने के बारे में निश्चित नहीं कर सकता,[55] वास्तव में अन्य पुस्तकों से बहुत अलग है। [56] वू ची सन वू के समान स्टैम्प के व्यक्ति थे: उन दोनों ने युद्ध पर किताबें लिखीं, और वे लोकप्रिय भाषण में "सन एंड वू" के रूप में एक साथ जुड़े हुए हैं। लेकिन युद्ध पर वू ची की टिप्पणी कम वजनदार है, उनके नियम मोटे और अधिक अशिष्ट रूप से बताए गए हैं, और सन त्ज़ी के काम में योजना की समान एकता नहीं है, जहां शैली संक्षिप्त है, लेकिन अर्थ पूरी तरह से सामने लाया गया है।

चेंग होउ द्वारा "साहित्य के बगीचे में निष्पक्ष निर्णय" से एक उद्धरण निम्नलिखित है: -

सन त्ज़ी के 13 अध्याय न केवल सभी सैन्य पुरुषों के प्रशिक्षण का प्रधान और आधार हैं, बल्कि विद्वानों और पत्रों के पुरुषों का सबसे सावधानीपूर्वक ध्यान देने के लिए भी मजबूर करते हैं। उनकी कहावतें संक्षिप्त लेकिन सुरुचिपूर्ण, सरल लेकिन गहरी, विशिष्ट और प्रमुख रूप से व्यावहारिक हैं। लुन यू, *आई चिंग* और महान कमेंट्री, [57] के साथ-साथ मेन्सियस, सुन कुआंग और यांग चू के लेखन के रूप में इस तरह के काम, सभी सन त्ज़ी के स्तर से नीचे आते हैं।

चू हसी, इस पर टिप्पणी करते हुए, आलोचना के पहले भाग को पूरी तरह से स्वीकार करते हैं, हालांकि वह आदरणीय शास्त्रीय कार्यों के साथ दुस्साहसी तुलना को नापसंद करते हैं। इस तरह की भाषा, वे कहते हैं, "एक शासक के अविश्वसनीय युद्ध और लापरवाह सैन्यवाद की ओर झुकाव को प्रोत्साहित करता है।

युद्ध के लिए क्षमा याचना

जैसा कि हम चीन को पृथ्वी पर सबसे महान शांतिप्रिय राष्ट्र के रूप में सोचने के आदी हैं, हम यह भूलने के कुछ खतरे में हैं कि अपने सभी चरणों में युद्ध का उसका अनुभव भी ऐसा रहा है कि कोई भी आधुनिक राज्य समानांतर नहीं कर सकता है। उसके लंबे सैन्य इतिहास एक ऐसे बिंदु तक वापस खिंचते हैं जिस पर वे समय की धुंध में खो जाते हैं। उसने महान दीवार का निर्माण किया था और डेन्यूब पर पहली रोमन सेना को देखे जाने से पहले सदियों से अपनी सीमा के साथ एक विशाल खड़ी सेना बनाए हुए थी। प्राचीन सामंती राज्यों के सतत टकराव, सरकार के केंद्रीकरण के बाद हूणों, तुर्कों और अन्य आक्रमणकारियों के साथ गंभीर संघर्ष, इतने सारे राजवंशों को उखाड़ फेंकने के साथ भयानक उथल-पुथल, अनगिनत विद्रोहों और मामूली गड़बड़ियों के अलावा जो एक-एक करके फिर से भड़क गए हैं और झिलमिलाहट कर रहे हैं, यह कहना शायद ही बहुत अधिक है कि हथियारों का टकराव कभी भी एक हिस्से या दूसरे में गूंजना बंद नहीं हुआ है साम्राज्य का।

कोई कम उल्लेखनीय नहीं है कि शानदार कप्तानों का उत्तराधिकार है जिनके लिए चीन गर्व के साथ इंगित कर सकता है। जैसा कि सभी देशों में होता है, महानतम अपने इतिहास के सबसे घातक संकटों में उभरने के शौकीन हैं। इस प्रकार, पो ची उस अवधि में विशिष्ट है जब चिन शेष स्वतंत्र राज्यों के साथ अपने अंतिम संघर्ष में प्रवेश कर रहा था। चिन राजवंश के टूटने के बाद के तूफानी वर्षों को हान सिन की उत्कृष्ट प्रतिभा से रोशन किया गया है। जब हान का घर बदले में अपने पतन के लिए लड़खड़ा रहा है, तो Ts'ao Ts'ao की महान और भयावह आकृति दृश्य पर हावी है। और तांग राजवंश की स्थापना में, मनुष्य द्वारा प्राप्त सबसे शक्तिशाली कार्यों में से एक, ली शिह-मिन (बाद में सम्राट ताई त्सुंग) की अलौकिक ऊर्जा को ली चिंग की शानदार रणनीति द्वारा अनुमोदित किया गया था। इनमें से किसी भी सेनापति को यूरोप के सैन्य इतिहास में सबसे महान नामों के साथ तुलना करने की आवश्यकता नहीं है।

इस सब के बावजूद, चीनी भावना का महान शरीर, लाओ त्ज़ी से नीचे की ओर, और विशेष रूप से कन्फ्यूशीवाद के मानक साहित्य में परिलक्षित होता है, किसी भी रूप में सैन्यवाद के लगातार प्रशांत और तीव्रता से विरोध करता रहा है। सिद्धांत पर युद्ध का बचाव करने वाले साहित्यकारों में से किसी को भी ढूंढना इतनी असामान्य बात है, कि मैंने कुछ अंशों को इकट्ठा करने और अनुवाद करने के लिए उचित समझा है जिसमें अपरंपरागत दृष्टिकोण को बरकरार रखा गया है। सू-मा चिएन द्वारा निम्नलिखित, यह दर्शाता है कि कन्फ्यूशियस की अपनी सभी उत्साही प्रशंसा के बावजूद, वह अभी तक किसी भी कीमत पर शांति का कोई समर्थक नहीं था:

सैन्य हथियार ऋषि द्वारा हिंसा और क्रूरता को दंडित करने, कठिन समय को शांति देने, कठिनाइयों और खतरों को दूर करने और संकट में पड़े लोगों को राहत देने के लिए उपयोग किए जाने वाले साधन हैं। हर जानवर जिसकी नसों में खून है और उसके सिर पर सींग हैं, जब उस पर हमला किया जाएगा तो वह लड़ेगा। मनुष्य कितना अधिक होगा, जो अपने सीने में प्रेम और घृणा,

आनंद और क्रोध की शक्तियों को वहन करता है! जब वह प्रसन्न होता है, तो उसके भीतर स्नेह की भावना उमड़ती है; गुस्सा होने पर, उसके जहर वाले डंक को खेल में लाया जाता है। यह प्राकृतिक नियम है जो उसके अस्तित्व को नियंत्रित करता है .... फिर हमारे समय के उन विद्वानों के बारे में क्या कहा जाएगा, जो सभी महान मुद्दों के प्रति अंधे हैं, और सापेक्ष मूल्यों की किसी भी सराहना के बिना, जो केवल "पुण्य" और "सभ्यता" के बारे में अपने बासी सूत्रों को छाल सकते हैं, सैन्य हथियारों के उपयोग की निंदा कर सकते हैं? वे निश्चित रूप से हमारे देश को नपुंसकता और अपमान और उसकी सही विरासत के नुकसान में लाएंगे; या, बहुत कम से कम, वे आक्रमण और विद्रोह, क्षेत्र का बलिदान और सामान्य दुर्बलता लाएंगे। फिर भी वे हठपूर्वक उस स्थिति को संशोधित करने से इनकार करते हैं जो उन्होंने ली है। सच्चाई यह है कि, जिस तरह परिवार में शिक्षक को छड़ी नहीं छोड़नी चाहिए, और राज्य में दंड नहीं दिया जा सकता है, इसलिए साम्राज्य में सैन्य ताड़ना को कभी भी स्थगित नहीं होने दिया जा सकता है। इतना ही कहा जा सकता है कि इस सामर्थ्य का प्रयोग कुछ लोगों के द्वारा बुद्धिमानी से, मूर्खता से दूसरों के द्वारा किया जाएगा, और यह कि जो हथियार उठाते हैं उनमें से कुछ वफादार होंगे और अन्य विद्रोही होंगे। [58]

अगला टुकड़ा तू म्यू की प्रस्तावना से सन त्ज़ी पर उनकी टिप्पणी के लिए लिया गया है: -

युद्ध को सजा के रूप में परिभाषित किया जा सकता है, जो सरकार के कार्यों में से एक है। यह कन्फ्यूशियस के दोनों शिष्यों चुंग यू और जान चिउ का पेशा था। आजकल, मुकदमों की सुनवाई और सुनवाई, अपराधियों को कैद करना और बाजार में कोड़े मारकर उनका निष्पादन करना, सभी अधिकारियों द्वारा किए जाते हैं। लेकिन विशाल सेनाओं को चलाना, गढ़वाले शहरों को नीचे फेंकना, महिलाओं और बच्चों को कैद में ले जाना, और गद्दारों का सिर काटना—यह भी वह काम है जो अधिकारियों द्वारा किया जाता है। रैक और सैन्य हथियारों की वस्तुएं अनिवार्य रूप से समान हैं। युद्ध में कोड़े मारने और सिर काटने की सजा के बीच कोई आंतरिक अंतर नहीं है। कानून के कम उल्लंघन के लिए, जिन्हें आसानी से निपटाया जाता है, केवल थोड़ी मात्रा में बल को नियोजित करने की आवश्यकता होती है: इसलिए सैन्य हथियारों और थोक विघटन का उपयोग। हालांकि, दोनों मामलों में, देखने में अंत दुष्ट लोगों से छुटकारा पाने के लिए है, और अच्छे लोगों को आराम और राहत देना है।

ची-सुन ने जान यू से पूछा, "क्या आपने, महोदय, अध्ययन द्वारा अपनी सैन्य योग्यता हासिल की है, या यह जन्मजात है?" जान यू ने जवाब दिया: "यह अध्ययन द्वारा हासिल किया गया है। [59] "ऐसा कैसे हो सकता है," ची-सुन ने कहा, "यह देखते हुए कि आप कन्फ्यूशियस के शिष्य हैं?" "यह एक तथ्य है," जान यू ने उत्तर दिया; "मुझे कन्फ्यूशियस द्वारा सिखाया गया था। यह उचित है कि महान ऋषि को नागरिक और सैन्य दोनों कार्यों का अभ्यास करना चाहिए, हालांकि यह सुनिश्चित करने के लिए कि लड़ाई की कला में मेरा निर्देश अभी तक बहुत दूर नहीं गया है।

अब, लेखक "नागरिक" और "सैन्य" के बीच इस कठोर अंतर का कौन था, और प्रत्येक की कार्रवाई के एक अलग क्षेत्र की सीमा, या किस राजवंश में इसे पहली बार पेश किया गया था, मैं कह सकता हूं उससे कहीं अधिक है। लेकिन, किसी भी दर पर, यह पता चला है कि शासक वर्ग के सदस्य सैन्य विषयों पर विस्तार करने से काफी डरते हैं, या केवल शर्मनाक तरीके से ऐसा करते हैं। यदि कोई इस विषय पर चर्चा करने के लिए पर्याप्त साहसी है, तो उन्हें एक बार मोटे और क्रूर प्रवृत्तियों के सनकी व्यक्तियों के रूप में स्थापित किया जाता है। यह एक असाधारण उदाहरण है, जिसमें तर्क की सरासर कमी के कारण, पुरुष दुर्भाग्य से मौलिक सिद्धांतों की दृष्टि खो देते हैं।

जब ड्यूक ऑफ चाउ चेंग वांग के अधीन मंत्री थे, तो उन्होंने समारोहों को विनियमित किया और संगीत बनाया, और छात्रवृत्ति और सीखने की कलाओं की पूजा की; फिर भी जब हुआई नदी के बर्बर लोगों ने विद्रोह किया, तो वह आगे बढ़ा और उन्हें ताड़ना दी। जब कन्फ्यूशियस ने ड्यूक ऑफ लू के तहत पद संभाला, और चिया-कू में एक बैठक बुलाई गई, [61] उन्होंने कहा: "यदि प्रशांत वार्ता प्रगति पर है, तो युद्ध जैसी तैयारी पहले से की जानी चाहिए। उसने ची के मार्किस को फटकार लगाई और शर्मिंदा किया, जो उसके नीचे झुक गया और हिंसा के लिए आगे बढ़ने की हिम्मत नहीं की। यह कैसे कहा जा सकता है कि इन दो महान ऋषियों को सैन्य मामलों का कोई ज्ञान नहीं था?

हमने देखा है कि महान चू हसी ने सन त्ज़ी को उच्च सम्मान में रखा। वह क्लासिक्स के अधिकार से भी अपील करता है:

हमारे मास्टर कन्फ्यूशियस ने वेई के ड्यूक लिंग को जवाब देते हुए कहा: "मैंने कभी सेनाओं और बटालियनों से जुड़े मामलों का अध्ययन नहीं किया है। [62] कुंग वेन-त्जु को जवाब देते हुए, उन्होंने कहा: मुझे बफ़-कोट और हथियारों के बारे में निर्देश नहीं दिया गया है। लेकिन अगर हम चिया-कू में बैठक की ओर मुड़ते हैं, तो हम पाते हैं कि उसने लाई के पुरुषों के खिलाफ सशस्त्र बल का इस्तेमाल किया, ताकि ची के मार्किस को खत्म कर दिया जाए। फिर, जब पाई के निवासियों ने विद्रोह किया; उसने अपने अधिकारियों को उन पर हमला करने का आदेश दिया, जिसके बाद वे हार गए और भ्रम में भाग गए। उन्होंने एक बार शब्दों का उच्चारण किया: "अगर मैं लड़ता हूं, तो मैं जीतता हूं। [63] और जान यू ने यह भी कहा: "ऋषि नागरिक और सैन्य दोनों कार्यों का अभ्यास करता है। [64] क्या यह एक तथ्य हो सकता है कि कन्फ्यूशियस ने युद्ध की कला में कभी अध्ययन या निर्देश प्राप्त नहीं किया? हम केवल यह कह सकते हैं कि उन्होंने विशेष रूप से सेनाओं और लड़ाई से जुड़े मामलों को अपने शिक्षण का विषय नहीं चुना।

सन त्ज़ी के संपादक सन सिंग-येन इसी तरह के तनाव में लिखते हैं:

कन्फ्यूशियस ने कहा: "मैं सैन्य मामलों में अनजान हूं। [65] उन्होंने यह भी कहा: "अगर मैं लड़ता हूं, तो मैं जीतता हूं। कन्फ्यूशियस ने समारोहों और विनियमित संगीत का आदेश दिया। अब

युद्ध राज्य समारोह के पांच वर्गों में से एक का गठन करता है,[66] और इसे अध्ययन की एक स्वतंत्र शाखा के रूप में नहीं माना जाना चाहिए। इसलिए, "मैं इसमें पारंगत हूँ" शब्दों का अर्थ यह लिया जाना चाहिए कि ऐसी चीजें हैं जो एक प्रेरित शिक्षक भी नहीं जानता है। जिन लोगों को सेना का नेतृत्व करना है और रणनीतियां बनानी हैं, उन्हें युद्ध की कला सीखनी चाहिए। लेकिन अगर कोई सन त्ज़ी जैसे अच्छे जनरल की सेवाओं की कमान संभाल सकता है, जिसे वू त्ज़ी-ह्सू द्वारा नियुक्त किया गया था, तो इसे स्वयं सीखने की कोई आवश्यकता नहीं है। इसलिए कन्प्यूशियस द्वारा जोड़ी गई टिप्पणी: "अगर मैं लड़ता हूं, तो मैं जीतता हूं।

हालाँकि, वर्तमान समय के पुरुष जानबूझकर कन्प्यूशियस के इन शब्दों की व्याख्या अपने संकीर्ण अर्थों में करते हैं, जैसे कि उनका मतलब था कि युद्ध की कला पर किताबें पढ़ने लायक नहीं थीं। अंधी दृढ़ता के साथ, वे चाओ कुआ के उदाहरण को जोड़ते हैं, जिन्होंने अपने पिता की पुस्तकों को बिना किसी उद्देश्य के देखा, [67] एक प्रमाण के रूप में कि सभी सैन्य सिद्धांत बेकार हैं। फिर, यह देखते हुए कि युद्ध पर पुस्तकों को योजनाओं को डिजाइन करने में अवसरवादिता, और जासूसों के रूपांतरण जैसी चीजों के साथ करना है, वे मानते हैं कि कला अनैतिक और एक ऋषि के योग्य नहीं है। ये लोग इस तथ्य की उपेक्षा करते हैं कि हमारे विद्वानों के अध्ययन और हमारे अधिकारियों के नागरिक प्रशासन को भी दक्षता तक पहुंचने से पहले स्थिर आवेदन और अभ्यास की आवश्यकता होती है। पूर्वजों को विशेष रूप से केवल नौसिखियों को अपने काम को बिफल करने की अनुमति देने की अनुमति थी। [68] हथियार खतरनाक हैं [69] और खतरनाक लड़ रहे हैं; और जब तक एक सेनापति निरंतर अभ्यास में न हो, तब तक उसे युद्ध में अन्य पुरुषों के जीवन को खतरे में नहीं डालना चाहिए। [70] इसलिए यह आवश्यक है कि सन त्ज़ी के 13 अध्यायों का अध्ययन किया जाना चाहिए।

ह्सियांग लियांग अपने भतीजे ची [71] को युद्ध की कला में निर्देश देते थे। ची को अपने सामान्य बीयरिंगों में कला का एक मोटा विचार मिला, लेकिन अपने उचित परिणाम के लिए अपनी पढ़ाई का पीछा नहीं करेंगे, इसका परिणाम यह हुआ कि वह अंततः हार गया और उखाड़ फेंका गया। उन्हें इस बात का एहसास नहीं था कि युद्ध की चालें और चालें मौखिक गणना से परे हैं। सुंग के ड्यूक हसियांग और ह्सू के राजा येन को उनकी गलत मानवता द्वारा विनाश के लिए लाया गया था। युद्ध की विश्वासघाती और गुप्त प्रकृति को अवसर के अनुकूल छल और चाल के उपयोग की आवश्यकता होती है। कन्प्यूशियस के स्वयं द्वारा जबरन शपथ का उल्लंघन करने का एक मामला है,[72] और उसके द्वारा भेस में सुंग राज्य छोड़ने का भी। [73] क्या हम सच्चाई और ईमानदारी की अवहेलना करने के लिए सन त्ज़ी को लापरवाही से दोषी ठहरा सकते हैं?

ग्रंथ सूची

सन त्ज़ी के बाद युद्ध पर सबसे पुराने चीनी ग्रंथ निम्नलिखित हैं। प्रत्येक पर नोट्स मुख्य रूप से *Ssu k'u ch'uan shu chien ming mu lu,* ch. 9, fol. 22 sqq से खींचे गए हैं।

1. *वू त्ज़ी,* 1 चुआन या 6 अध्यायों में। वू ची (डी। एक वास्तविक काम। देखें *शिह ची,* अध्याय 65।

2. *सु-मा फा,* 1 चुआन या 5 अध्यायों में। गलत तरीके से 6 वीं शताब्दी ईसा पूर्व के सु-मा जंग-चू को जिम्मेदार ठहराया गया। हालाँकि, इसकी तिथि जल्दी होनी चाहिए, क्योंकि तीन प्राचीन राजवंशों के रीति-रिवाजों को लगातार इसके पन्नों के भीतर पूरा किया जाना है। देखें *शिह ची,* अध्याय 64।

Ssu K'u Ch'uan Shu (अध्याय 99, f. 1) टिप्पणी करता है कि युद्ध पर सबसे पुराने तीन ग्रंथ, *Sun Tzŭ, Wu Tzŭ* और *Ssu-ma Fa,* आम तौर पर बोल रहे हैं, केवल सख्ती से सैन्य चीजों से संबंधित हैं - सैनिकों के उत्पादन, संग्रह, प्रशिक्षण और ड्रिलिंग की कला, और समीचीनता के उपायों के संबंध में सही सिद्धांत, योजना बनाना, माल का परिवहन और सैनिकों का संचालन - बाद के कार्यों के विपरीत मजबूत विपरीत, जिसमें युद्ध का विज्ञान आमतौर पर सामान्य रूप से तत्वमीमांसा, अटकल और जादुई कलाओं के साथ मिश्रित होता है।

3. *लियू ताओ,* 6 चुआन या 60 अध्यायों में। 12 वीं शताब्दी ईसा पूर्व के लू वांग (या लू शांग, जिसे ताई कुंग के नाम से भी जाना जाता है) को जिम्मेदार ठहराया गया[74] लेकिन इसकी शैली तीन राजवंशों के युग से संबंधित नहीं है। लू ते-मिंग (550-625 ईस्वी) ने काम का उल्लेख किया है, और छह खंडों के शीर्षकों की गणना की है ताकि जालसाजी सुई राजवंश से बाद में न हो सके।

4. *वेई लियाओ त्ज़ी,* 5 चुआन में। वेई लियाओ (4 वीं शताब्दी) को जिम्मेदार ठहराया गया ई.पू.), जिन्होंने प्रसिद्ध कुई-कू त्ज़ी के तहत अध्ययन किया। ऐसा प्रतीत होता है कि यह कार्य मूल रूप से 31 अध्यायों में है, जबकि हमारे पास जो पाठ है उसमें केवल 24 अध्याय हैं। इसका मामला मुख्य रूप से पर्याप्त ध्वनि है, हालांकि रणनीतिक उपकरण युद्धरत राज्यों की अवधि से काफी भिन्न हैं। यह प्रसिद्ध सुंग दार्शनिक चांग त्साई द्वारा एक टिप्पणी के साथ सुसज्जित किया गया है।

5. *3 चुआन में सैन लुएह।* हुआंग-शिह कुंग को जिम्मेदार ठहराया गया, एक महान व्यक्ति, जिसके बारे में कहा जाता है कि उसने इसे चांग लियांग (डी. 187 ईसा पूर्व) को एक पुल पर एक साक्षात्कार में दिया था। लेकिन यहाँ फिर से, शैली चिन या हान काल से डेटिंग करने वाले कार्यों

की नहीं है। हान सम्राट कुआंग वू [25-57 ईस्वी] जाहिरा तौर पर अपनी एक घोषणा में इसे उद्धृत करता है; लेकिन प्रश्न में मार्ग बाद में डाला गया हो सकता है, ताकि काम की वास्तविकता साबित हो सके। हम दूर नहीं होंगे अगर हम इसे उत्तरी सुंग काल (420-478 ईस्वी), या कुछ और पहले का उल्लेख करते हैं।

6. *ली वेई कुंग वेन तुई*, 3 खंडों में। ताई त्सुंग और उनके महान जनरल ली चिंग के बीच एक संवाद के रूप में लिखा गया है, यह आमतौर पर बाद के लिए जिम्मेदार है। सक्षम अधिकारी इसे एक जालसाजी मानते हैं, हालांकि लेखक स्पष्ट रूप से युद्ध की कला में पारंगत था।

7. *ली चिंग पिंग फा* (पूर्वगामी के साथ भ्रमित नहीं होना) 8 अध्यायों में एक छोटा ग्रंथ है, जो तुंग टीएन में संरक्षित है, लेकिन अलग से प्रकाशित नहीं हुआ है। यह तथ्य *Ssu K'u Ch'uan Shu* से इसकी चूक की व्याख्या करता है।

8. *वू ची चिंग*, 1 चुआन में। महान मंत्री फेंग होउ को जिम्मेदार ठहराया गया, हान राजवंश (डी. 121 ईसा पूर्व) के कुंग-सुन हंग द्वारा व्याख्यात्मक नोट्स के साथ, और कहा जाता है कि प्रसिद्ध जनरल मा लुंग (डी. 300 ईस्वी) द्वारा प्रशंसा की गई थी। फिर भी इसका सबसे पहला उल्लेख *सुंग चिह* में है। हालांकि एक जालसाजी, काम अच्छी तरह से एक साथ रखा गया है।

उच्च लोकप्रिय अनुमान को ध्यान में रखते हुए जिसमें चू-को लियांग हमेशा आयोजित किया गया है, युद्ध पर एक से अधिक काम करना आश्चर्यजनक नहीं है। ऐसे हैं (1) *शिह लियू त्से* (1 चुआन), युंग लो ता टीएन में संरक्षित; (2) *चियांग युआन* (1 चुआन); और (3) *सिन शू* (1 चुआन), जो सन त्ज़ी से थोक चोरी करता है। इनमें से किसी के पास वास्तविक माने जाने का थोड़ा सा भी दावा नहीं है।

अधिकांश बड़े चीनी विश्वकोशों में युद्ध के साहित्य के लिए समर्पित व्यापक खंड हैं। निम्नलिखित संदर्भ उपयोगी पाए जा सकते हैं: -

तुंग टीएन (लगभग 800 ईस्वी), अध्याय 148-162।
ताई पिंग यू लैन (983), अध्याय 270-359।
वेन ह्सियन तुंग काओ (13 वीं शताब्दी), अध्याय 221।
यू हाई (13 वीं शताब्दी), अध्याय 140, 141।
त्साई टी हुई स्टेडियम (16 वीं शताब्दी)।
कुआंग पो वू चिह (1607), अध्याय 31, 32।
चैन चियो लेई शू (1632), सी।
युआन चिएन लेई हान (1710), सी।
कू चिन तू शू ची चेंग (1726), खंड XXX, esp. अध्याय 81-90।

ह्सू वेन ह्सियन तुंग काओ (1784), अध्याय 121-134।

हुआंग चाओ चिंग शिह वेन पिएन (1826), अध्याय 76, 77।

कुछ ऐतिहासिक कार्यों के ग्रंथ सूची खंड भी उल्लेख के योग्य हैं: -

Ch'ien shu, अध्याय 30 है।

सुई शू, अध्याय 32-35।

चिउ तांग शू, अध्याय 46, 47।

सिन तांग शू, अध्याय 57,60।

सुंग शिह, अध्याय 202-209।

तुंग चिह (सिरका 1150), अध्याय 68।

इनमें निश्चित रूप से इंपीरियल लाइब्रेरी की महान सूची को जोड़ा जाना चाहिए: -

सु कु चुआन शू त्सुंग मु ताई याओ (1790), अध्याय 99, 100।

फुटनोट

1. *शिह ची*, अध्याय 65.

2. उसने 514 से 496 ईसा पूर्व तक शासन किया।

3. *शिह ची*, अध्याय 130।

4. नांग वा की अपील।

5. *शिह ची*, अध्याय 31.

6. *शिह ची*, अध्याय 25.

7. हू येन की अपील, वर्ष 637 के तहत अध्याय 39 में उल्लिखित।

8. वांग-त्जु चेंग-फू, अध्याय 32, वर्ष 607।

9. गलती काफी स्वाभाविक है। मूल आलोचक हान राजवंश के एक काम का उल्लेख करते हैं, जो कहता है: "वू गेट के बाहर *दस ली* [वू शहर के, अब कियांगसू में सूचो] एक महान टीला है, जो ची के सन वू के मनोरंजन को मनाने के लिए उठाया गया है, जिन्होंने वू के राजा द्वारा युद्ध की कला में उत्कृष्ट प्रदर्शन किया था।

10. वे धनुष बनाने के लिथे लकड़ी से तार बान्धे, और तीर बनाने के लिथे लकड़ी को चोखा करते थे। धनुष और तीर का उपयोग साम्राज्य को विस्मय में रखने के लिए है।

11. हो लू का पुत्र और उत्तराधिकारी। वह अंततः 473 ईसा पूर्व में यूह के राजा कोउ चिएन द्वारा पराजित और उखाड़ फेंका गया।

12. ह्सू का राजा येन, एक शानदार प्राणी, जिसके बारे में सन सिंग-येन अपनी प्रस्तावना में कहता है: "उसकी मानवता ने उसे विनाश में लाया।

13. मैंने कोष्ठक में जो मार्ग रखा है, वह तू शू में छोड़ दिया गया है, और एक प्रक्षेप हो सकता है। हालाँकि, यह तांग राजवंश के चांग शू-चीह के लिए जाना जाता था, और *ताई पिंग यू लैन में दिखाई देता है।*

14. त्साओ कुंग अध्याय II के पहले भाग के बारे में सोच रहे हैं, शायद विशेष रूप से § 8 का।

15. अध्याय XI देखें।

16. दूसरी ओर, यह उल्लेखनीय है कि *वू त्जी*, जो 6 अध्यायों में नहीं है, हान चिह में इसे 48 सौंपा गया है। इसी तरह, *चुंग युंग* को 49 अध्यायों का श्रेय दिया जाता है, हालांकि अब केवल एक में। बहुत कम कार्यों के मामले में, किसी को यह सोचने के लिए लुभाया जाता है कि *p'ien* का अर्थ केवल "पत्ते" हो सकता है।

17. सुंग वंश के ये शिह [1151-1223]।

18. वह शायद ही हत्यारों के साथ ब्रैकेट होने के लायक है।

19. अध्याय 7, § 27 और अध्याय 11, § 28 देखें।

20. अध्याय 11, § 28 देखें। चुआन चू उनके नाम का संक्षिप्त रूप है।

21. यानी पो पी'ई। पूर्व देखें।

22. इस काम का नाभिक शायद वास्तविक है, हालांकि बाद के हाथों द्वारा बड़े जोड़ दिए गए हैं। कुआन चुंग की मृत्यु 645 ईसा पूर्व में हुई थी।

23. इंफ्रा देखें, परिचय की शुरुआत।

24. मुझे नहीं पता कि यह क्या काम करता है, जब तक कि यह किसी अन्य काम का अंतिम अध्याय न हो। हालांकि, उस अध्याय को क्यों अलग किया जाना चाहिए, यह स्पष्ट नहीं है।

25. लगभग 480 ई.पू.

26. यह है, मुझे लगता है, वू वांग और चाउ कुंग की उम्र।

27. तीसरी शताब्दी ईसा पूर्व में।

28. सु-मा जंग-चू, जिसका पारिवारिक नाम टीएन था, 6 वीं शताब्दी ईसा पूर्व के उत्तरार्ध में रहता था, और माना जाता है कि उसने युद्ध पर एक काम भी लिखा था। परिचय की शुरुआत में *शिह ची*, अध्याय 64, और इन्फ्रा देखें।

29. देखें लेग क्लासिक्स, वॉल्यूम। लेग को लगता है कि *त्सो चुआन* 5 वीं शताब्दी में लिखा गया होगा, लेकिन 424 ईसा पूर्व से पहले नहीं।

30. *मेन्सियस* III देखें। 1. तृतीय. 13-20.

31. जब वू पहली बार 584 में *चुन चिउ में दिखाई देता* है, तो यह पहले से ही अपने शक्तिशाली पड़ोसी के साथ विचरण में है। *Ch'un Ch'iu* ने पहली बार 537 में Yüeh, *601 में* Tso Chuan का उल्लेख किया है।

32. यह स्पष्ट रूप से *त्सो चुआन*, XXXII, 2 में कहा गया है।

33. बाद की अवधि के लिए यह कहा जाना है, कि झगड़ा प्रत्येक मुठभेड़ के बाद और अधिक कड़वा हो जाएगा, और इस प्रकार ग्यारहवीं में इस्तेमाल की जाने वाली भाषा को पूरी तरह से सही ठहराएगा। § 30.

34. वू युआन के साथ ही मामला ठीक उल्टा है:-युद्ध पर एक नकली ग्रंथ उस पर सिर्फ इसलिए पैदा हुआ है क्योंकि वह एक महान सेनापति था। यहां हमारे पास जालसाजी के लिए एक स्पष्ट प्रलोभन है। दूसरी ओर, सन वू को 5 वीं शताब्दी में प्रसिद्धि के लिए व्यापक रूप से नहीं जाना जा सकता था।

35. *त्सो चुआन से:* "राजा चाओ के राज्यारोहण की तारीख से [515] ऐसा कोई वर्ष नहीं था जिसमें चू पर वू द्वारा हमला नहीं किया गया था।

36. प्रस्तावना विज्ञापन फिन: "मेरा परिवार लो-एन से आता है, और हम वास्तव में सन त्ज़ी के वंशज हैं। मुझे यह कहते हुए शर्म आती है कि मैंने सैन्य तकनीक को समझे बिना, केवल अपने पूर्वजों के काम को साहित्यिक दृष्टिकोण से पढ़ा। इतने लंबे समय से हम शांति के आशीर्वाद का आनंद ले रहे हैं!

37. होआ-यिन शेन्सी की पूर्वी सीमा पर तुंग-कुआन से लगभग 14 मील की दूरी पर है। विचाराधीन मंदिर अभी भी पश्चिमी पवित्र पर्वत की चढ़ाई के बारे में उन लोगों द्वारा दौरा किया जाता है। इसका उल्लेख एक पाठ में " हुआ-यिन के जिला शहर के पांच ली पूर्व में स्थित है। मंदिर में तांग सम्राट ह्वेन त्सुंग [713-755] द्वारा अंकित हुआ-शान टैबलेट है।

38. मेरी "चीनी पुस्तकों की सूची" (लुज़ैक एंड कंपनी, 1908), नंबर 40 देखें।

39. यह सूर्य त्ज़ी में 29 कठिन अंशों की चर्चा है।

40. सीएफ निंगपो में फैन परिवार के पुस्तकालय की सूची: "उनकी टिप्पणी अक्सर अस्पष्ट होती है; यह एक सुराग प्रस्तुत करता है, लेकिन अर्थ को पूरी तरह से विकसित नहीं करता है।

41. *वेन ह्सियन तुंग काओ*, अध्याय 221।

42. यह ध्यान रखना दिलचस्प है कि एम. पेलियट ने हाल ही में "हजार बुद्धों के ग्रोटोस" में इस खोए हुए काम के अध्याय 1, 4 और 5 की खोज की है। देखें B.E.F.E.O., t. VIII, संख्या 3-4, पृष्ठ 525।

43. हसिया, शांग और चाउ। हालाँकि अंतिम नाम सन त्ज़ी के दिनों में नाममात्र का अस्तित्व में था, लेकिन इसने शायद ही सत्ता का एक अवशेष बरकरार रखा, और पुराने सैन्य संगठन व्यावहारिक रूप से बोर्ड द्वारा चले गए थे। मैं मार्ग का कोई अन्य स्पष्टीकरण नहीं सुझा सकता।

44. चाउ *ली*, xxix देखें। 6-10.

45. *तुंग काओ*, अध्याय 221।

46. यह अभी भी मौजूद प्रतीत होता है। वाइली के "नोट्स," पृष्ठ 91 (नया संस्करण) देखें।

47. *तुंग काओ, लोक*।

48. अपने दिन में एक उल्लेखनीय व्यक्ति। उनकी जीवनी *सैन कुओ चिह*, अध्याय 10 में दी गई है।

49. देखें ग्यारहवीं। § 58, ध्यान दें।

50. *हू हान शू*, अध्याय 17 ई.

51. *सैन कुओ चिह*, अध्याय 54.

52. *सुंग शिह*, अध्याय 365 संस्करण।

53. कुछ यूरोपीय जिन्हें अभी तक सन त्ज़ी के साथ खुद को परिचित करने का अवसर मिला है, उनकी प्रशंसा में पीछे नहीं हैं। इस संबंध में, मुझे शायद लॉर्ड रॉबर्ट्स के एक पत्र से उद्धृत करने के लिए क्षमा किया जा सकता है, जिसे वर्तमान कार्य की शीट प्रकाशन से पहले प्रस्तुत की गई थी: "सन वू की कई कहावतें वर्तमान समय पर पूरी तरह से लागू होती हैं, और नंबर 11 [अध्याय VIII में] वह है जिसे इस देश के लोग दिल से लेना अच्छा करेंगे।

54. चौधरी 140.

55. चतुर्थ देखें। § 3.

56. संकेत मेनसियस VI के लिए हो सकता है। 2. नौवीं। 2.

57. *त्सो चुआन।*

58. *शिह ची, अध्याय 25, फोल।*

59. *सीएफ शिह ची, अध्याय 47.*

60. *देखें शू चिंग, प्रस्तावना § 55.*

61. *देखें शिह ची, अध्याय 47.*

62. *लुन यू,* XV। 1.

63. *मैं इस कथन का पता लगाने में विफल रहा।*

64. सुप्रा.

65. सुप्रा.

66. अन्य चार पूजा, शोक, मेहमानों का मनोरंजन और उत्सव संस्कार हैं। *देखें शू चिंग,* ii. 1. तृतीय. 8, और चाउ ली, IX.

67. XIII देखें। § 11, ध्यान दें।

68. यह *त्सो चुआन के लिए एक अस्पष्ट संकेत है,* जहां त्ज़ी-चान कहते हैं: "यदि आपके पास सुंदर ब्रोकेड का एक टुकड़ा है, तो आप इसे बनाने के लिए केवल एक शिक्षार्थी को नियुक्त नहीं करेंगे।

69. *सीएफ ताओ ते चिंग, अध्याय 31.*

70. सन हिंग-येन ने कन्फ्यूशियस को फिर से उद्धृत किया होगा। देखें *लुन यू,* XIII. 29, 30।

71. *ह्सियांग यू* [233-202 ईसा पूर्व] के रूप में बेहतर जाना जाता है।

72. *शिह ची, अध्याय 47.*

73. *शिह ची, अध्याय 38.*

74. XIII देखें। § 27, ध्यान दें। ताई कुंग के बारे में अधिक जानकारी *शिह ची*, अध्याय 32 ईस्वी में मिलेगी। परंपरा के अलावा जो उन्हें चाउ हसिन का पूर्व मंत्री बनाती है, उनके दो अन्य खाते दिए गए हैं, जिसके अनुसार उन्हें वेन वांग द्वारा एक विनम्र निजी स्टेशन से उठाया गया प्रतीत होता है।

अध्याय I. योजनाएँ रखना

[त्साओ कुंग, इस अध्याय के शीर्षक के लिए चीनी के अर्थ को परिभाषित करते हुए, कहते हैं कि यह सामान्य द्वारा अपने अस्थायी उपयोग के लिए चुने गए मंदिर में विचार-विमर्श को संदर्भित करता है, या जैसा कि हमें कहना चाहिए, अपने तम्बू में। देखें। § 26।

1. सुन त्ज़ी ने कहा: युद्ध की कला राज्य के लिए महत्वपूर्ण है।

2. यह जीवन और मृत्यु का मामला है, या तो सुरक्षा के लिए या बर्बाद होने का एक रास्ता है। इसलिए यह जांच का विषय है जिसे किसी भी खाते में नजरअंदाज नहीं किया जा सकता है।

3. युद्ध की कला, तब, पांच निरंतर कारकों द्वारा शासित होती है, जिसे क्षेत्र में प्राप्त होने वाली स्थितियों को निर्धारित करने की मांग करते समय, किसी के विचार-विमर्श में ध्यान में रखा जाना चाहिए।

4. ये हैं: (1) नैतिक कानून; (2) स्वर्ग; (३) पृथ्वी; (4) कमांडर; (5) विधि और अनुशासन।

[यह इस प्रकार से प्रकट होता है कि सन त्ज़ी का अर्थ "नैतिक कानून" से सद्भाव का एक सिद्धांत है, जो अपने नैतिक पहलू में लाओ त्ज़ी के ताओ के विपरीत नहीं है। किसी को इसे "मनोबल" द्वारा प्रस्तुत करने के लिए लुभाया जा सकता है, क्या इसे *§ 13 में* शासक की विशेषता के रूप में नहीं माना जाता था।

5, 6. *नैतिक कानून* लोगों को अपने शासक के साथ पूरी तरह से मेल खाता है, ताकि वे किसी भी खतरे से विचलित हुए बिना, अपने जीवन की परवाह किए बिना उसका अनुसरण करें।

[तू यू ने वांग त्ज़ी को यह कहते हुए उद्धृत किया: "निरंतर अभ्यास के बिना, युद्ध के लिए इकट्ठा होने पर अधिकारी घबराए हुए और अनिश्चित होंगे; निरंतर अभ्यास के बिना, संकट के हाथ में होने पर सामान्य डगमगाएगा और अडिग होगा।

7. *स्वर्ग* रात और दिन, ठंड और गर्मी, समय और मौसम का प्रतीक है।

[टिप्पणीकार, मुझे लगता है, यहां दो शब्दों का एक अनावश्यक रहस्य बनाते हैं। मेंग शिह स्वर्ग के "कठोर और नरम, वैक्सिंग और घटने" को संदर्भित करता है। हालाँकि, वांग ह्सी का यह कहना सही हो सकता है कि "स्वर्ग की सामान्य अर्थव्यवस्था" का अर्थ है, जिसमें पाँच तत्व, चार ऋतुएँ, हवा और बादल और अन्य घटनाएँ शामिल हैं।

8. *पृथ्वी* में दूरियां, बड़ी और छोटी; खतरा और सुरक्षा; खुले मैदान और संकीर्ण दर्रे; जीवन और मृत्यु की संभावना शामिल है।

9. कमांडर ज्ञान, ईमानदारी, परोपकार, साहस और सख्ती के गुणों के लिए खड़ा है।

[चीनी के पांच कार्डिनल गुण हैं (1) मानवता या परोपकार; (२) मन की सीधाई; (3) आत्म-सम्मान, आत्म-नियंत्रण, या "उचित भावना;" (4) ज्ञान; (5) ईमानदारी या सद्भावना। यहाँ "ज्ञान" और "ईमानदारी" को "मानवता या परोपकार" से पहले रखा गया है, और "साहस" और "सख्ती" के दो सैन्य गुणों को "मन की ईमानदारी" और "आत्म-सम्मान, आत्म-नियंत्रण, या "उचित भावना" के लिए प्रतिस्थापित किया गया है।

10. *विधि और अनुशासन* से अपने उचित उपखंडों में सेना के मार्शलिंग, अधिकारियों के बीच रैंक के ग्रेडेशन, सड़कों के रखरखाव जिसके द्वारा आपूर्ति सेना तक पहुंच सकती है, और सैन्य व्यय के नियंत्रण को समझा जाना चाहिए।

11. थे पांचों प्रधान हर एक प्रधान से परिचित हों, जो इन्हें जानता है, वह विजयी होगा; जो उन्हें नहीं जानता, वह असफल हो जाएगा।

12. इसलिथे अपके विचार-विमर्श में जब सैनिक स्थिति का निर्धारण करना चाहते हैं, तो उन्हें तुलना का आधार बनाया जाए, इस प्रकार

13. (1) दोनों प्रभुओं में से कौन नैतिक कानून से प्रभावित है?

[यानी, "अपने विषयों के साथ सद्भाव में है। सीएफ § 5.]

(2) दोनों सेनापतियों में से किसकी क्षमता सबसे अधिक है?   (3) स्वर्ग और पृथ्वी से जो फायदे मिलते हैं, वे किसके पास हैं?

[देखें §§ 7, 8]

(4) अनुशासन को किस पक्ष में सबसे अधिक सख्ती से लागू किया जाता है?

[तू म्यू त्साओ त्साओ (155-220 ईस्वी) की उल्लेखनीय कहानी की ओर इशारा करता है, जो इतना सख्त अनुशासक था कि एक बार, खड़ी फसलों को चोट पहुंचाने के खिलाफ अपने स्वयं के गंभीर नियमों के अनुसार, उसने अपने घोड़े को मकई के खेत में शरमानि की अनुमति देने के लिए खुद को मौत की सजा दी! हालांकि, अपना सिर खोने के बदले, उन्हें अपने बालों को काटकर न्याय की भावना को संतुष्ट करने के लिए राजी किया गया था। वर्तमान मार्ग पर त्साओ त्साओ की अपनी टिप्पणी चारित्रिक रूप से संक्षिप्त है: "जब आप एक कानून बनाते हैं, तो देखें कि यह अवज्ञा नहीं है; यदि इसकी अवज्ञा की जाती है, तो अपराधी को मौत की सजा दी जानी चाहिए।

(5) कौन सी सेना सबसे मजबूत है?

[नैतिक रूप से और शारीरिक रूप से भी। जैसा कि मेई याओ-चेन कहते हैं, स्वतंत्र रूप से प्रस्तुत किया गया है, "*एस्प्रिट डे कॉर्प्स* और 'बड़ी बटालियन।

(6) किस तरफ अधिकारी और पुरुष अधिक उच्च प्रशिक्षित हैं?

[तू यू ने वांग त्ज़ी को यह कहते हुए उद्धृत किया: "निरंतर अभ्यास के बिना, युद्ध के लिए इकट्ठा होने पर अधिकारी घबराए हुए और अनिश्चित होंगे; निरंतर अभ्यास के बिना, संकट के हाथ में होने पर सामान्य डगमगाएगा और अडिग होगा।

(7) किस सेना में इनाम और सजा दोनों में अधिक स्थिरता है?

[किस तरफ सबसे पूर्ण निश्चितता है कि योग्यता को उचित रूप से पुरस्कृत किया जाएगा और दुष्कर्मों को सरसरी तौर पर दंडित किया जाएगा?]

14. इन सात विचारों के माध्यम से मैं जीत या हार की भविष्यवाणी कर सकता हूं।

15. जो सेनापति मेरी सम्मति को सुनता और उस पर चलता है, वह विजयी होगा, ऐसा आज्ञा में बना रहे। जो सेनापति मेरी सम्मति नहीं सुनेगा और न उस पर अमल करता है, उसे पराजय मिलेगी।

[इस पैराग्राफ का रूप हमें याद दिलाता है कि सन त्ज़ी का ग्रंथ स्पष्ट रूप से वू राज्य के राजा हो लू के लाभ के लिए बनाया गया था।

16. मेरी सम्मति के लाभ को ध्यान में रखते हुए, सामान्य नियमों के अलावा और उससे परे किसी भी सहायक परिस्थितियों का भी लाभ उठाएं।

17. परिस्थितियों के अनुकूल होने के अनुसार, व्यक्ति को अपनी योजनाओं को संशोधित करना चाहिए।

[सन त्ज़ी, एक व्यावहारिक सैनिक के रूप में, "किताबी सिद्धांत" में से कोई भी नहीं होगा। वह हमें यहाँ सावधान करता है कि हम अपने विश्वास को अमूर्त सिद्धांतों पर न थोपें; "के लिए," जैसा कि चांग यू कहते हैं, "जबकि रणनीति के मुख्य कानूनों को सभी और विविध के लाभ के लिए स्पष्ट रूप से पर्याप्त रूप से कहा जा सकता है, आपको वास्तविक युद्ध में अनुकूल स्थिति सुरक्षित करने के प्रयास में दुश्मन के कार्यों द्वारा निर्देशित किया जाना चाहिए। वाटरलू की लड़ाई की पूर्व संध्या पर, घुड़सवार सेना की कमान संभालने वाले लॉर्ड उक्सब्रिज, ड्यूक ऑफ वेलिंगटन के पास यह जानने के लिए गए कि उनकी योजनाएं और गणना कल के लिए क्या थीं, क्योंकि, जैसा कि उन्होंने समझाया, वह अचानक खुद को कमांडर-इन-चीफ पा सकते हैं और एक महत्वपूर्ण क्षण में नई योजनाओं को तैयार करने में असमर्थ होंगे। ड्यूक ने चुपचाप सुना और फिर कहा: "कल पहले हमला कौन करेगा-मैं या बोनापार्ट?" "बोनापार्ट," लॉर्ड उक्सब्रिज ने उत्तर दिया। "ठीक

है," ड्यूक ने जारी रखा, "बोनापार्ट ने मुझे अपनी परियोजनाओं के बारे में कोई विचार नहीं दिया है; और जैसा कि मेरी योजना उसके ऊपर निर्भर करेगी, आप मुझसे यह बताने की उम्मीद कैसे कर सकते हैं कि मेरा क्या है? [1]]

18. सभी युद्ध धोखे पर आधारित हैं।

[इस सारगर्भित और गहन कहावत की सच्चाई हर सैनिक द्वारा स्वीकार की जाएगी। कर्नल हेंडरसन हमें बताता है कि वेलिंगटन, इतने सारे सैन्य गुणों में महान, विशेष रूप से "असाधारण कौशल से प्रतिष्ठित था जिसके साथ उसने अपने आंदोलनों को छुपाया और दोस्त और दुश्मन दोनों को धोखा दिया।

19. इसलिथे जब हम आक्रमण करने में समर्थ हों, तो हमें असमर्थ लगना चाहिए; अपनी ताकतों का उपयोग करते समय, हमें निष्क्रिय दिखना चाहिए; जब हम निकट होते हैं, तो हमें दुश्मन को विश्वास दिलाना चाहिए कि हम बहुत दूर हैं; दूर होने पर, हमें उसे विश्वास दिलाना चाहिए कि हम पास हैं।

20. शत्रु को लुभाने के लिये चारा पकड़ो। अव्यवस्था का बहाना करो, और उसे कुचल दो।

[चांग यू को छोड़कर सभी टीकाकार कहते हैं, "जब वह अव्यवस्थित हो, तो उसे कुचल दो। यह मानना अधिक स्वाभाविक है कि सन त्ज़ी अभी भी युद्ध में धोखे के उपयोगों को चित्रित कर रहा है।

21. यदि वह हर बिंदु पर सुरक्षित है, तो उसके लिए तैयार रहें। यदि वह श्रेष्ठ शक्ति में है, तो उससे बच निकलें।

22. यदि आपका प्रतिद्वंद्वी कोलेरिक स्वभाव का है, तो उसे परेशान करने की कोशिश करें। कमजोर होने का नाटक करो, कि वह अहंकारी हो सकता है।

[वांग त्ज़ी, तू यू द्वारा उद्धृत, कहते हैं कि अच्छा रणनीतिज्ञ अपने विरोधी के साथ खेलता है जैसे एक बिल्ली एक चूहे के साथ खेलती है, पहले कमजोरी और गतिहीनता का बहाना करती है, और फिर अचानक उस पर झपटती है।

23. यदि वह आराम कर रहा है, तो उसे आराम न दें।

[शायद इसका अर्थ है, हालांकि मेई याओ-चेन का नोट है: "जब हम अपना आराम ले रहे हैं, तो दुश्मन के खुद को थका देने की प्रतीक्षा करें। यू लैन ने "उसे लुभाया और उसे थका दिया।

यदि उसकी सेनाएं एकजुट हैं, तो उन्हें अलग करें।

[अधिकांश टिप्पणीकारों द्वारा इष्ट व्याख्या कम प्रशंसनीय है: "यदि संप्रभु और विषय समझौते में हैं, तो उनके बीच विभाजन रखें।

24. उस पर हमला करें जहां वह तैयार नहीं है, वहां दिखाई दें जहां आपको उम्मीद नहीं है।

25. जीत की ओर ले जाने वाले इन सैन्य उपकरणों को पहले से प्रकट नहीं किया जाना चाहिए।

26. अब जो सेनापति युद्ध जीतता है, वह युद्ध लड़ने से पहले अपने मन्दिर में बहुत सी गणना करता है।

[चांग यू हमें बताता है कि प्राचीन काल में यह प्रथा थी कि एक मंदिर को एक जनरल के उपयोग के लिए अलग रखा जाता था जो मैदान में उतरने वाला था, ताकि वह वहां अपने अभियान की योजना को विस्तृत कर सके।

जो जनरल लड़ाई हारता है, वह पहले से कुछ गणना करता है। इस प्रकार कई गणनाएं जीत की ओर ले जाती हैं, और कुछ गणनाएं हार की ओर ले जाती हैं: कितना अधिक कोई गणना नहीं है! यह इस बिंदु पर ध्यान देने से है कि मैं भविष्यवाणी कर सकता हूं कि किसके जीतने या हारने की संभावना है।

[1] "वेलिंगटन पर शब्द," सर डब्ल्यू फ्रेजर द्वारा।

अध्याय II युद्ध छेड़ने का

[त्साओ कुंग के पास नोट है: "जो लड़ना चाहता है उसे पहले लागत की गणना करनी चाहिए," जो हमें इस खोज के लिए तैयार करता है कि अध्याय का विषय वह नहीं है जिसकी हम शीर्षक से उम्मीद कर सकते हैं, लेकिन मुख्य रूप से तरीकों और साधनों पर विचार है।

1. सुन त्सी ने कहा, युद्ध के कार्यों में, जहां मैदान में एक हजार तेज रथ, जितने भारी रथ, और एक लाख मेल पहने सैनिक हैं,

[[चांग यू के अनुसार, "तेज रथ" हल्के ढंग से बनाए गए थे और, हमले के लिए इस्तेमाल किए गए थे; "भारी रथ" भारी थे, और रक्षा के उद्देश्यों के लिए डिज़ाइन किए गए थे। ली चुआन, यह सच है, कहता है कि बाद वाले हल्के थे, लेकिन यह शायद ही संभव लगता है। प्रारंभिक चीनी युद्ध और होमरिक यूनानियों के बीच समानता को नोट करना दिलचस्प है। प्रत्येक मामले में, युद्ध-रथ महत्वपूर्ण कारक था, जैसा कि इसने नाभिक दौर किया था जिसे एक निश्चित संख्या में पैदल-सैनिकों को समूहीकृत किया गया था। यहाँ दी गई संख्याओं के संबंध में, हमें सूचित किया जाता है कि प्रत्येक तेज रथ के साथ 75 पैदल सैनिक थे, और प्रत्येक भारी रथ 25 पैदल सैनिकों द्वारा था, ताकि पूरी सेना को एक हजार बटालियनों में विभाजित किया जाए, जिनमें से प्रत्येक में दो रथ और सौ पुरुष होंगे।

उन्हें एक हजार ली ले जाने के लिए पर्याप्त प्रावधानों के साथ,

[2.78 आधुनिक *ली* एक मील तक जाते हैं। सन त्ज़ी के समय से लंबाई थोड़ी भिन्न हो सकती है।

घर और मोर्चे पर खर्च, मेहमानों के मनोरंजन सहित, गोंद और पेंट जैसी छोटी वस्तुएं, और रथों और कवच पर खर्च की गई रकम, प्रति दिन चांदी के एक हजार औंस तक पहुंच जाएगी। 100,000 पुरुषों की सेना जुटाने की लागत ऐसी है।

2. जब आप वास्तविक लड़ाई में संलग्न होते हैं, यदि जीत आने में लंबी है, तो पुरुषों के हथियार सुस्त हो जाएंगे और उनका उत्साह कम हो जाएगा। यदि आप एक शहर की घेराबंदी करते हैं, तो आप अपनी ताकत समाप्त कर देंगे।

3. फिर, यदि अभियान लंबा चलता है, तो राज्य के संसाधन तनाव के बराबर नहीं होंगे।

4. अब जब तेरे हथियार ढीले पड़ जाएंगे, तेरा जोश कम हो जाएगा, तेरा बल समाप्त हो जाएगा, और तेरा धन खर्च हो जाएगा, तब दूसरे सरदार तेरी चरम सीमा का लाभ उठाने के लिथे उभर आएंगे। तब कोई भी व्यक्ति, चाहे वह कितना भी बुद्धिमान क्यों न हो, उन परिणामों को टालने में सक्षम नहीं होगा जो आगे आने चाहिए।

5. इस प्रकार, हालांकि हमने युद्ध में मूर्खतापूर्ण जल्दबाजी के बारे में सुना है, चतुराई को कभी भी लंबे विलंब से जोड़कर नहीं देखा गया है।

[यह संक्षिप्त और कठिन वाक्य किसी भी टिप्पणीकार द्वारा अच्छी तरह से समझाया नहीं गया है। त्साओ कुंग, ली चुआन, मेंग शिह, तू यू, तू म्यू और मेई याओ-चेन ने इस आशय के नोट किए हैं कि एक जनरल, हालांकि स्वाभाविक रूप से बेवकूफ है, फिर भी तेजी के सरासर बल के माध्यम से जीत सकता है। हो शिह कहते हैं: "जल्दबाजी बेवकूफ हो सकती है, लेकिन किसी भी दर पर यह ऊर्जा और खजाने के खर्च को बचाता है; लंबे समय तक चलने वाले ऑपरेशन बहुत चालाक हो सकते हैं, लेकिन वे अपनी ट्रेन में आपदा लाते हैं।" वांग हसी टिप्पणी करके कठिनाई से बचते हैं: "लंबे ऑपरेशन का मतलब है कि एक सेना बूढ़ी हो रही है, धन खर्च किया जा रहा है, एक खाली खजाना और लोगों के बीच संकट; सच्ची चतुराई ऐसी आपदाओं के घटित होने के खिलाफ सुनिश्चित करती है। चांग यू कहते हैं: "जब तक जीत हासिल की जा सकती है, तब तक चतुर शिथिलता के बजाय मूर्खतापूर्ण जल्दबाजी बेहतर है। अब सन त्ज़ी कुछ भी नहीं कहता है, संभवत। निहितार्थ को छोड़कर, बिना सोचे-समझे जल्दबाजी के बारे में सरल लेकिन लंबे संचालन से बेहतर है। वह जो कहता है वह कुछ अधिक संरक्षित है, अर्थात् कि, जबकि गति कभी-कभी अविवेकपूर्ण हो सकती है, शिथिलता कभी भी मूर्खतापूर्ण नहीं हो सकती है - यदि केवल इसलिए कि इसका मतलब राष्ट्र के लिए दरिद्रता है। सन त्ज़ी द्वारा यहां उठाए गए बिंदु पर विचार करते हुए, फैबियस कंक्टेटर का क्लासिक उदाहरण अनिवार्य रूप से दिमाग में होगा। उस जनरल ने जानबूझकर हैनिबल्स की अलग-थलग सेना के खिलाफ रोम के धीरज को मापा, क्योंकि उसे ऐसा लग रहा था कि बाद वाले को एक अजीब देश में लंबे अभियान से पीड़ित होने की अधिक संभावना थी। लेकिन यह काफी विवादास्पद सवाल है कि क्या उनकी रणनीति लंबे समय में सफल साबित होगी। उनका उलटा यह सच है, कैनी के लिए नेतृत्व किया; लेकिन यह केवल उनके पक्ष में एक नकारात्मक अनुमान स्थापित करता है।

6. लंबे समय तक युद्ध से लाभान्वित होने वाले देश का कोई उदाहरण नहीं है।

7. यह केवल वही है जो युद्ध की बुराइयों से अच्छी तरह परिचित है जो इसे आगे बढ़ाने के लाभदायक तरीके को अच्छी तरह से समझ सकता है।

[अर्थात, तेजी के साथ। केवल वही जो एक लंबे युद्ध के विनाशकारी प्रभावों को जानता है, इसे बंद करने में तेजी के सर्वोच्च महत्व को महसूस कर सकता है। केवल दो टिप्पणीकार इस व्याख्या के पक्ष में प्रतीत होते हैं, लेकिन यह संदर्भ के तर्क में अच्छी तरह से फिट बैठता है, जबकि प्रतिपादन, "जो युद्ध की बुराइयों को नहीं जानता वह इसके लाभों की सराहना नहीं कर सकता," स्पष्ट रूप से व्यर्थ है।

8. कुशल सैनिक दूसरी लेवी नहीं बढ़ाता है, न ही उसकी आपूर्ति-वैगनों को दो बार से अधिक लोड किया जाता है।

[एक बार युद्ध की घोषणा हो जाने के बाद, वह सुदृढ़ीकरण की प्रतीक्षा में कीमती समय बर्बाद नहीं करेगा, न ही वह अपनी सेना को ताजा आपूर्ति के लिए वापस लौटाएगा, लेकिन बिना देरी के दुश्मन की सीमा पार कर जाएगा। यह सिफारिश करने के लिए एक दुस्साहसी नीति लग सकती है, लेकिन जूलियस सीज़र से नेपोलियन बोनापार्ट तक सभी महान रणनीतिकारों के साथ, समय का मूल्य - अर्थात, आपके प्रतिद्वंद्वी से थोड़ा आगे होना - संख्यात्मक श्रेष्ठता या कमिश्रिएट के संबंध में सबसे अच्छी गणना से अधिक के लिए गिना जाता है।

9. घर से अपने साथ युद्ध सामग्री लाओ, लेकिन दुश्मन पर चारा। इस प्रकार सेना के पास अपनी जरूरतों के लिए पर्याप्त भोजन होगा।

[चीनी शब्द का अनुवाद यहाँ "युद्ध सामग्री" के रूप में किया गया है, जिसका शाब्दिक अर्थ है "उपयोग की जाने वाली चीजें", और इसका अर्थ व्यापक अर्थों में है। इसमें प्रावधानों के अलावा सेना की सभी बाधाएं शामिल हैं।

10. राज्य के खजाने की गरीबी एक सेना को दूर से योगदान द्वारा बनाए रखने का कारण बनती है। दूरी पर सेना को बनाए रखने में योगदान देने से लोग गरीब हो जाते हैं।

[इस वाक्य की शुरुआत अगले के साथ ठीक से संतुलित नहीं है, हालांकि स्पष्ट रूप से ऐसा करने का इरादा है। व्यवस्था, इसके अलावा, इतनी अजीब है कि मैं पाठ में कुछ भ्रष्टाचार पर संदेह किए बिना नहीं रह सकता। चीनी टिप्पणीकारों को ऐसा कभी नहीं लगता कि अर्थ के लिए एक संशोधन आवश्यक हो सकता है, और हमें वहां उनसे कोई मदद नहीं मिलती है। चीनी शब्द सन त्ज़ी ने लोगों की दरिद्रता के कारण को इंगित करने के लिए स्पष्ट रूप से कुछ प्रणाली का संदर्भ दिया है जिसके द्वारा पतियों ने मकई के अपने योगदान को सीधे सेना में भेजा था। लेकिन इस तरह से सेना को बनाए रखने के लिए उन पर क्यों गिरना चाहिए, सिवाय इसके कि राज्य या सरकार ऐसा करने के लिए बहुत गरीब है?]

11. दूसरी ओर, एक सेना की निकटता के कारण कीमतें बढ़ जाती हैं; और उच्च कीमतों के कारण लोगों का पदार्थ निकल जाता है।

[वांग हसी का कहना है कि सेना के अपने क्षेत्र को छोड़ने से पहले उच्च कीमतें होती हैं। त्साओ कुंग इसे एक ऐसी सेना के रूप में समझते हैं जो पहले ही सीमा पार कर चुकी है।

12. जब उनका धन सूख जाएगा, तब किसान भारी वसूली से पीड़ित होंगे।

13, 14. पदार्थ की इस हानि और ताकत की थकावट के साथ, लोगों के घरों को नंगा कर दिया जाएगा, और उनकी आय का तीन-दसवां हिस्सा नष्ट हो जाएगा;

[तू म्यू और वांग हसी इस बात से सहमत हैं कि लोगों को उनकी आय के 3/10 नहीं, बल्कि 7/10 के बारे में बताया जाता है। परंतु यह मुश्किल से हमारे पाठ से निकाला जा सकता है। हो

शिह का एक विशिष्ट टैग है: "लोगों को राज्य का अनिवार्य हिस्सा माना जाता है, और भोजन को लोगों का स्वर्ग माना जाता है, क्या यह सही नहीं है कि प्राधिकरण में रहने वालों को मूल्य देना चाहिए और दोनों से सावधान रहना चाहिए?"]

जबकि टूटे हुए रथों, घिसे-पिटे घोड़ों, ब्रेस्ट-प्लेट और हेलमेट, धनुष और तीर, भाले और ढाल, सुरक्षात्मक मेंटल, ड्राफ्ट-बैल और भारी वैगनों के लिए सरकारी खर्च, इसके कुल राजस्व का चार-दसवां हिस्सा होगा।

15. इसलिए एक बुद्धिमान सेनापति दुश्मन पर चारा डालने का एक बिंदु बनाता है। दुश्मन के प्रावधानों का एक कार्टलोड अपने स्वयं के बीस के बराबर है, और इसी तरह उसके प्रोवेंडर का एक एकल *पिकुल* किसी के अपने स्टोर से बीस के बराबर है।

[क्योंकि एक कार्ट लोड को सामने ले जाने की प्रक्रिया में बीस कार्टलोड की खपत होगी। एक *पिकुल* 133.3 पाउंड (65.5 किलोग्राम) के बराबर माप की एक इकाई है।

16. शत्रु को घात करने के लिथे हमारे मनुष्योंको क्रोध करना चाहिए; कि दुश्मन को हराने से फायदा हो सकता है, उनके पास उनके पुरस्कार होने चाहिए।

[तू म्यू कहते हैं: "सैनिकों को दुश्मन को मारने का लाभ देखने के लिए पुरस्कार आवश्यक हैं; इस प्रकार, जब आप दुश्मन से लूट पर कब्जा कर लेते हैं, तो उन्हें पुरस्कार के रूप में इस्तेमाल किया जाना चाहिए, ताकि आपके सभी पुरषों को लड़ने की तीव्र इच्छा हो सके, प्रत्येक अपने खाते पर।

17. इसलिथे रथयुद्ध में जब दस या उससे अधिक रथ ले लिए जाएं, तो पहिले को लेने वालों को प्रतिफल दिया जाए। हमारे अपने झंडे को दुश्मन के उन लोगों के लिए प्रतिस्थापित किया जाना चाहिए, और रथों को हमारे साथ मिलकर इस्तेमाल किया जाना चाहिए। पकड़े गए सैनिकों के साथ दयालु व्यवहार किया जाना चाहिए और उन्हें रखा जाना चाहिए।

18. इसे कहा जाता है, जीते हुए शत्रु का उपयोग करके अपनी शक्ति को बढ़ाने के लिए।

19. सो युद्ध में तुम्हारा बड़ा उद्देश्य विजय हो, न कि लम्बे अभियान।

[जैसा कि हो शिह टिप्पणी करते हैं: "युद्ध कोई ऐसी चीज नहीं है जिसके साथ छेड़छाड़ की जाए। सन त्जी यहाँ मुख्य पाठ को दोहराता है जिसे इस अध्याय को लागू करने का इरादा है।

20. इस प्रकार यह प्रगट हो जाता है कि सेनाओं का प्रधान प्रजा के भाग्य का मध्यस्थ होता है, जिस पर यह निर्भर करता है कि राष्ट्र शान्ति में रहेगा या संकट में।

अध्याय **III** स्ट्रैटेजम द्वारा हमला

1. सुन त्ज़ी ने कहा: युद्ध की व्यावहारिक कला में, सबसे अच्छी बात यह है कि दुश्मन के देश को पूरा और अक्षुण्ण ले लिया जाए; इसे चकनाचूर और नष्ट करना इतना अच्छा नहीं है। इसलिए, भी, एक सेना को नष्ट करने की तुलना में इसे नष्ट करने की तुलना में पूरी सेना पर कब्जा करना बेहतर है, एक रेजिमेंट, एक टुकड़ी या एक कंपनी को नष्ट करने की तुलना में।

[एक सेना कोर के बराबर, सु-मा फा के अनुसार, नाममात्र 12500 पुरुषों का समावेश था; त्साओ कुंग के अनुसार, एक रेजिमेंट के बराबर में 500 पुरुष होते हैं, एक टुकड़ी के बराबर 100 और 500 के बीच किसी भी संख्या से होते हैं, और एक कंपनी के बराबर में 5 से 100 पुरुष होते हैं। अंतिम दो के लिए, हालांकि, चांग यू क्रमशः 100 और 5 के सटीक आंकड़े देता है।

2. इसलिए अपनी सभी लड़ाइयों में लड़ना और जीतना सर्वोच्च उत्कृष्टता नहीं है; सर्वोच्च उत्कृष्टता बिना लड़े दुश्मन के प्रतिरोध को तोड़ने में है।

[यहां फिर से, कोई आधुनिक रणनीतिकार नहीं है, लेकिन पुराने चीनी जनरल के शब्दों को मंजूरी देगा। मोल्टके की सबसे बड़ी जीत, सेडान में विशाल फ्रांसीसी सेना का आत्मसमर्पण, व्यावहारिक रूप से रक्तपात के बिना जीता गया था।

3. इस प्रकार सेनापति का उच्चतम रूप दुश्मन की योजनाओं को विफल करना है;

[शायद "बाल्क" शब्द चीनी शब्द की पूरी ताकत को व्यक्त करने से कम हो जाता है, जिसका अर्थ रक्षा का रवैया नहीं है, जिससे कोई एक के बाद एक दुश्मन की चालों को नाकाम करने के लिए संतुष्ट हो सकता है, लेकिन जवाबी हमले की एक सक्रिय नीति। हो शिह ने अपने नोट में यह बहुत स्पष्ट रूप से कहा है: "जब दुश्मन ने हमारे खिलाफ हमले की योजना बनाई है, तो हमें पहले अपना हमला करके उसका अनुमान लगाना चाहिए।

अगला सबसे अच्छा दुश्मन की सेना के जंक्शन को रोकना है;

[उसे अपने सहयोगियों से अलग करना। हमें यह नहीं भूलना चाहिए कि सन त्ज़ी, शत्रुता की बात करते हुए, हमेशा उन कई राज्यों या रियासतों को ध्यान में रखते हैं जिनमें उनके समय का चीन विभाजित था।

अगला क्रम मैदान में दुश्मन की सेना पर हमला करना है;

[जब वह पहले से ही पूरी ताकत पर है।

और सभी की सबसे खराब नीति दीवारों वाले शहरों को घेरना है।

4. नियम यह है कि दीवारों वाले शहरों को घेरना नहीं है अगर इसे संभवतः टाला जा सकता है।

[सैन्य सिद्धांत का एक और ध्वनि टुकड़ा। अगर बोअर्स ने 1899 में इस पर कार्रवाई की होती, और किम्बरली, माफेकिंग, या यहां तक कि लेडीस्मिथ से पहले अपनी ताकत को नष्ट करने से परहेज किया होता, तो यह संभावना से अधिक है कि अंग्रेजों के गंभीरता से विरोध करने के लिए तैयार होने से पहले वे स्थिति के स्वामी होते।

मेंटल, जंगम आश्रयों और युद्ध के विभिन्न उपकरणों की तैयारी में पूरे तीन महीने लगेंगे;

[यह बिल्कुल स्पष्ट नहीं है कि चीनी शब्द, जिसका अनुवाद यहां "मेंटलेट्स" के रूप में किया गया है, का वर्णन किया गया है। त्साओ कुंग बस उन्हें "बड़ी ढाल" के रूप में परिभाषित करता है, लेकिन हमें ली चुआन से उनके बारे में एक बेहतर विचार मिलता है, जो कहते हैं कि वे उन लोगों के सिर की रक्षा करने के लिए थे जो शहर की दीवारों पर करीब से हमला कर रहे थे। यह एक प्रकार का रोमन *टेस्टुडो का सुझाव* देता है, जो तैयार किया गया है। तू म्यू का कहना है कि वे हमलों को दोहराने में इस्तेमाल किए जाने वाले पहिए वाले वाहन थे, लेकिन चेन हाओ ने इससे इनकार किया है। *सुप्रा* II देखें। 14. यह नाम शहर की दीवारों पर बुर्ज पर भी लागू होता है। "जंगम आश्रयों" में से हमें कई टिप्पणीकारों से काफी स्पष्ट विवरण मिलता है। वे चार पहियों पर लकड़ी के मिसाइल-प्रूफ संरचनाएं थीं, जो भीतर से चलती थीं, कच्ची खाल से ढकी होती थीं, और घेराबंदी में पुरुषों की पार्टियों को दीवारों से आने-जाने के लिए इस्तेमाल की जाती थीं, ताकि घेरने वाली खाई को पृथ्वी से भर दिया जा सके। तू म्यू कहते हैं कि उन्हें अब "लकड़ी के गधे" कहा जाता है।

और दीवारों के खिलाफ टीले के ढेर को तीन महीने और लगेंगे।

[ये महान टीले या पृथ्वी की प्राचीर थे जो रक्षा में कमजोर बिंदुओं की खोज करने के लिए दुश्मन की दीवारों के स्तर तक ढेर हो गए थे, और पिछले नोट में उल्लिखित गढ़वाले बुर्ज को नष्ट करने के लिए भी।

5. सेनापति, अपनी जलन को नियंत्रित करने में असमर्थ, अपने आदमियों को झुंड की चींटियों की तरह हमले के लिए लॉन्च करेगा,

[त्साओ कुंग की यह ज्वलंत उपमा एक दीवार पर चढ़ने वाली चींटियों की सेना के तमाशे से ली गई है। अर्थ यह है कि जनरल, लंबी देरी पर धैर्य खो देता है, युद्ध के अपने इंजन तैयार होने से पहले जगह पर तूफान करने का समय से पहले प्रयास कर सकता है।

इस परिणाम के साथ कि उसके एक तिहाई लोग मारे गए हैं, जबकि शहर अभी भी अप्रभावित है। घेराबंदी के विनाशकारी प्रभाव ऐसे हैं।

[हमें पोर्ट आर्थर से पहले जापानियों के भयानक नुकसान की याद दिलाई जाती है, सबसे हालिया घेराबंदी में जिसे इतिहास को रिकॉर्ड करना है।

6. इसलिथे कुशल प्रधान शत्रु की सेना को बिना किसी युद्ध के वश में कर लेता है; वह उनके नगरों को बिना घेरे उनके नगरों पर कब्जा कर लेता है; वह क्षेत्र में लंबे ऑपरेशन के बिना उनके राज्य को उखाड़ फेंकता है।

[चिया लिन ने नोट किया कि वह केवल सरकार को उखाड़ फेंकता है, लेकिन व्यक्तियों को कोई नुकसान नहीं पहुंचाता है। शास्त्रीय उदाहरण वू वांग है, जिसने यिन राजवंश को समाप्त करने के बाद "लोगों के पिता और माता" की प्रशंसा की थी।

7. अपनी सेनाओं के बरकरार रहने के साथ वह साम्राज्य की महारत पर विवाद करेगा, और इस प्रकार, एक आदमी को खोए बिना, उसकी जीत पूरी हो जाएगी।

[चीनी पाठ में दोहरे अर्थों के कारण, वाक्य का उत्तरार्द्ध काफी अलग अर्थ के लिए अतिसंवेदनशील है: "और इस प्रकार, हथियार को उपयोग से कुंद नहीं किया जा रहा है, इसकी उत्सुकता सही रहती है।

यह चालबाजी से हमला करने का तरीका है।

8. यदि हमारी सेना शत्रु के साम्हने दस हो, तो युद्ध में नियम यही है, कि उसे घेर ले; अगर पांच से एक, उस पर हमला करने के लिए;

[सीधे, बिना किसी और लाभ की प्रतीक्षा किए।

यदि दो बार के रूप में कई, दो में हमारी सेना को विभाजित करने के लिए।

[तू मु इस कहावत का अपवाद है; और पहली नजर में, वास्तव में, यह युद्ध के एक मौलिक सिद्धांत का उल्लंघन करता प्रतीत होता है। त्साओ कुंग, हालांकि, सन त्जी के अर्थ का एक सुराग देता है: "दुश्मन के एक के लिए दो होने के नाते, हम अपनी सेना के एक हिस्से को नियमित तरीके से उपयोग कर सकते हैं, और दूसरे को कुछ विशेष मोड़ के लिए। चांग यू इस प्रकार इस बिंदु को और स्पष्ट करता है: "यदि हमारी सेना दुश्मन की तुलना में दोगुनी है, तो इसे दो डिवीजनों में विभाजित किया जाना चाहिए, एक सामने दुश्मन से मिलने के लिए, और एक उसके पीछे गिरने के लिए; यदि वह ललाट हमले का जवाब देता है, तो उसे पीछे से कुचल दिया जा सकता है; अगर पीछे की ओर हमला करने के लिए, वह सामने कुचल दिया जा सकता है। कहने का यही अर्थ है कि 'एक भाग का उपयोग नियमित रूप से किया जा सकता है, और दूसरे का उपयोग कुछ विशेष मोड़ के लिए किया जा सकता है। तू म्यू यह नहीं समझता कि किसी की सेना को विभाजित करना केवल एक अनियमित है, जैसे कि इसे केंद्रित करना नियमित, रणनीतिक तरीका है, और वह इसे गलती कहने में बहुत जल्दबाजी करता है।

9. यदि समान रूप से मिलान किया जाता है, तो हम लड़ाई की पेशकश कर सकते हैं;

[ली चुआन, हो शिह के बाद, निम्नलिखित व्याख्या देता है: "यदि हमलावर और हमला ताकत में समान रूप से मेल खाते हैं, तो केवल सक्षम जनरल ही लड़ेंगे।

यदि संख्या में थोड़ा कम है, तो हम दुश्मन से बच सकते हैं;

[अर्थ, "हम दुश्मन को देख सकते हैं ," निश्चित रूप से उपरोक्त पर एक महान सुधार है; लेकिन दुर्भाग्य से संस्करण के लिए कोई बहुत अच्छा अधिकार नहीं है। चांग यू हमें याद दिलाता है कि कहावत केवल तभी लागू होती है जब अन्य कारक समान हों; संख्याओं में एक छोटा सा अंतर अक्सर बेहतर ऊर्जा और अनुशासन द्वारा प्रतिसंतुलित से अधिक होता है।

यदि हर तरह से काफी असमान है, तो हम उससे भाग सकते हैं।

10. इसलिए, हालांकि एक छोटी सेना द्वारा एक जिद्दी लड़ाई की जा सकती है, अंत में इसे बड़ी ताकत द्वारा कब्जा कर लिया जाना चाहिए।

11. अब सेनापति राज्य का गढ़ है: यदि सब बिन्दुओं पर गढ़ पूरा हो जाए; राज्य मजबूत होगा; यदि सुरक्षा खराब होगी तो राज्य कमजोर होगा।

[जैसा कि ली चुआन संक्षेप में कहते हैं: "गैप कमी को इंगित करता है; यदि सेनापति की क्षमता परिपूर्ण नहीं है (अर्थात यदि वह अपने पेशे में पारंगत नहीं है), तो उसकी सेना में बल की कमी होगी।

12. शासक अपनी सेना पर तीन प्रकार से विपत्ति ला सकता है:

13. (1) सेना को आगे बढ़ने या पीछे हटने की आज्ञा देकर, इस तथ्य से अनभिज्ञ होना कि वह आज्ञा नहीं मान सकती। इसे कहते हैं सेना को हॉबलिंग करना।

[ली चुआन टिप्पणी जोड़ता है: "यह एक शुद्ध नस्ल के पैरों को एक साथ बांधने जैसा है, ताकि वह सरपट दौड़ने में असमर्थ हो। इस मार्ग में स्वाभाविक रूप से "शासक" के बारे में सोचा जाएगा कि वह घर पर है, और दूर से अपनी सेना की गतिविधियों को निर्देशित करने की कोशिश कर रहा है। लेकिन टिप्पणीकार इसके ठीक विपरीत समझते हैं, और ताई कुंग की कहावत को उद्धृत करते हैं: "एक राज्य को बाहर से शासित नहीं किया जाना चाहिए, और सेना को भीतर से निर्देशित नहीं किया जाना चाहिए। बेशक यह सच है कि, एक सगाई के दौरान, या जब दुश्मन के साथ निकट संपर्क में, जनरल को अपने स्वयं के सैनिकों की मोटी में नहीं होना चाहिए, लेकिन थोड़ी दूरी पर। अन्यथा, वह समग्र रूप से स्थिति को गलत समझने और गलत आदेश देने के लिए उत्तरदायी होगा।

14. (2) किसी सेना पर उसी तरह शासन करने का प्रयास करके जैसे वह एक राज्य का प्रशासन करता है, एक सेना में प्राप्त होने वाली स्थितियों से अनभिज्ञ होना। इससे सैनिक के मन में बेचैनी पैदा हो जाती है।

[त्साओ कुंग का नोट है, स्वतंत्र रूप से अनुवादित: "सैन्य क्षेत्र और नागरिक क्षेत्र पूरी तरह से अलग हैं; आप बच्चे के दस्ताने में एक सेना को संभाल नहीं सकते। और चांग यू कहते हैं: "मानवता और न्याय वे सिद्धांत हैं जिन पर एक राज्य पर शासन करना है, लेकिन एक सेना नहीं; दूसरी ओर, अवसरवाद और लचीलापन, एक सेना के शासन को आत्मसात करने के लिए नागरिक गुणों के बजाय सैन्य हैं "- एक राज्य के लिए, समझा।

15. (3) बिना भेदभाव के अपनी सेना के अधिकारियों को नियुक्त करके,

[अर्थात्, वह सही जगह पर सही आदमी का उपयोग करने के लिए सावधान नहीं है।

परिस्थितियों के अनुकूलन के सैन्य सिद्धांत की अज्ञानता के माध्यम से। इससे जवानों का आत्मविश्वास डगमगाता है।

[मैं यहां मेई याओ-चेन का अनुसरण करता हूं। अन्य टिप्पणीकार शासक का उल्लेख नहीं करते हैं, जैसा कि §§ 13, 14 में है, बल्कि उन अधिकारियों का उल्लेख करता है जिन्हें वह नियुक्त करता है। इस प्रकार तू यू कहते हैं: "यदि कोई जनरल अनुकूलनशीलता के सिद्धांत से अनभिज्ञ है, तो उसे अधिकार की स्थिति नहीं सौंपी जानी चाहिए। तू म्यू उद्धरण देता है: "पुरुषों का कुशल नियोक्ता बुद्धिमान व्यक्ति, बहादुर आदमी, लोभी आदमी और बेवकूफ आदमी को नियुक्त करेगा। क्योंकि बुद्धिमान व्यक्ति अपनी योग्यता स्थापित करने में प्रसन्न होता है, बहादुर व्यक्ति कार्रवाई में अपना साहस दिखाना पसंद करता है, लोभी व्यक्ति लाभ प्राप्त करने में तेज होता है, और मूर्ख व्यक्ति को मृत्यु का कोई भय नहीं होता है।

16. परन् तु जब सेना बेचैन और अविश् वास करती है, तब दूसरे सामंती हाकिमोंकी ओर से विपत्ति अवश्य आती है। यह बस सेना में अराजकता ला रहा है, और जीत को दूर कर रहा है।

17. इस प्रकार हम जान सकते हैं कि जीत के लिए पांच आवश्यक चीजें हैं: (1) वह जीतेगा जो जानता है कि कब लड़ना है और कब नहीं लड़ना है।

[चांग यू कहता है: यदि वह लड़ सकता है, तो वह आगे बढ़ता है और आक्रामक होता है; यदि वह नहीं लड़ सकता है, तो वह पीछे हट जाता है और रक्षात्मक रहता है। वह हमेशा जीत जाएगा जो जानता है कि आक्रामक या रक्षात्मक लेना सही है या नहीं।

(२) वह जीतेगा जो श्रेष्ठ और हीन दोनों शक्तियों को संभालना जानता है।

[यह केवल संख्याओं का सही अनुमान लगाने की सामान्य क्षमता नहीं है, जैसा कि ली चुआन और अन्य बताते हैं। चांग यू ने कहावत को अधिक संतोषजनक ढंग से समझाया: "युद्ध की कला को लागू करने से, कम बल के साथ एक बड़े को हराना संभव है, और इसके *विपरीत*। रहस्य स्थानीयता के लिए एक आंख में निहित है, और सही समय को फिसलने नहीं देने में। इस प्रकार वू त्ज़ी कहते हैं: 'एक बेहतर बल के साथ, आसान जमीन के लिए बनाओ; एक अवर के साथ, कठिन जमीन के लिए बनाओ।

(३) वह जीतेगा जिसकी सेना अपने सभी रैंकों में एक ही भावना से अनुप्राणित है।

(4) वह जीतेगा जिसने खुद को तैयार किया, दुश्मन को बिना तैयारी के लेने के लिए इंतजार किया।

(5) वह जीतेगा जिसके पास सैन्य क्षमता है और संप्रभु द्वारा हस्तक्षेप नहीं किया जाता है।

[तू यू ने वांग त्ज़ी को यह कहते हुए उद्धृत किया: "व्यापक निर्देश देना संप्रभु का कार्य है, लेकिन युद्ध पर निर्णय लेना सामान्य का कार्य है। सैन्य आपदाओं पर विस्तार करने की आवश्यकता नहीं है जो गृह सरकार की ओर से क्षेत्र में संचालन के साथ अनुचित हस्तक्षेप के कारण हुई हैं। नेपोलियन निस्संदेह अपनी असाधारण सफलता का श्रेय इस तथ्य को देता है कि वह केंद्रीय प्राधिकरण द्वारा बाधित नहीं था।

विजय इन 5 प्वाइंट्स के ज्ञान में है।

[शाब्दिक रूप से, "ये पांच चीजें जीत के सिद्धांत का ज्ञान हैं।

18. इसी कारण कहावत है, यदि तुम शत्रु को जानते हो और अपने आप को जानते हो, तो तुम्हें सौ लड़ाईओं के फल से डरने की आवश्यकता नहीं है। यदि आप खुद को जानते हैं, लेकिन दुश्मन को नहीं, तो प्राप्त हर जीत के लिए आपको हार भी भुगतनी होगी।

[ली चुआन चिन के राजकुमार फू चिएन के मामले का हवाला देते हैं, जिन्होंने 383 ईस्वी में चिन सम्राट के खिलाफ एक विशाल सेना के साथ मार्च किया था। जब चेतावनी दी गई कि वह एक ऐसे दुश्मन का तिरस्कार न करे जो हसीह एन और हुआन चुंग जैसे पुरुषों की सेवाओं की कमान संभाल सके, तो उसने घमंड से जवाब दिया: "मेरी पीठ पर आठ प्रांतों की आबादी है, पैदल सेना और घुड़सवार दस लाख की संख्या में; क्यों, वे केवल अपने चाबुक को धारा में फेंककर यांग्त्जे नदी को बांध सकते थे। मुझे किस खतरे से डरना है? फिर भी, उसकी सेना जल्द ही फी नदी पर विनाशकारी रूप से रूट हो गई थी, और वह जल्दबाजी में पीछे हटने के लिए बाध्य था।

यदि आप न तो दुश्मन को जानते हैं और न ही खुद को, तो आप हर लड़ाई में हार जाएंगे।

[चांग यू ने कहा: "दुश्मन को जानना आपको आक्रामक लेने में सक्षम बनाता है, खुद को जानना आपको रक्षात्मक पर खड़े होने में सक्षम बनाता है। वह कहते हैं: "हमला रक्षा का रहस्य है; रक्षा एक हमले की योजना है। युद्ध के मूल-सिद्धांत का इससे बेहतर प्रतीक खोजना कठिन होगा।

अध्याय **IV**. सामरिक स्वभाव

[त्साओ कुंग इस अध्याय के शीर्षक के लिए शब्दों का चीनी अर्थ बताते हैं: "एक दूसरे की स्थिति की खोज करने के उद्देश्य से दोनों सेनाओं की ओर से मार्च करना और पलटवार करना। तू म्यू कहते हैं: "यह एक सेना के स्वभाव के माध्यम से है कि इसकी स्थिति की खोज की जा सकती है। अपने स्वभावों को छिपाओ, और तुम्हारी स्थिति गुप्त रहेगी, जो जीत की ओर ले जाती है; अपने स्वभाव दिखाओ, और तुम्हारी स्थिति पेटेंट हो जाएगी, जो हार की ओर ले जाती है। वांग हसी टिप्पणी करते हैं कि अच्छा जनरल "दुश्मन के लोगों से मिलने के लिए अपनी रणनीति को संशोधित करके सफलता हासिल कर सकता है।

1. सुन त्ज़ी ने कहा: पुराने के अच्छे सेनानियों ने पहले खुद को हार की संभावना से परे रखा, और फिर दुश्मन को हराने के अवसर की प्रतीक्षा की।

2. हार के खिलाफ खुद को सुरक्षित करने के लिए हमारे अपने हाथों में है, लेकिन दुश्मन को हराने का अवसर दुश्मन द्वारा स्वयं प्रदान किया जाता है।

[यह निश्चित रूप से, दुश्मन की ओर से एक गलती से है।

3. इस प्रकार अच्छा योद्धा हार के खिलाफ खुद को सुरक्षित करने में सक्षम है,

[चांग यू का कहना है कि यह किया जाता है, "अपने सैनिकों के स्वभाव को छिपाकर, अपने पटरियों को कवर करके, और निरंतर सावधानी बरतते हुए।

लेकिन दुश्मन को हराने के बारे में निश्चित नहीं कर सकता।

4. इसलिए कहावत है: *कोई भी जान सकता* है कि इसे करने में सक्षम होने के बिना कैसे *जीतना* है।

5. हार के खिलाफ सुरक्षा का तात्पर्य रक्षात्मक रणनीति से है; दुश्मन को हराने की क्षमता का मतलब है आक्रामक लेना।

[मैं §§ 1-3 में इसी तरह के मार्ग में पाए जाने वाले अर्थ को बरकरार रखता हूं, इस तथ्य के बावजूद कि सभी टिप्पणीकार मेरे खिलाफ हैं। वे जो अर्थ देते हैं, "जो जीत नहीं सकता वह रक्षात्मक लेता है," पर्याप्त प्रशंसनीय है।

6. रक्षात्मक पर खड़े अपर्याप्त ताकत को इंगित करता है; हमला, ताकत की एक अतिप्रचुरता।

7. जो सेनापति रक्षा में कुशल है, वह पृथ्वी के सबसे गुप्त अवकाश में छिप जाता है;

[शाब्दिक रूप से, "नौवीं पृथ्वी के नीचे छिप जाता है," जो एक रूपक है जो अत्यंत गोपनीयता और छिपाव का संकेत देता है, ताकि दुश्मन को उसके ठिकाने का पता न चले।

जो आक्रमण में निपुण है, वह स्वर्ग की सबसे ऊँचाइयों से चमकता है।

[एक और रूपक, जिसका अर्थ है कि वह अपने विरोधी पर वज्र की तरह गिरता है, जिसके खिलाफ तैयारी करने का समय नहीं है। यह अधिकांश टिप्पणीकारों की राय है।

इस प्रकार एक ओर हम अपनी रक्षा करने की क्षमता रखते हैं; दूसरी ओर, एक जीत जो पूरी हो गई है।

8. जीत को केवल तभी देखना जब वह आम झुंड के केन के भीतर हो, उत्कृष्टता का चरम नहीं है।

[जैसा कि त्साओ कुंग टिप्पणी करते हैं, "बात यह है कि पौधे को अंकुरित होने से पहले देखना है," कार्रवाई शुरू होने से पहले घटना का पूर्वाभास करने के लिए। ली चुआन हान सिन की कहानी की ओर इशारा करता है, जब चाओ की बेहद बेहतर सेना पर हमला करने वाला था, जो चेंग-एन शहर में दृढ़ता से घुस गया था, तो उसने अपने अधिकारियों से कहा: "सज्जनों, हम दुश्मन का सफाया करने जा रहे हैं, और रात के खाने पर फिर से मिलेंगे। अधिकारियों ने शायद ही उनके शब्दों को गंभीरता से लिया, और एक बहुत ही संदिग्ध सहमति दी। लेकिन हान सिन ने पहले से ही अपने दिमाग में एक चतुर चाल के विवरण पर काम किया था, जिससे, जैसा कि उसने पूर्वाभास किया था, वह शहर पर कब्जा करने और अपने विरोधी को करारी हार देने में सक्षम था।

9. न तो यह उत्कृष्टता का चरम है यदि आप लड़ते हैं और जीतते हैं और पूरा साम्राज्य कहता है, "अच्छा किया!"

[सच्ची उत्कृष्टता, जैसा कि तू म्यू कहते हैं: "गुप्त रूप से योजना बनाना, गुप्त रूप से आगे बढ़ना, दुश्मन के इरादों को विफल करना और उसकी योजनाओं को विफल करना, ताकि अंत में खून की एक बूंद बहाए बिना दिन जीता जा सके। सन त्जी उन चीजों के लिए अपनी स्वीकृति सुरक्षित रखता है जो

"दुनिया का मोटा अंगूठाऔर उंगली गिरने में विफल रहती है।

10. शरद ऋतु के बालों को उठाने के लिए महान ताकत का कोई संकेत नहीं है;

["शरद ऋतु के बाल" को एक खरगोश के फर के रूप में समझाया गया है, जो शरद ऋतु में सबसे अच्छा होता है, जब यह नए सिरे से बढ़ने लगता है। चीनी लेखकों में वाक्यांश बहुत आम है।

सूर्य और चंद्रमा को देखना तेज दृष्टि का संकेत नहीं है; गड़गड़ाहट का शोर सुनना त्वरित कान का संकेत नहीं है।

[हो शिह ताकत, तेज दृष्टि और त्वरित सुनवाई के वास्तविक उदाहरणों के रूप में देता है: वू हुओ, जो 250 पत्थर वजन वाले तिपाई को उठा सकता था; ली चू, जो सौ पेस की दूरी पर सरसों के बीज से बड़ी वस्तुओं को नहीं देख सकता था; और शिह कुआंग, एक अंधा संगीतकार जो मच्छर के कदमों को सुन सकता था।

11. पूर्वजों ने जिसे चतुर सेनानी कहा है, वह वह है जो न केवल जीतता है, बल्कि आसानी से जीतने में उत्कृष्टता प्राप्त करता है।

[अंतिम आधा शाब्दिक रूप से "वह है जो, जीतता है, आसान विजय प्राप्त करने में उत्कृष्टता प्राप्त करता है। मेई याओ-चेन कहते हैं: "वह जो केवल स्पष्ट देखता है, कठिनाई से अपनी लड़ाई जीतता है; वह जो चीजों की सतह के नीचे देखता है, आसानी से जीतता है।

12. इस कारण उसकी विजय से न तो बुद्धि की प्रतिष्ठा मिलती है और न साहस की श्रेय।

[तू म्यू इसे बहुत अच्छी तरह से समझाता है: "जितना अधिक उसकी जीत उन परिस्थितियों पर प्राप्त की जाती है जो प्रकाश में नहीं आई हैं, दुनिया के रूप में बड़े पैमाने पर उनके बारे में कुछ भी नहीं जानता है, और वह ज्ञान के लिए कोई प्रतिष्ठा नहीं जीतता है; चूंकि शत्रुतापूर्ण राज्य किसी भी रक्तपात से पहले प्रस्तुत करता है, इसलिए उसे साहस का कोई श्रेय नहीं मिलता है।

13. वह कोई गलती नहीं करके अपनी लड़ाई जीतता है।

[चेन हाओ कहते हैं: "वह कोई अनावश्यक मार्च की योजना नहीं बनाता है, वह कोई निरर्थक हमले नहीं करता है। विचारों के संबंध को इस प्रकार चांग यू द्वारा समझाया गया है: "जो सरासर ताकत से जीतना चाहता है, चतुर हालांकि वह घमासान लड़ाई जीतने में हो सकता है, वह भी इस अवसर पर परास्त होने के लिए उत्तरदायी है; जबकि वह जो भविष्य में देख सकता है और उन स्थितियों को समझ सकता है जो अभी तक प्रकट नहीं हुई हैं, वह कभी भी गलती नहीं करेगा और इसलिए हमेशा जीतता है।

कोई गलती न करना ही जीत की निश्चितता को स्थापित करता है, क्योंकि इसका मतलब है कि एक ऐसे दुश्मन पर विजय प्राप्त करना जो पहले से ही पराजित है।

14. इसलिए कुशल सेनानी खुद को एक ऐसी स्थिति में रखता है जो हार को असंभव बना देता है, और दुश्मन को हराने के लिए पल नहीं चूकता।

[एक "पूर्णता का परामर्श" जैसा कि तू म्यू वास्तव में देखता है। "स्थिति" को सैनिकों द्वारा कब्जा किए गए वास्तविक मैदान तक सीमित नहीं होना चाहिए। इसमें वे सभी व्यवस्थाएँ और तैयारियाँ शामिल हैं जो एक बुद्धिमान जनरल अपनी सेना की सुरक्षा बढ़ाने के लिए करेगा।

15. इस प्रकार यह है कि युद्ध में विजयी रणनीतिकार केवल जीत हासिल करने के बाद लड़ाई चाहता है, जबकि वह जो पहले हारने के लिए किस्मत में है वह पहले लड़ता है और बाद में जीत की तलाश करता है।

[हो शिह इस प्रकार विरोधाभास को उजागर करता है: "युद्ध में, पहले ऐसी योजनाएँ बनाएं जो जीत सुनिश्चित करें, और फिर अपनी सेना को युद्ध में ले जाएँ; यदि आप स्ट्रैटेजम से शुरू नहीं करेंगे, लेकिन अकेले क्रूर ताकत पर भरोसा करेंगे, तो जीत का आश्वासन नहीं दिया जाएगा।

16. घाघ नेता नैतिक कानून की खेती करता है, और विधि और अनुशासन का सख्ती से पालन करता है; इस प्रकार सफलता को नियंत्रित करना उसकी शक्ति में है।

17. सैन्य विधि के संबंध में, हमारे पास, सबसे पहले, माप; दूसरे, मात्रा का अनुमान; तीसरा, गणना; चौथा, अवसरों का संतुलन; पांचवां, विजय।

18. माप पृथ्वी के लिए अपने अस्तित्व का श्रेय देता है; माप के लिए मात्रा का अनुमान; मात्रा के अनुमान की गणना; गणना के अवसरों का संतुलन; और अवसरों के संतुलन के लिए विजय।

[चीनी भाषा में चार शब्दों को बहुत स्पष्ट रूप से अलग करना आसान नहीं है। पहला जमीन का सर्वेक्षण और माप प्रतीत होता है, जो हमें दुश्मन की ताकत का अनुमान लगाने और इस प्रकार प्राप्त आंकड़ों के आधार पर गणना करने में सक्षम बनाता है; इस प्रकार हम एक सामान्य तौल-अप, या अपने स्वयं के साथ दुश्मन की संभावनाओं की तुलना करने के लिए नेतृत्व कर रहे हैं; यदि उत्तरार्द्ध पैमाने को मोड़ता है, तो जीत होती है। मुख्य कठिनाई तीसरे पद में निहित है, जिसे चीनी में कुछ टिप्पणीकार संख्याओं की गणना के रूप में लेते हैं, जिससे यह लगभग दूसरे पद का पर्याय बन जाता है। शायद दूसरे पद को दुश्मन की सामान्य स्थिति या स्थिति के विचार के रूप में माना जाना चाहिए, जबकि तीसरा शब्द उसकी संख्यात्मक ताकत का अनुमान है। दूसरी ओर, तू म्यू कहते हैं: "सापेक्ष शक्ति का सवाल सुलझ गया है, हम चालाक के विभिन्न संसाधनों को खेल में ला सकते हैं। हो शिह इस व्याख्या को सेकंड करता है, लेकिन इसे कमजोर करता है। हालाँकि, यह संख्याओं की गणना के रूप में तीसरे पद की ओर संकेत करता है।

19. एक विजयी सेना एक मार्ग के विरोध में, एक ही अनाज के खिलाफ तराजू में रखे गए पाउंड के वजन के समान है।

[शाब्दिक रूप से, "एक विजयी सेना एक *i* (20 औंस) की तरह होती है जिसका वजन शू (1/24 औंस) के खिलाफ होता है; एक रूट की गई सेना एक शू है *जिसे* i *के खिलाफ तौला जाता* है। मुद्दा बस उस भारी लाभ का है जो एक अनुशासित बल, जीत के साथ बह गया, हार से हतोत्साहित एक पर है। लेगे, मेनसियस पर अपने नोट में, आई। ix. 2, *i* को 24 चीनी औंस

बनाता है, और चू हसी के कथन को सही करता है कि यह 20 औंस के बराबर है। लेकिन यहां तांग राजवंश के ली चुआन चू हसी के समान आंकड़ा देते हैं।

20. विजयी सेना का आक्रमण ऐसा है, जैसे दबा हुआ जल फूटकर एक हजार थाह गहरी खाई में चला जाए। सामरिक स्वभाव के लिए बहुत कुछ।

अध्याय V. ऊर्जा

1. सुन त्ज़ी ने कहा: एक बड़ी सेना का नियंत्रण कुछ पुरुषों के नियंत्रण के समान सिद्धांत है: यह केवल उनकी संख्या को विभाजित करने का सवाल है।

[अर्थात्, सेना को रेजिमेंट, कंपनियों आदि में काटना, प्रत्येक की कमान में अधीनस्थ अधिकारियों के साथ। तू म्यू हमें पहले हान सम्राट को हान सिन के प्रसिद्ध उत्तर की याद दिलाता है, जिसने एक बार उससे कहा था: "आपको क्या लगता है कि मैं कितनी बड़ी सेना का नेतृत्व कर सकता हूं?" "100,000 से अधिक पुरुष नहीं, महाराज। "और तुम?" सम्राट ने पूछा। "ओह!" उसने उत्तर दिया, "जितना अधिक बेहतर होगा।

2. आपकी कमान के तहत एक बड़ी सेना के साथ लड़ना अब एक छोटी सेना के साथ लड़ने से अलग है: यह केवल संकेतों और संकेतों को स्थापित करने का सवाल है।

3. यह सुनिश्चित करने के लिए कि आपका पूरा मेजबान दुश्मन के हमले का खामियाजा भुगत सकता है और अडिग रह सकता है - यह प्रत्यक्ष और अप्रत्यक्ष युद्धाभ्यास से प्रभावित होता है।

[अब हम सन त्ज़ी के ग्रंथ के सबसे दिलचस्प हिस्सों में से एक पर आते हैं, *चेंग* और *ची* की चर्चा। जैसा कि इन दो शब्दों के पूर्ण महत्व को समझना आसान नहीं है, या उन्हें अच्छे अंग्रेजी समकक्षों द्वारा लगातार प्रस्तुत करना आसान नहीं है; आगे बढ़ने से पहले इस विषय पर कुछ टिप्पणीकारों की टिप्पणियों को सारणीबद्ध करना भी हो सकता है। ली चुआन: "दुश्मन का सामना करना *चेंग* है, पार्श्व मोड़ बनाना *ची* है। चिया लिन: "दुश्मन की उपस्थिति में, आपके सैनिकों को सामान्य तरीके से व्यवस्थित किया जाना चाहिए, लेकिन जीत हासिल करने के लिए असामान्य युद्धाभ्यास को नियोजित किया जाना चाहिए। मेई याओ-चेन: "*ची* सक्रिय है, *चेंग* निष्क्रिय है; निष्क्रियता का अर्थ है अवसर की प्रतीक्षा करना, गतिविधि से ही जीत मिलती है। हो शिह: "हमें दुश्मन को अपने सीधे हमले को गुप्त रूप से डिजाइन किए गए हमले के रूप में मानना चाहिए, और इसके विपरीत; इस प्रकार *चेंग* भी ची हो सकता है, और *ची* भी चेंग हो सकता है। वह हान सिन के प्रसिद्ध कारनामे का उदाहरण देता है, जिसने लिन-चिन (अब शेन्सी में चाओ-आई) के खिलाफ जाहिरा तौर पर मार्च करते हुए, अचानक लकड़ी के टब में पीली नदी के पार एक बड़ी ताकत फेंक दी, जिससे उसका प्रतिद्वंद्वी पूरी तरह से विचलित हो गया। [चिन हान शू, अध्याय 3.] यहाँ, हमें बताया गया है, लिन-चिन पर मार्च *चेंग* था, और आश्चर्यजनक पैंतरेबाज़ी *ची* थी। चांग यू शब्दों पर राय का निम्नलिखित सारांश देता है: "सैन्य लेखक ची और चेंग के अर्थ के संबंध में सहमत नहीं हैं । वेई लियाओ त्ज़ी [4 वीं शताब्दी। ई.पू.] कहते हैं: 'प्रत्यक्ष युद्ध सामने के हमलों के पक्ष में है, अप्रत्यक्ष युद्ध पीछे से हमले। त्साओ कुंग कहते हैं: 'लड़ाई में शामिल होने के लिए सीधे बाहर जाना एक सीधा ऑपरेशन है; दुश्मन के पीछे दिखाई देना एक अप्रत्यक्ष पैंतरेबाज़ी है। ली वेई-कुंग [6 वीं और 7 वीं शताब्दी। ईसवी] कहते हैं: 'युद्ध में, सीधे आगे बढ़ने के लिए *चेंग* है;

दूसरी ओर, आंदोलनों को मोड़ना, *ची* हैं। ये लेखक केवल *चेंग* को चेंग और *ची* को *ची मानते* हैं; वे इस बात पर ध्यान नहीं देते हैं कि दोनों परस्पर विनिमेय हैं और एक दूसरे में एक वृत्त के दोनों किनारों की तरह चलते हैं [देखें इन्फ्रा, § 11]। तांग सम्राट ताई त्सुंग पर एक टिप्पणी इस मामले की जड़ तक जाती है: 'एक *ची* पैंतरेबाज़ी चेंग हो सकती है, अगर हम दुश्मन को चेंग के रूप में देखते हैं; तो हमारा असली हमला *ची होगा*, और इसके विपरीत। सारा रहस्य दुश्मन को भ्रमित करने में निहित है, ताकि वह हमारे वास्तविक इरादे को समझ न सके। इसे शायद थोड़ा और स्पष्ट रूप से रखने के लिए: कोई भी हमला या अन्य ऑपरेशन चेंग है, जिस पर दुश्मन ने अपना ध्यान तय किया है; जबकि वह *ची*, "जो उसे आश्चर्यचकित करता है या एक अप्रत्याशित तिमाही से आता है। यदि शत्रु किसी ऐसी हलचल को मानता है जो ची होने के लिए है, तो वह तुरंत चेंग बन जाता है।

4. कि तेरी सेना का प्रभाव अंडे से टकराए हुए चक्के के पत्थर के समान हो—यह दुर्बल और बलवान के विज्ञान से प्रभावित होता है।

5. सभी लड़ाइयों में, युद्ध में शामिल होने के लिए प्रत्यक्ष विधि का उपयोग किया जा सकता है, लेकिन जीत को सुरक्षित करने के लिए अप्रत्यक्ष तरीकों की आवश्यकता होगी।

[चांग यू कहते हैं: "लगातार अप्रत्यक्ष रणनीति विकसित करें, या तो दुश्मन के फ्लैंक्स को तेज़ करके या उसके पीछे गिरकर। "अप्रत्यक्ष रणनीति" का एक शानदार उदाहरण जिसने एक अभियान के भाग्य का फैसला किया, दूसरे अफगान युद्ध में लॉर्ड रॉबर्ट्स का पीवर कोटल के चारों ओर रात का मार्च था। [1]

6. अप्रत्यक्ष रणनीति, कुशलता से लागू, स्वर्ग और पृथ्वी के रूप में अक्षम्य हैं, नदियों और धाराओं के प्रवाह के रूप में अंतहीन हैं; सूर्य और चंद्रमा की तरह, वे समाप्त होते हैं लेकिन नए सिरे से शुरू करने के लिए; चार ऋतुओं की तरह, वे गुजर जाते हैं लेकिन एक बार फिर लौटने के लिए।

[तू यू और चांग यू ची और चेंग के क्रमपरिवर्तन के बारे में इसे समझते हैं। लेकिन वर्तमान में सन त्ज़ी चेंग की बात बिल्कुल नहीं कर रहा है , जब तक कि वास्तव में, हम चेंग यू-त्सियन के साथ यह नहीं मानते हैं कि इससे संबंधित एक खंड पाठ से बाहर हो गया है। बेशक, जैसा कि पहले ही बताया जा चुका है, दोनों सभी सैन्य अभियानों में इतने अटूट रूप से जुड़े हुए हैं, कि उन्हें वास्तव में अलग नहीं माना जा सकता है। यहां हमारे पास बस एक अभिव्यक्ति है, आलंकारिक भाषा में, एक महान नेता के लगभग अनंत संसाधन की।

7. पांच से अधिक संगीत नोट नहीं हैं, फिर भी इन पांचों के संयोजन से अधिक धुनों को जन्म दिया जा सकता है जो कभी भी सुना जा सकता है।

8. पांच से अधिक प्राथमिक रंग (नीला, पीला, लाल, सफेद और काला) नहीं हैं, फिर भी संयोजन में वे पहले से कहीं अधिक रंग पैदा करते हैं।

9 पाँच से अधिक कार्डिनल स्वाद (खट्टा, तीखा, नमक, मीठा, कड़वा) नहीं हैं, फिर भी उनमें से संयोजन कभी भी चखने की तुलना में अधिक स्वाद पैदा करते हैं।

10. युद्ध में, हमले के दो से अधिक तरीके नहीं होते हैं - प्रत्यक्ष और अप्रत्यक्ष; फिर भी ये दोनों संयोजन में युद्धाभ्यास की एक अंतहीन श्रृंखला को जन्म देते हैं।

11. प्रत्यक्ष और अप्रत्यक्ष बारी-बारी से एक दूसरे की ओर बढ़ते हैं। यह एक वृत्त में चलने जैसा है - आपका कभी अंत नहीं होता। उनके संयोजन की संभावनाओं को कौन समाप्त कर सकता है?

12. सैनिकों की शुरुआत एक धार की भीड़ की तरह है जो अपने पाठ्यक्रम में पत्थरों को भी घुमाएगी।

13. निर्णय की गुणवत्ता एक बाज़ के अच्छी तरह से झपट्टा की तरह है जो इसे अपने शिकार पर हमला करने और नष्ट करने में सक्षम बनाता है।

[यहां चीनी मुश्किल है और जिस संदर्भ में इसका उपयोग किया जाता है उसमें एक निश्चित कुंजी शब्द अनुवादक के सर्वोत्तम प्रयासों को धता बताता है। तू म्यू इस शब्द को "दूरी का माप या अनुमान" के रूप में परिभाषित करता है। लेकिन यह अर्थ § में दृष्टांत उपमा के लिए बिल्कुल फिट नहीं है। 15. इस परिभाषा को बाज़ पर लागू करते हुए, यह मुझे आत्म-संयम की उस वृत्ति को निरूपित करने के लिए लगता है जो पक्षी को सही समय तक अपनी खदान पर झपट्टा मारने से रोकता है, साथ ही सही समय आने पर न्याय करने की शक्ति के साथ। सैनिकों में अनुरूप गुणवत्ता उनकी आग को आरक्षित करने में सक्षम होने के लिए अत्यधिक महत्वपूर्ण है जब तक कि यह सबसे प्रभावी नहीं होगा। जब "विजय" ट्राफलगर में बहती गति से मुश्किल से अधिक कार्रवाई में चली गई, तो वह एक ही बंदूक से जवाब देने से पहले कई मिनटों तक शॉट और शेल के तूफान के संपर्क में रही। नेल्सन ने तब तक इंतजार किया जब तक कि वह करीब सीमा के भीतर नहीं था, जब वह दुश्मन के निकटतम जहाजों पर भयभीत कहर बरपाने के लिए लाया था।

14. इसलिथे अच्छा योद्धा आरम्भ में भयानक और निर्णय लेने में तत्पर रहता है।

[शब्द "निर्णय" में ऊपर वर्णित दूरी के माप का संदर्भ होगा, जिससे दुश्मन को हमला करने से पहले पास आने दिया जा सके। लेकिन मैं यह सोचने में मदद नहीं कर सकता कि सन त्ज़ी का मतलब हमारे अपने मुहावरे "छोटे और तेज" की तुलना में एक आलंकारिक अर्थ में शब्द का उपयोग करना था। सीएफ वांग हसी का नोट, जो बाज़ के हमले के तरीके का वर्णन करने के बाद, आगे बढ़ता है: "युद्ध में 'मनोवैज्ञानिक क्षण' को इसी तरह जब्त किया जाना चाहिए।

15. ऊर्जा की तुलना क्रॉसबो के झुकने से की जा सकती है; निर्णय, ट्रिगर जारी करने के लिए।

[टिप्पणीकारों में से कोई भी ऊर्जा की उपमा के वास्तविक बिंदु को समझने के लिए प्रतीत नहीं होता है और ट्रिगर पर उंगली द्वारा जारी किए जाने तक मुड़े हुए क्रॉस-धनुष में संग्रहीत बल।

16. युद्ध की उथल-पुथल और कोलाहल के बीच, प्रतीत होता है कि अव्यवस्था हो सकती है और फिर भी कोई वास्तविक विकार नहीं हो सकता है; भ्रम और अराजकता के बीच, आपकी सरणी सिर या पूंछ के बिना हो सकती है, फिर भी यह हार के खिलाफ सबूत होगी।

[मेई याओ-चेन कहते हैं: "सेना के उपखंडों को पहले से तय किया गया है, और विभिन्न संकेतों पर सहमति व्यक्त की गई है, अलग करना और शामिल होना, फैलाव और संग्रह जो एक लड़ाई के दौरान होगा, विकार की उपस्थिति दे सकता है जब कोई वास्तविक विकार संभव नहीं है। आपका गठन सिर या पूंछ के बिना हो सकता है, आपके स्वभाव सभी टॉपसी-टर्वी हैं, और फिर भी आपकी ताकतों का एक मार्ग सवाल से काफी बाहर है।

17. नकली विकार सही अनुशासन को दर्शाता है; नकली भय साहस को दर्शाता है; नकली कमजोरी ताकत को दर्शाती है।

[अनुवाद को बोधगम्य बनाने के लिए, मूल के तीखे विरोधाभासी रूप को कम करना आवश्यक है। त्साओ कुंग अपने संक्षिप्त नोट में अर्थ का एक संकेत फेंकता है: "ये सभी चीजें गठन को नष्ट करने और किसी की स्थिति को छिपाने का काम करती हैं। लेकिन तू म्यू इसे काफी स्पष्ट रूप से रखने वाला पहला व्यक्ति है: "यदि आप दुश्मन को लुभाने के लिए भ्रम का बहाना करना चाहते हैं, तो आपको पहले पूर्ण अनुशासन होना चाहिए; यदि तुम शत्रु को फँसाने के लिए कायरता प्रदर्शित करना चाहते हो, तो तुममें अत्यधिक साहस होना चाहिए; यदि आप दुश्मन को अति-आत्मविश्वास देने के लिए अपनी कमजोरी को परेड करना चाहते हैं, तो आपके पास अत्यधिक ताकत होनी चाहिए।

18. अव्यवस्था के लबादे के नीचे आदेश छिपाना केवल उपखंड का प्रश्न है;

[सुप्रा देखें, § 1.]

कायरता के एक शो के तहत साहस छुपाना अव्यक्त ऊर्जा के एक कोष को पूर्ववत करता है;

[टीकाकार इस अध्याय में कहीं और की तुलना में यहां एक निश्चित चीनी शब्द को दृढ़ता से समझते हैं। इस प्रकार तू म्यू कहता है: "यह देखते हुए कि हम अनुकूल रूप से खतना कर रहे हैं और फिर भी कोई कदम नहीं उठाते हैं, दुश्मन विश्वास करेगा कि हम वास्तव में डरते हैं।

कमजोरी के साथ ताकत को मास्क करना सामरिक स्वभाव से प्रभावित होना है।

[चांग यू पहले हान सम्राट, काओ त्सू के निम्नलिखित उपाख्यान से संबंधित है: "ह्सियुंग-नु को कुचलने की इच्छा रखते हुए, उन्होंने अपनी स्थिति पर रिपोर्ट करने के लिए जासूसों को भेजा। लेकिन Hsiung-nu, पूर्वाभास, सावधानी से अपने सभी सक्षम पुरुषों और अच्छी तरह से खिलाया घोड़ों को छुपाया, और केवल दुर्बल सैनिकों और क्षीण मवेशियों को देखने की अनुमति दी। इसका परिणाम यह हुआ कि जासूसों ने सम्राट को अपना हमला करने की सिफारिश की। अकेले लू चिंग ने उनका विरोध करते हुए कहा: 'जब दो देश युद्ध में जाते हैं, तो वे स्वाभाविक रूप से अपनी ताकत का दिखावटी प्रदर्शन करने के लिए इच्छुक होते हैं। फिर भी हमारे गुप्तचरों ने बुढ़ापे और दुर्बलता के अलावा कुछ नहीं देखा है। यह निश्चित रूप से दुश्मन की ओर से कुछ चाल है, और यह हमारे लिए हमला करने के लिए नासमझी होगी। ' हालांकि, सम्राट ने इस सलाह की अवहेलना करते हुए, जाल में गिर गया और खुद को पो-टेंग में घिरा हुआ पाया।

19. इस प्रकार जो शत्रु को आगे बढ़ने में निपुण है, वह छलपूर्ण दिखावा करता है, जिसके अनुसार शत्रु कार्य करेगा।

[त्साओ कुंग का नोट है "कमजोरी और इच्छा का प्रदर्शन करें। तू म्यू कहते हैं: "यदि हमारी सेना दुश्मन से बेहतर होती है, तो उसे लुभाने के लिए कमजोरी का अनुकरण किया जा सकता है; लेकिन अगर हीन है, तो उसे यह विश्वास दिलाया जाना चाहिए कि हम मजबूत हैं, ताकि वह दूर रह सके। वास्तव में, दुश्मन के सभी आंदोलनों को उन संकेतों से निर्धारित किया जाना चाहिए जो हम उसे देने के लिए चुनते हैं। सन वू के वंशज सन पिन के निम्नलिखित उपाख्यान पर ध्यान दें: 341 ईसा पूर्व में, ची राज्य वेई के साथ युद्ध में था, जनरल पांग चुआन के खिलाफ टीएन ची और सन पिन को भेजा, जो बाद के घातक व्यक्तिगत दुश्मन बन गए। सन पिन ने कहा: "ची राज्य कायरता के लिए एक प्रतिष्ठा है, और इसलिए हमारे विरोधी हमसे घृणा करते हैं। आइए हम इस परिस्थिति को खाते में बदल दें। तदनुसार, जब सेना ने वेई क्षेत्र में सीमा पार कर ली थी, तो उसने पहली रात को 100,000 आग, अगली रात को 50,000 और केवल 20,000 के बाद रात दिखाने का आदेश दिया। पांग चुआन ने गर्मजोशी से उनका पीछा किया, खुद से कहा: "मुझे पता था कि ची के ये लोग कायर थे: उनकी संख्या पहले ही आधे से अधिक हो गई है। अपने पीछे हटने में, सन पिन एक संकीर्ण अशुद्धता पर आया, जिसे उसने गणना की कि उसके पीछा करने वाले अंधेरे के बाद पहुंचेंगे। यहाँ उसने एक पेड़ की छाल उतार दी थी, और उस पर ये शब्द अंकित कर दिए थे: "इस पेड़ के नीचे पांग चुआन मर जाएगा। फिर, जैसे ही रात होने लगी, उसने पास में घात में धनुर्धारियों का एक मजबूत शरीर रखा, अगर वे एक प्रकाश देखते हैं तो सीधे गोली मारने के आदेश के साथ। बाद में, पांग चुआन मौके पर पहुंचे, और पेड़ को देखते हुए, उस पर जो लिखा गया था उसे पढ़ने के लिए एक प्रकाश मारा। उसके शरीर को तुरंत तीरों की एक वॉली से छलनी कर दिया गया था, और उसकी पूरी सेना को भ्रम में डाल दिया गया था। [उपरोक्त तू म्यू की कहानी का संस्करण है; *शिह ची,* कम नाटकीय रूप से लेकिन शायद अधिक ऐतिहासिक सच्चाई के

साथ, पांग चुआन ने अपनी सेना के मार्ग के बाद, निराशा के विस्मयादिबोधक के साथ अपना गला काट दिया।

वह कुछ बलिदान करता है, ताकि दुश्मन उस पर छीनना कर सके।

20. प्रलोभन पकड़कर वह उसे चढ़ाई पर रखता है; फिर चुने हुए आदमियों के एक शरीर के साथ वह उसके इंतजार में लेट जाता है।

[ली चिंग द्वारा सुझाए गए एक संशोधन के साथ, यह तब पढ़ता है, "वह अपने सैनिकों के मुख्य शरीर के साथ प्रतीक्षा में रहता है।

21. चतुर लड़ाकू संयुक्त ऊर्जा के प्रभाव को देखता है, और व्यक्तियों से बहुत अधिक आवश्यकता नहीं होती है।

[तू म्यू कहते हैं: "वह सबसे पहले थोक में अपनी सेना की शक्ति पर विचार करता है; बाद में वह व्यक्तिगत प्रतिभा को ध्यान में रखता है, और अपनी क्षमताओं के अनुसार प्रत्येक पुरुष का उगयोग करता है। बह प्रतिभाशाली से पूर्णता की मांग नहीं करता है।

इसलिए सही पुरुषों को चुनने और संयुक्त ऊर्जा का उपयोग करने की उनकी क्षमता।

22. जब वह संयुक्त शक्ति का उपयोग करता है, तो उसके योद्धा लट्ठे या पत्यरोंके समान हो जाते हैं। क्योंकि समतल भूमि पर स्थिर रहना और ढलान पर चलते समय चलना लट्ठे या पत्थर का स्वभाव है; यदि चार-कोने, एक ठहराव पर आने के लिए, लेकिन अगर गोल आकार का, नीचे लुढ़कने के लिए।

[त्साऊ कुंग इसे "प्राकृतिक या अंतर्निहित शक्ति का उपयोग" कहते हैं।

23. इस प्रकार अच्छे योद्धाओं द्वारा विकसित की गई शक्ति एक गोल पत्थर की गति के समान है जो हजारों फीट ऊंचाई के पहाड़ से लुढ़क जाती है। ऊर्जा के विषय पर बहुत कुछ।

[इस अध्याय का मुख्य सबक, तू म्यू की राय में, तेजी से विकास और अचानक भीड़ के युद्ध में सर्वोपरि महत्व है। "महान परिणाम," वह कहते हैं, "इस प्रकार छोटी ताकतों के साथ प्राप्त किया जा सकता है।

[1] "भारत में इकतालीस वर्ष," अध्याय 46.

अध्याय VI कमजोर बिंदु और मजबूत

[चांग यू अध्यायों के अनुक्रम को निम्नानुसार समझाने का प्रयास करता है: "अध्याय IV, सामरिक स्वभाव पर, आक्रामक और रक्षात्मक का इलाज; ऊर्जा संबंधी अध्याय V में प्रत्यक्ष और अप्रत्यक्ष तरीकों का उल्लेख किया गया है। अच्छा जनरल पहले खुद को हमले और बचाव के सिद्धांत से परिचित कराता है, और फिर प्रत्यक्ष और अप्रत्यक्ष तरीकों पर अपना ध्यान केंद्रित करता है। वह कमजोर और मजबूत बिंदुओं के विषय पर आगे बढ़ने से पहले इन दो तरीकों को अलग करने और संयोजित करने की कला का अध्ययन करता है। प्रत्यक्ष या अप्रत्यक्ष तरीकों के उपयोग के लिए हमले और बचाव से उत्पन्न होता है, और कमजोर और मजबूत बिंदुओं की धारणा उपरोक्त तरीकों पर फिर से निर्भर करती है। अतः वर्तमान अध्याय ऊर्जा के अध्याय के ठीक बाद आता है।

1. सुन त्सी ने कहा: जो कोई भी मैदान में पहले है और दुश्मन के आने का इंतजार कर रहा है, वह लड़ाई के लिए ताजा होगा; जो कोई भी मैदान में दूसरे स्थान पर है और उसे युद्ध के लिए जल्दी करनी है, वह थक कर आ जाएगा।

2. इसलिए चतुर योद्धा दुश्मन पर अपनी इच्छा लगाता है, लेकिन दुश्मन की इच्छा को उस पर नहीं थोपने देता।

[एक महान सैनिक की एक निशानी यह है कि वह अपनी शर्तों पर लड़ता है या लड़ता नहीं है। [1]]

3. उसे लाभ पहुंचाकर, वह शत्रु को अपनी इच्छा से संपर्क करने का कारण बन सकता है; या, नुकसान पहुंचाकर, वह दुश्मन के लिए पास आना असंभव बना सकता है।

[पहले मामले में, वह उसे एक चारा के साथ लुभाएगा; दूसरे में, वह कुछ महत्वपूर्ण बिंदु पर हमला करेगा जिसे दुश्मन को बचाव करना होगा।

4. यदि शत्रु उसे चैन दे, तो वह उसे सताए;

[इस मार्ग को मेई याओ-चेन की व्याख्या के खिलाफ सबूत के रूप में उद्धृत किया जा सकता है।

यदि भोजन के साथ अच्छी तरह से आपूर्ति की जाती है, तो वह उसे भूखा मार सकता है; यदि चुपचाप डेरा डाला जाता है, तो वह उसे स्थानांतरित करने के लिए मजबूर कर सकता है।

5. उन बिंदुओं पर प्रकट हों जिनकी रक्षा करने के लिए दुश्मन को जल्दी करना चाहिए; उन जगहों पर तेजी से मार्च करें जहां आपसे उम्मीद नहीं की जाती है।

6. एक सेना बिना किसी संकट के बड़ी दूरी तय कर सकती है, अगर वह उस देश से गुजरती है जहां दुश्मन नहीं है।

[त्साओ कुंग बहुत अच्छी तरह से बताता है: "शून्य से उभरें [q.d. जैसे "नीले रंग से एक बोल्ट"], कमजोर बिंदुओं पर प्रहार करें, उन स्थानों से दूर रहें जिनका बचाव किया जाता है, अप्रत्याशित तिमाहियों में हमला करते हैं।

7. आप अपने हमलों में सफल होने के बारे में सुनिश्चित हो सकते हैं यदि आप केवल उन स्थानों पर हमला करते हैं जो असुरक्षित हैं।

[वांग हसी "असुरक्षित स्थानों" को "कमजोर बिंदुओं" के रूप में बताते हैं; यह कहना है, जहां सामान्य क्षमता में कमी है, या आत्मा में सैनिक; जहां दीवारें पर्याप्त मजबूत नहीं हैं, या सावधानियां पर्याप्त सख्त नहीं हैं; जहां राहत बहुत देर से आती है, या प्रावधान बहुत कम होते हैं, या रक्षक आपस में भिन्न होते हैं।

आप अपने बचाव की सुरक्षा सुनिश्चित कर सकते हैं यदि आप केवल उन पदों पर हैं जिन पर हमला नहीं किया जा सकता है।

[यानी, जहां ऊपर वर्णित कमजोर बिंदुओं में से कोई भी नहीं है। इस बाद के खंड की व्याख्या में एक अच्छा बिंदु शामिल है। तू म्यू, चेन हाओ और मेई याओ-चेन इसका अर्थ मानते हैं: "अपनी रक्षा को काफी सुरक्षित बनाने के लिए, आपको उन स्थानों की भी रक्षा करनी चाहिए जिन पर हमला होने की संभावना नहीं है;" और तू म्यू कहते हैं: "कितना अधिक, फिर, उन पर हमला किया जाएगा। इस प्रकार लिया गया, हालांकि, खंड पूर्ववर्ती के साथ कम अच्छी तरह से संतुलित होता है - हमेशा अत्यधिक विरोधी शैली में एक विचार जो चीनी के लिए स्वाभाविक है। चांग यू, इसलिए, यह कहने में निशान के करीब आता है: "वह जो हमले में कुशल है, स्वर्ग की सबसे ऊंची ऊंचाइयों से आगे चमकता है [IV देखें। § 7], जिससे दुश्मन के लिए उसके खिलाफ रक्षा करना असंभव हो जाता है। ऐसा होने से, वे स्थान जहाँ मैं आक्रमण करूँगा वे ठीक वे स्थान हैं जिनकी शत्रु रक्षा नहीं कर सकता है...। वह जो रक्षा में कुशल है, पृथ्वी के सबसे गुप्त अवकाश में छिप जाता है, जिससे दुश्मन के लिए उसके ठिकाने का अनुमान लगाना असंभव हो जाता है। ऐसा होने के कारण, जिन स्थानों पर मैं करुंगा वे ठीक वे हैं जिन पर शत्रु आक्रमण नहीं कर सकता है।

8. इसलिथे वह सेनापति आक्रमण में निपुण है, जिसका विरोधी नहीं जानता कि क्या बचाव करे; और वह रक्षा में कुशल है जिसका प्रतिद्वंद्वी नहीं जानता कि क्या हमला करना है।

[एक सूत्र जो युद्ध की पूरी कला को संक्षेप में रखता है।

9. हे सूक्ष्मता और गोपनीयता की दिव्य कला! आपके माध्यम से हम अदृश्य होना सीखते हैं, आपके माध्यम से अश्रव्य;

[शाब्दिक रूप से, "रूप या ध्वनि के बिना," लेकिन यह निश्चित रूप से दुश्मन के संदर्भ में कहा जाता है।

और इसलिए हम दुश्मन के भाग्य को अपने हाथों में पकड़ सकते हैं।

10. यदि आप दुश्मन के कमजोर बिंदुओं के लिए बनाते हैं, तो आप आगे बढ़ सकते हैं और बिल्कुल अप्रतिरोध्य हो सकते हैं; आप रिटायर हो सकते हैं और पीछा करने से सुरक्षित हो सकते हैं यदि आपकी चाल दुश्मन की तुलना में अधिक तेज है।

11. यदि हम लड़ना चाहते हैं, तो दुश्मन को एक सगाई के लिए मजबूर किया जा सकता है, भले ही वह एक ऊंची प्राचीर और एक गहरी खाई के पीछे आश्रय हो। हमें बस इतना करना है कि किसी अन्य स्थान पर हमला करें जिसे वह राहत देने के लिए बाध्य होगा।

[तू म्यू कहते हैं: "यदि दुश्मन हमलावर पार्टी है, तो हम उसकी संचार रेखा को काट सकते हैं और उन सड़कों पर कब्जा कर सकते हैं जिनके द्वारा उसे वापस लौटना होगा; यदि हम आक्रमणकारी हैं, तो हम स्वयं संप्रभु के खिलाफ अपना हमला कर सकते हैं। यह स्पष्ट है कि सन त्जी, देर से बोअर युद्ध में कुछ जनरलों के विपरीत, ललाट हमलों में कोई विश्वास नहीं था।

12. यदि हम लड़ना नहीं चाहते, तो हम शत्रु को हमसे उलझने से रोक सकते हैं, भले ही हमारी छावनी की रेखाएं केवल जमीन पर ही क्यों न खोजी जाएं। हमें बस इतना करना है कि उसके रास्ते में कुछ अजीब और गैर-जवाबदेह फेंकना है।

[यह अत्यंत संक्षिप्त अभिव्यक्ति चिया लिन द्वारा समझदारी से व्याख्या की गई है: "भले ही हमने न तो दीवार का निर्माण किया है और न ही खाई। ली चुआन कहते हैं: "हम उसे अजीब और असामान्य स्वभावों से हैरान करते हैं;" और तू म्यू अंत में तीन दृष्टांत उपाख्यानों द्वारा अर्थ प्राप्त करता है - चू-को लियांग में से एक, जो यांग-पिंग पर कब्जा करते समय और सू-मा I द्वारा हमला किए जाने के बारे में, अचानक अपने रंगों से टकराया, ढोल की धड़कन बंद कर दी, और शहर के फाटकों को खोल दिया, केवल कुछ पुरुषों को झाड़ू लगाने और जमीन छिड़कने में लगे हुए दिखाया। इस अप्रत्याशित कार्यवाही का इच्छित प्रभाव था; सु-मा I के लिए, एक घात पर संदेह करते हुए, वास्तव में अपनी सेना को हटा दिया और पीछे हट गया। इसलिए, सन त्जी यहाँ जो वकालत कर रहा है, वह "ब्लफ़" के समय पर उपयोग से अधिक या कम नहीं है।

13. दुश्मन के स्वभाव की खोज करके और खुद को अदृश्य रहकर, हम अपनी सेना को केंद्रित रख सकते हैं, जबकि दुश्मन को विभाजित किया जाना चाहिए।

[निष्कर्ष शायद बहुत स्पष्ट नहीं है, लेकिन चांग यू (मेई याओ-चेन के बाद) इसे इस प्रकार ठीक ही समझाता है: "यदि दुश्मन के स्वभाव दिखाई दे रहे हैं, तो हम उसके लिए एक शरीर में बना

सकते हैं; जबकि, हमारे अपने स्वभाव को गुप्त रखा जा रहा है, दुश्मन हर तिमाही से हमले से बचने के लिए अपनी सेना को विभाजित करने के लिए बाध्य होगा।

14. हम एक संयुक्त शरीर बना सकते हैं, जबकि दुश्मन को अंशों में विभाजित होना चाहिए। इसलिए एक पूरे के अलग-अलग हिस्सों के खिलाफ एक पूरा खड़ा होगा, जिसका अर्थ है कि हम दुश्मन के कुछ हिस्सों के लिए कई होंगे।

15. और यदि हम किसी से भी श्रेष्ठ बल से आक्रमण कर सकें, तो हमारे विरोधी बहुत संकट में पड़ जाएंगे।

16. जिस स्थान से हम लड़ना चाहते हैं, वह प्रगट न किया जाए; तब के लिए दुश्मन को कई अलग-अलग बिंदुओं पर संभावित हमले के खिलाफ तैयार करना होगा;

[शेरिडन ने एक बार जनरल ग्रांट की जीत का कारण यह कहकर समझाया कि "जबकि उनके विरोधियों को पूरी तरह से नियोजित रखा गया था कि वह क्या करने जा रहे हैं, वह सोच रहे थे कि नह खुद क्या करने जा रहे हैं।

और उसकी सेना इस प्रकार कई दिशाओं में वितरित की जा रही है, किसी भी बिंदु पर हमें जिन संख्याओं का सामना करना पड़ेगा, वे आनुपातिक रूप से कम होंगी।

17. क् योंकि यदि शत्रु अपक्की गाड़ी को दृढ़ करे, तो वह उसका पिछला भाग दुर्बल कर देगा; क्या उसे अपना पिछला हिस्सा मजबूत करना चाहिए, वह अपनी वैन को कमजोर कर देगा; क्या उसे अपने बाएं को मजबूत करना चाहिए, वह अपने दाहिने को कमजोर कर देगा; अगर वह अपने दाएं को मजबूत करता है, तो वह अपने बाएं को कमजोर कर देगा। यदि वह हर जगह सुदृढ़ीकरण भेजता है, तो वह हर जगह कमजोर होगा।

[फ्रेडरिक द ग्रेट के अपने जनरलों के *निर्देशों में* हम पढ़ते हैं: "एक रक्षात्मक युद्ध हमें बहुत लगातार टुकड़ी में धोखा देने के लिए उपयुक्त है। जिन जनरलों के पास बहुत कम अनुभव है, वे हर बिंदु की रक्षा करने का प्रयास करते हैं, जबकि जो लोग अपने पेशे से बेहतर परिचित हैं, केवल पूंजी वस्तु को देखते हुए, एक निर्णायक झटका के खिलाफ रक्षा करते हैं, और बड़े से बचने के लिए छोटे दुर्भाग्य में सहमत होते हैं।

18. संख्यात्मक कमजोरी संभावित हमलों के खिलाफ तैयार होने से आती है; संख्यात्मक ताकत, हमारे विरोधी को हमारे खिलाफ ये तैयारी करने के लिए मजबूर करने से।

[कर्नल हेंडरसन के शब्दों में, सर्वोच्च जनरलशिप "दुश्मन को अपनी सेना को तितर-बितर करने के लिए मजबूर करना है, और फिर बदले में प्रत्येक अंश के खिलाफ बेहतर बल को केंद्रित करना है।

19. आनेवाले युद्ध के स्थान और समय को जानकर, हम लड़ने के लिए सबसे बड़ी दूरी से ध्यान केंद्रित कर सकते हैं।

[सन त्ज़ी के दिमाग में स्पष्ट रूप से दूरियों की वह अच्छी गणना और रणनीति का वह उत्कृष्ट रोजगार है जो एक जनरल को एक लंबी और तेजी से मार्च के उद्देश्य से अपनी सेना को विभाजित करने में सक्षम बनाता है, और बाद में दुश्मन का सामना करने के लिए सही जगह और सही घंटे पर एक जंक्शन को प्रभावित करता है। ऐसे कई सफल जंक्शनों में से, जो सैन्य इतिहास रिकॉर्ड करते हैं, सबसे नाटकीय और निर्णायक में से एक वाटरलू के मैदान पर महत्वपूर्ण क्षण में ब्लूचर की उपस्थिति थी।

20. परन्तु यदि न तो समय और न स्थान ज्ञात हो, तो बायां पंख दाएं को सहारा देने के लिए नपुंसक होगा, दाएं को बाईं ओर सहायता करने के लिए समान रूप से नपुंसक होगा, वैन पीछे को राहत देने में असमर्थ होगी, या पीछे वैन को सहारा देने के लिए पीछे। कितना अधिक अगर सेना के सबसे दूर के हिस्से सौ ली से कम कुछ भी हैं , और यहां तक कि निकटतम भी कई ली से अलग हैं!

[इस अंतिम वाक्य के चीनी में सटीकता की थोड़ी कमी है, लेकिन हमें जो मानसिक चित्र बनाने की आवश्यकता है, वह संभवतः अलग-अलग स्तंभों में दिए गए मिलन स्थल की ओर बढ़ने वाली सेना की है, जिनमें से प्रत्येक के पास एक निश्चित तिथि पर होने का आदेश है। यदि जनरल विभिन्न टुकड़ियों को बेतरतीब ढंग से आगे बढ़ने की अनुमति देता है, तो बैठक के समय और स्थान के सटीक निर्देशों के बिना, दुश्मन सेना को विस्तार से नष्ट करने में सक्षम होगा। चांग यू का नोट यहां उद्धृत करने लायक हो सकता है: "यदि हम उस स्थान को नहीं जानते हैं जहां हमारे विरोधियों का ध्यान केंद्रित करने का मतलब है या जिस दिन वे युद्ध में शामिल होंगे, तो रक्षा के लिए हमारी तैयारियों के माध्यम से हमारी एकता खो दी जाएगी, और हमारे द्वारा धारण किए गए पद असुरक्षित होंगे। अचानक एक शक्तिशाली दुश्मन पर होने पर, हमें हड़बड़ाहट की स्थिति में युद्ध के लिए लाया जाएगा, और पंखों, मोहरा या पीछे के बीच कोई पारस्परिक समर्थन संभव नहीं होगा, खासकर अगर सेना के सबसे आगे और पीछे के डिवीजनों के बीच कोई बड़ी दूरी है।

21. यद्यपि मेरे अनुमान के अनुसार यूह के सैनिक हमारी संख्या से अधिक हैं, तौभी विजय के विषय में उन्हें कुछ लाभ न होगा। मैं तब कहता हूं कि जीत हासिल की जा सकती है।

[काश, इन बहादुर शब्दों के लिए! दोनों राज्यों के बीच लंबा झगड़ा 473 ईसा पूर्व में कोउ चिएन द्वारा वू की कुल हार और यूह में इसके समावेश के साथ समाप्त हुआ। यह निस्संदेह सन त्ज़ी की मृत्यु के लंबे समय बाद था। उनके वर्तमान दावे के साथ तुलना करें IV. § 4. चांग यू एकमात्र ऐसा व्यक्ति है जो प्रतीत होने वाली विसंगति को इंगित करता है, जिसे वह इस प्रकार समझाता है: "सामरिक स्वभाव के अध्याय में यह कहा गया है, '*कोई भी जान सकता है कि इसे करने में सक्षम*

हुए *बिना कैसे जीतना है* ,' जबकि यहां हमारे पास यह कथन है कि 'जीत' हासिल की जा सकती है। स्पष्टीकरण यह है, कि पूर्व अध्याय में, जहां आक्रामक और रक्षात्मक चर्चा चल रही है, यह कहा जाता है कि यदि दुश्मन पूरी तरह से तैयार है, तो कोई भी उसे हराने के बारे में सुनिश्चित नहीं कर सकता है। लेकिन वर्तमान मार्ग विशेष रूप से यूह के सैनिकों को संदर्भित करता है, जिन्हें सन त्ज़ी की गणना के अनुसार, आसन्न संघर्ष के समय और स्थान की अज्ञानता में रखा जाएगा। इसलिए वह यहां कहते हैं कि जीत हासिल की जा सकती है।

22. चाहे शत्रु गिनती में अधिक शक्तिशाली हो, तौभी हम उसे लड़ने से रोक सकते हैं। योजना ताकि उसकी योजनाओं और उनकी सफलता की संभावना की खोज की जा सके।

[चिया लिन द्वारा पेश किया गया एक वैकल्पिक पठन है: "हमारी सफलता और दुश्मन की विफलता के लिए अनुकूल सभी योजनाओं को पहले से जान लें।

23. उसे जगाओ, और उसकी गतिविधि या निष्क्रियता के सिद्धांत को सीखो।

[चांग यू हमें बताता है कि इस प्रकार परेशान होने पर दुश्मन द्वारा दिखाए गए आनंद या क्रोध को ध्यान में रखते हुए, हम यह निष्कर्ष निकालने में सक्षम होंगे कि उसकी नीति कम झूठ बोलने की है या इसके विपरीत। वह चो-कू लियांग की कार्रवाई का उदाहरण देता है, जिसने एक महिला के सिर-पोशाक के घृणित उपहार को सु-मा I को भेजा, ताकि उसे अपनी फैबियन रणनीति से बाहर निकाला जा सके।

उसे खुद को प्रकट करने के लिए मजबूर करें, ताकि उसके कमजोर स्थानों का पता लगाया जा सके।

24. विरोधी सेना की तुलना अपनी सेना से सावधानी से करो, ताकि तुम जान सको कि कहां ताकत है और कहां घटी है।

[सीएफ. IV. § 6.]

25. सामरिक स्वभाव बनाने में, उच्चतम पिच जो आप प्राप्त कर सकते हैं वह है उन्हें छिपाना;

[विरोधाभास की पवित्रता अनुवाद में वाष्पित हो जाती है। छुपाना शायद इतना वास्तविक अदृश्यता नहीं है (देखें सुप्रा § 9) जैसा कि आपके मस्तिष्क में बनने वाली योजनाओं के बारे में "कोई संकेत नहीं दिखा रहा है" जो आप करना चाहते हैं।

अपने स्वभाव को छिपाओ, और तुम सूक्ष्मतम जासूसों की चुभन से, सबसे बुद्धिमान दिमागों की साजिशों से सुरक्षित रहोगे।

[तू म्यू बताते हैं: "हालांकि दुश्मन के पास चतुर और सक्षम अधिकारी हो सकते हैं, वे हमारे खिलाफ कोई योजना नहीं बना पाएंगे।

26. शत्रु की युक्तियों से उन के लिथे विजय किस प्रकार उत्पन्न की जाए, यह बात भीड़ नहीं समझ सकती।

27. सभी मनुष्य उन युक्तियों को देख सकते हैं जिनके द्वारा मैं जीतता हूँ, लेकिन जो कोई नहीं देख सकता है वह रणनीति है जिसमें से विजय विकसित होती है|

[यानी, हर कोई सतही तौर पर देख सकता है कि लड़ाई कैसे जीती जाती है; जो वे नहीं देख सकते हैं वह योजनाओं और संयोजनों की लंबी श्रृंखला है जो लड़ाई से पहले हुई है।

28. उन रणनीतियों को न दोहराएं जिन्होंने आपको एक जीत दिलाई है, लेकिन अपने तरीकों को अनंत प्रकार की परिस्थितियों द्वारा नियंत्रित होने दें।

[जैसा कि वांग हसी ने समझदारी से टिप्पणी की: "जीत में अंतर्निहित एक ही मूल-सिद्धांत है, लेकिन जो रणनीति इसे आगे बढ़ाती है वह संख्या में अनंत है। इस तुलना के साथ कर्नल हेंडरसन: "रणनीति के नियम कुछ और सरल हैं। उन्हें एक सप्ताह में सीखा जा सकता है। उन्हें परिचित चित्रों या एक दर्जन आरेखों द्वारा पढ़ाया जा सकता है। लेकिन इस तरह का ज्ञान अब नेपोलियन जैसी सेना का नेतृत्व करने के लिए एक आदमी को नहीं सिखाएगा क्योंकि व्याकरण का ज्ञान उसे गिब्बन की तरह लिखना सिखाएगा।

29. सैनिक चाल जल के समान है; क्योंकि जल अपने स्वाभाविक मार्ग में ऊँचे स्थानों से दूर भागता है और नीचे की ओर फुर्ती करता है।

30. इसी रीति से युद्ध में बलवन्त से बचना, और निर्बल पर प्रहार करना है।

[पानी की तरह, कम से कम प्रतिरोध की रेखा लेना।

31. पानी उस जमीन की प्रकृति के अनुसार अपने पाठ्यक्रम को आकार देता है जिस पर वह बहता है; सैनिक उस दुश्मन के संबंध में अपनी जीत का काम करता है जिसका वह सामना कर रहा है।

32. जिस प्रकार जल स्थिर आकार नहीं लेता, उसी प्रकार युद्ध में स्थिर परिस्थितियाँ नहीं रहतीं।

33. वह जो अपने प्रतिद्वंद्वी के संबंध में अपनी रणनीति को संशोधित कर सकता है और इस तरह जीतने में सफल हो सकता है, उसे स्वर्ग-जन्म कप्तान कहा जा सकता है।

34. पांच तत्व (जल, अग्नि, लकड़ी, धातु, पृथ्वी) हमेशा समान रूप से प्रमुख नहीं होते हैं;

[अर्थात, जैसा कि वांग हसी कहते हैं: "वे बारी-बारी से प्रबल होते हैं।

चार मौसम बारी-बारी से एक दूसरे के लिए रास्ता बनाते हैं।

[सचमुच, "कोई अपरिवर्तनीय सीट नहीं है।

छोटे दिन और लंबे हैं; चंद्रमा के घटने और वैक्सिंग की अवधि होती है।

[सीएफ. वी. § 6. मार्ग का अभिप्राय केवल प्रकृति में लगातार हो रहे परिवर्तनों द्वारा युद्ध में स्थिरता की आवश्यकता को स्पष्ट करना है। हालांकि, तुलना बहुत खुश नहीं है, क्योंकि सन त्ज़ी ने जिस घटना का उल्लेख किया है, उसकी नियमितता किसी भी तरह से युद्ध में समानांतर नहीं है।

[1] कर्नल हेंडरसन की स्टोनवेल जैक्सन की जीवनी देखें, 1902 संस्करण, वॉल्यूम।

अध्याय **VII** पैंतरेबाज़ी

1. सुन त्ज़ी ने कहा: युद्ध में, सेनापति संप्रभु से अपनी आज्ञा प्राप्त करता है।

2. एक सेना एकत्र करने और अपनी सेना को केंद्रित करने के बाद, उसे अपने शिविर को पिच करने से पहले उसके विभिन्न तत्वों को मिश्रण और सामंजस्य बनाना चाहिए।

["चांग यू कहते हैं: "क्षेत्र में प्रवेश करने से पहले उच्च और निम्न रैंकों के बीच सद्भाव और आत्मविश्वास की स्थापना;" और वह वू त्ज़ी (अध्याय 1 ईस्वी इनिट) की एक कहावत को उद्धृत करता है: "राज्य में सद्भाव के बिना, कोई सैन्य अभियान नहीं किया जा सकता है; सेना में सामंजस्य के बिना कोई युद्ध सरणी नहीं बन सकती। एक ऐतिहासिक रोमांस में सन त्ज़ी को वू युआन से यह कहते हुए दर्शाया गया है: "एक सामान्य नियम के रूप में, जो लोग युद्ध छेड़ रहे हैं, उन्हें बाहरी दुश्मन पर हमला करने के लिए आगे बढ़ने से पहले सभी घरेलू परेशानियों से छुटकारा पाना चाहिए।

3. उसके बाद, सामरिक पैंतरेबाज़ी आती है, जिससे अधिक कठिन कुछ भी नहीं है।

[मैं त्साओ कुंग की पारंपरिक व्याख्या से थोड़ा अलग हो गया हूं, जो कहता है: "संप्रभु के निर्देशों को प्राप्त करने के समय से लेकर दुश्मन के खिलाफ हमारे शिविर तक, अपनाई जाने वाली रणनीति सबसे कठिन है। मुझे ऐसा लगता है कि रणनीति या युद्धाभ्यास शायद ही तब तक शुरू होने के लिए कहा जा सकता है जब तक कि सेना आगे नहीं बढ़ जाती और डेरा डाल देती है, और चिएन हाओ का नोट इस दृष्टिकोण को रंग देता है: "सेना को लगाने, ध्यान केंद्रित करने, सामंजस्य स्थापित करने और मजबूत करने के लिए, बहुत सारे पुराने नियम हैं जो काम करेंगे। असली कठिनाई तब आती है जब हम सामरिक अभियानों में संलग्न होते हैं। तू यू यह भी देखता है कि "अनुकूल स्थिति को जब्त करने में दुश्मन के साथ पहले से ही बड़ी कठिनाई है।

सामरिक पैंतरेबाज़ी की कठिनाई कुटिल को प्रत्यक्ष में और दुर्भाग्य को लाभ में बदलने में शामिल है।

[इस वाक्य में उन अत्यधिक संघनित और कुछ हद तक गूढ़ अभिव्यक्तियों में से एक है, जिनमें से सन त्ज़ी बहुत शौकीन हैं। इस तरह से Ts'ao कुंग द्वारा समझाया गया है: "ऐसा प्रतीत करें कि आप एक लंबा रास्ता तय कर रहे हैं, फिर तेजी से दूरी तय करें और अपने प्रतिद्वंद्वी से पहले दृश्य पर पहुंचें। तू म्यू कहता है: "दुश्मन को धोखा दें, ताकि जब आप अत्यंत गति के साथ डैशिंग कर रहे हों तो वह रिमिस और इत्मीनान से हो सके। हो शिह थोड़ा अलग मोड़ देता है: "यद्यपि आपके पास पार करने के लिए कठिन जमीन हो सकती है और सामना करने के लिए प्राकृतिक बाधाएं हो सकती हैं, यह एक खामी है जिसे आंदोलन की तीव्रता से वास्तविक लाभ में बदल दिया जा सकता है। इस कहावत के संकेत उदाहरण आल्प्स के दो प्रसिद्ध अंशों द्वारा वहन किए जाते हैं - हैनिबल का, जिसने इटली को अपनी दया पर रखा, और नेपोलियन का दो हजार साल बाद, जिसके परिणामस्वरूप मारेंगो की महान जीत हुई।

4. इस प्रकार, एक लंबा और घुमावदार रास्ता लेने के लिए, दुश्मन को रास्ते से लुभाने के बाद, और हालांकि उसके पीछे शुरू करने के लिए, उसके सामने लक्ष्य तक पहुंचने के लिए संघर्ष करना, विचलन की कलाकृति का ज्ञान दिखाता है।

[तू म्यू 270 ईसा पूर्व में ओ-यू शहर को राहत देने के लिए चाओ शी के प्रसिद्ध मार्च का हवाला देता है, जिसे एक चिन सेना द्वारा बारीकी से निवेश किया गया था। चाओ के राजा ने पहले राहत का प्रयास करने की सलाह पर लियन पो से परामर्श किया, लेकिन बाद वाले ने सोचा कि दूरी बहुत अधिक है, और हस्तक्षेप करने वाला देश बहुत बीहड़ और कठिन है। महामहिम ने तब चाओ शी की ओर रुख किया, जिन्होंने मार्च की खतरनाक प्रकृति को पूरी तरह से स्वीकार किया, लेकिन अंत में कहा: "हम एक पूरे में लड़ने वाले दो चूहों की तरह होंगे - और प्लकियर एक जीत जाएगा!" इसलिए उसने अपनी सेना के साथ राजधानी छोड़ दी, लेकिन केवल 30 ली की दूरी पर चला गया था जब वह रुक गया और खाई फेंकना शुरू कर दिया। 28 दिनों तक उसने अपनी किलेबंदी को मजबूत करना जारी रखा, और इस बात का ध्यान रखा कि जासूस दुश्मन को खुफिया जानकारी दें। चिन सामान्य रूप से बहुत खुश था, और इस तथ्य के लिए अपने विरोधी की मंदता को जिम्मेदार ठहराया कि परेशान शहर हान राज्य में था, और इस तरह वास्तव में चाओ क्षेत्र का हिस्सा नहीं था। लेकिन जासूस जल्द ही चाओ की तुलना में प्रस्थान नहीं किया था उसने दो दिन और एक रात तक चलने वाला एक मजबूर मार्च शुरू किया, और इतनी आश्चर्यजनक तेजी के साथ कार्रवाई के दृश्य पर पहुंचे कि वह "उत्तरी पहाड़ी" पर एक कमांडिंग स्थिति पर कब्जा करने में सक्षम था, इससे पहले कि दुश्मन को उसकी गतिविधियों की हवा मिल गई थी। चिन बलों के लिए एक करारी हार हुई, जो सभी जल्दबाजी में ओ-यू की घेराबंदी बढ़ाने और सीमा पार पीछे हटने के लिए बाध्य थे।

5. सेना के साथ युद्धाभ्यास फायदेमंद है; एक अनुशासनहीन भीड़ के साथ, सबसे खतरनाक।

[मैं T'ung Tien, *Cheng Yu-hsien* और T'u Shu के पढ़ने को अपनाता हूं, क्योंकि वे समझ में आने के लिए आवश्यक सटीक बारीकियों को लागू करते हैं। मानक पाठ का उपयोग करने वाले टिप्पणीकार इस पंक्ति का अर्थ यह मानते हैं कि युद्धाभ्यास लाभदायक हो सकते हैं, या वे खतरनाक हो सकते हैं: यह सब सामान्य की क्षमता पर निर्भर करता है।

6. यदि आप एक फायदा छीनने के लिए मार्च में पूरी तरह से सुसज्जित सेना स्थापित करते हैं, तो संभावना है कि आपको बहुत देर हो जाएगी। दूसरी ओर, इस उद्देश्य के लिए एक उड़ान स्तंभ को अलग करने के लिए उसके सामान और भंडार का बलिदान शामिल है।

[कुछ चीनी पाठ चीनी टिप्पणीकारों के लिए समझ से बाहर हैं, जो वाक्य की व्याख्या करते हैं। मैं बहुत उत्साह के बिना अपना स्वयं का प्रतिपादन प्रस्तुत करता हूं, आश्वस्त किया जा रहा है

कि पाठ में कुछ गहरे बैठे भ्रष्टाचार हैं। कुल मिलाकर, यह स्पष्ट है कि सन त्ज़ी आपूर्ति के बिना एक लंबा मार्च करने की मंजूरी नहीं देता है। सीएफ इंफ्रा, § 11.]

7. इसलिथे यदि तू अपके आदमियोंको आज्ञा दे, कि अपके बफ-कोट को चढ़ाएं, और दिन हो वा रात बिना रुके विवश कूच करें, और एक ही बार में दुगुनी दूरी तय करें,

[तू म्यू के अनुसार, सामान्य दिन का मार्च *30 ली था*; लेकिन एक अवसर पर, लियू पेई का पीछा करते समय, त्साओ त्साओ के बारे में कहा जाता है कि उन्होंने चौबीस घंटे के भीतर *300 ली की अविश्वसनीय दूरी तय की थी* ।

एक फायदा हासिल करने के लिए सौ ली करते हुए, आपके तीनों डिवीजनों के नेता दुश्मन के हाथों में पड़ जाएंगे।

8. जितने बलवन्त पुरुष आगे होंगे, उतने ही थके हुए पीछे रह जाएंगे, और इस योजना पर तेरी सेना का केवल दसवां हिस्सा ही अपने गंतव्य तक पहुंच पाएगा।

[नैतिक है, जैसा कि त्साओ कुंग और अन्य बताते हैं: सामरिक लाभ हासिल करने के लिए सौ ली मार्च न करें, या तो बाधा के साथ या बिना। इस विवरण के युद्धाभ्यास कम दूरी तक ही सीमित होने चाहिए। स्टोनवेल जैक्सन ने कहा: "मजबूर मार्च की कठिनाइयाँ अक्सर लड़ाई के खतरों से अधिक दर्दनाक होती हैं। वह अक्सर असाधारण परिश्रम के लिए अपने सैनिकों को नहीं बुलाता था। यह केवल तभी था जब उसने एक आश्चर्य का इरादा किया था, या जब तेजी से पीछे हटना अनिवार्य था, कि उसने गति के लिए सब कुछ बलिदान कर दिया। [1]]

9. यदि आप दुश्मन को पछाड़ने के लिए पचास ली मार्च करते हैं, तो आप अपने पहले डिवीजन के नेता को खो देंगे, और केवल आपकी आधी सेना लक्ष्य तक पहुंच जाएगी।

[सचमुच, *"पहले डिवीजन के नेता को फाड़ दिया जाएगा।*

10. यदि तू उसी वस्तु से *तीस ली कूच करे*, तो तेरी दो तिहाई सेना आ जाएगी।

[*T'ung Tien* में जोड़ा गया है: "इससे हम पैंतरेबाज़ी की कठिनाई को जान सकते हैं।

11. सो हम यह मान लें, कि एक सेना बिना सामान गाड़ी के खो जाए; प्रावधानों के बिना यह खो गया है; आपूर्ति के आधार के बिना यह खो जाता है।

[मुझे लगता है कि सन त्ज़ी का मतलब था "डेपोट्स में जमा किए गए स्टोर। लेकिन तू यू कहते हैं "चारा और इसी तरह," चांग यू कहते हैं "सामान्य रूप से माल," और वांग हसी कहते हैं "ईंधन, नमक, खाद्य पदार्थ, आदि।

12. हम तब तक गठबंधन नहीं कर सकते जब तक हम अपने पड़ोसियों की योजनाओं से परिचित नहीं हो जाते।

13. हम चढ़ाई पर सेना का नेतृत्व करने के योग्य नहीं हैं जब तक कि हम देश के चेहरे से परिचित न हों, - इसके पहाड़ और जंगल, इसके नुकसान और चट्टान, इसके दलदल और दलदल।

14. जब तक हम स्थानीय गाइडों का उपयोग नहीं करते हैं, तब तक हम प्राकृतिक लाभों को ध्यान में नहीं रख पाएंगे।

[§§. अध्याय 12-14 अध्याय XI. § 52 में दोहराए गए हैं।

15. युद्ध में, छल का अभ्यास करें, और आप सफल होंगे।

[ट्यूरेन की रणनीति में, दुश्मन के धोखे, विशेष रूप से उसके सैनिकों की संख्यात्मक ताकत के रूप में, एक बहुत ही प्रमुख स्थान ले लिया। [2]]

केवल तभी आगे बढ़ें जब कोई वास्तविक लाभ प्राप्त करना हो।

16. ध्यान केंद्रित करना है या अपने सैनिकों को विभाजित करना है, यह परिस्थितियों द्वारा तय किया जाना चाहिए।

17. तेरी फुर्ती हवा की तरह हो,

[उपमा दोगुना उपयुक्त है, क्योंकि हवा न केवल तेज है, बल्कि जैसा कि मेई याओ-चेन बताते हैं, "अदृश्य और कोई ट्रैक नहीं छोड़ता है।

आपकी कॉम्पैक्टनेस कि जंगल की।

[मेंग शिह अपने नोट में निशान के करीब आता है: "जब धीरे-धीरे आगे बढ़ रहा है, तो आदेश और रैंकों को संरक्षित किया जाना चाहिए" - ताकि आश्चर्यजनक हमलों से बचाव किया जा सके। लेकिन प्राकृतिक वन पंक्तियों में नहीं उगते हैं, जबकि वे आम तौर पर घनत्व या कॉम्पैक्टनेस की गुणवत्ता रखते हैं।

18. छापे मारने और लूटने में आग के समान हो,

[सीएफ. *शिह चिंग*, IV. 3. चतुर्थ। 6: "धधकती आग के समान भयंकर जिसे कोई मनुष्य जाँच नहीं सकता।

पहाड़ की तरह अचल में।

[यही है, जब एक ऐसी स्थिति को धारण करते समय जहां से दुश्मन आपको हटाने की कोशिश कर रहा है, या शायद, जैसा कि तू यू कहता है, जब वह आपको जाल में फंसाने की कोशिश कर रहा है।

19. तेरी योजनाएं रात की नाईं अन्धेरी और अभेद्य हों, और जब तू चले, तो वज्र की नाईं गिरे।

[तू यू ताई कुंग की एक कहावत को उद्धृत करता है जो एक कहावत में पारित हो गई है: "आप अपने कानों को गड़गड़ाहट या अपनी आंखों को प्रकाश के लिए बंद नहीं कर सकते - वे इतनी तेजी से हैं। इसी तरह, एक हमला इतनी जल्दी किया जाना चाहिए कि इसे रोका न जा सके।

20. जब तू देहात को लूटता है, तब लूट अपके मनुष्योंमें बांट दी जाए;

[सुन त्ज़ी अंधाधुंध लूट के दुरुपयोग को कम करना चाहता है, इस बात पर जोर देकर कि सभी लूट को एक आम स्टॉक में फेंक दिया जाएगा, जिसे बाद में सभी के बीच काफी विभाजित किया जा सकता है।

जब आप नए क्षेत्र पर कब्जा करते हैं, तो इसे सैनिक के लाभ के लिए आवंटन में काट दें।

[चेन हाओ कहते हैं, "अपने सैनिकों को भूमि पर क्वार्टर करें, और उन्हें बोने और इसे लगाने दें। यह इस सिद्धांत पर कार्य करके, और उनके द्वारा आक्रमण की गई भूमि की कटाई करके है, कि चीनी अपने कुछ सबसे यादगार और विजयी अभियानों को अंजाम देने में सफल रहे हैं, जैसे कि पान चाओ जो कैस्पियन में घुस गए, और हाल के वर्षों में, फू-कांग-एन और त्सो त्संग-तांग।

21. कोई कदम उठाने से पहले विचार करें और विचार-विमर्श करें।

[चांग यू ने वेई लियाओ त्ज़ी को यह कहते हुए उद्धृत किया कि हमें तब तक शिविर नहीं तोड़ना चाहिए जब तक कि हम दुश्मन की प्रतिरोध शक्ति और विरोधी जनरल की चतुराई प्राप्त नहीं कर लेते। सीएफ। I. § 13 में "सात तुलना"।

22. वह जीत जाएगा जिसने विचलन की कलाकृति सीखी है।

[सुप्रा देखें, §§ 3, 4।

पैंतरेबाज़ी की कला ऐसी ही है।

[इन शब्दों के साथ, अध्याय स्वाभाविक रूप से समाप्त हो जाएगा। लेकिन अब युद्ध पर पहले की एक पुस्तक से एक उद्धरण के आकार में एक लंबा परिशिष्ट है, जो अब खो गया है, लेकिन स्पष्ट रूप से उस समय मौजूद था जब सन त्ज़ी ने लिखा था। इस टुकड़े की शैली स्वयं सन त्ज़ी से बिल्कुल अलग नहीं है, लेकिन कोई भी टिप्पणीकार इसकी वास्तविकता के बारे में संदेह नहीं उठाता है।

23. सेना प्रबंधन की पुस्तक कहती है:

[यह शायद महत्वपूर्ण है कि पहले के टिप्पणीकारों में से कोई भी हमें इस काम के बारे में कोई जानकारी नहीं देता है। मेई याओ-चेन इसे "एक प्राचीन सैन्य क्लासिक" और वांग हसी, "युद्ध पर एक पुरानी किताब" कहते हैं। चीन के विभिन्न राज्यों और रियासतों के बीच सन त्ज़ी के समय से पहले सदियों से चली आ रही भारी मात्रा में लड़ाई को देखते हुए, यह अपने आप में असंभव नहीं है कि सैन्य अधिकतमों का एक संग्रह कुछ पहले की अवधि में बनाया और लिखा जाना चाहिए था।

युद्ध के मैदान में,

[निहित, हालांकि वास्तव में चीनी में नहीं।

बोला गया शब्द काफी दूर तक नहीं ले जाता है: इसलिए गोंग और ड्रम की संस्था। न ही साधारण वस्तुओं को स्पष्ट रूप से पर्याप्त रूप से देखा जा सकता है: इसलिए बैनर और झंडे की संस्था।

24. गोंग और ड्रम, बैनर और झंडे, ऐसे साधन हैं जिनसे मेजबान के कान और आंखें एक विशेष बिंदु पर केंद्रित हो सकती हैं।

[चांग यू कहते हैं: "यदि दृष्टि और श्रवण एक ही वस्तु पर एक साथ मिलते हैं, तो दस लाख सैनिकों का विकास एक ही व्यक्ति की तरह होगा।

25. इस प्रकार एक एकल एकजुट शरीर बनाने वाली सेना बहादुर के लिए अकेले आगे बढ़ना असंभव है, या डरपोक अकेले पीछे हटना है।

[चुआंग यू एक कहावत उद्धृत करता है: "समान रूप से दोषी वे हैं जो आदेशों के खिलाफ आगे बढ़ते हैं और जो आदेशों के खिलाफ पीछे हटते हैं। तू म्यू वू ची के इस संबंध में एक कहानी बताता है, जब वह चिन राज्य के खिलाफ लड़ रहा था। लड़ाई शुरू होने से पहले, उसका एक सैनिक, जो अतुलनीय साहसी था, अपने आप से आगे बढ़ा, दुश्मन से दो सिर पकड़ लिए, और शिविर में लौट आया। वू ची ने उस आदमी को तुरंत मार डाला, जिसके बाद एक अधिकारी ने यह कहते हुए विरोध करने का साहस किया: "यह आदमी एक अच्छा सैनिक था, और इसका सिर नहीं कलम किया जाना चाहिए था। वू ची ने जवाब दिया: "मुझे पूरा विश्वास है कि वह एक अच्छा सैनिक था, लेकिन मैंने उसे सिर कलम कर दिया क्योंकि उसने बिना आदेश के काम किया था।

यह पुरुषों के बड़े जनसमूह को संभालने की कला है।

26. रात की लड़ाई में, फिर, सिग्नल-फायर और ड्रम का अधिक उपयोग करें, और दिन में लड़ने में, झंडों और बैनबुलों का, अपनी सेना के कानों और आंखों को प्रभावित करने के साधन के रूप में।

[चेन हाओ 500 घुड़सवारों के सिर पर हो-यांग के लिए ली कुआंग-पी की रात की सवारी की ओर इशारा करता है; उन्होंने मशालों के साथ ऐसा भव्य प्रदर्शन किया, कि हालांकि विद्रोही नेता शिह सू-मिंग के पास एक बड़ी सेना थी, उन्होंने उनके मार्ग पर विवाद करने की हिम्मत नहीं की।

27. सारी सेना का आत्का छीन लिया जाए;

["युद्ध में," चांग यू कहते हैं, "यदि क्रोध की भावना एक ही समय में सेना के सभी रैंकों में व्याप्त हो सकती है, तो इसकी शुरुआत अप्रतिरोध्य होगी। अब दुश्मन के सैनिकों की भावना सबसे उत्सुक होगी जब वे नए दृश्य पर पहुंचे होंगे, और इसलिए यह हमारा संकेत है कि हम एक बार में न लड़ें, बल्कि तब तक इंतजार करें जब तक कि उनका उत्साह और उत्साह खराब न हो जाए, और फिर हड़ताल करें। यह इस तरह से है कि उन्हें उनकी गहरी भावना से लूटा जा सकता है। ली चुआन और अन्य लोग लू के ड्यूक चुआंग के एक शिष्य त्साओ कुई का एक किस्सा (त्सो चुआन, वर्ष 10, § 1 में पाए जाने के लिए) बताते हैं। बाद वाले राज्य पर ची द्वारा हमला किया गया था, और ड्यूक दुश्मन के ड्रम के पहले रोल के बाद, चांग-चो में लड़ाई में शामिल होने वाला था, जब त्साओ ने कहा: "अभी तक नहीं। तीसरी बार उनके ढोल बजने के बाद ही उसने हमले का शब्द दिया। तब वे लड़े, और ची के लोग पूरी तरह से हार गए। ड्यूक द्वारा बाद में उसकी देरी के अर्थ के बारे में पूछे जाने पर, त्साओ कुई ने जवाब दिया: "युद्ध में, एक साहसी भावना ही सब कुछ है। अब ड्रम का पहला रोल इस भावना को पैदा करता है, लेकिन दूसरे के साथ यह पहले से ही कम हो रहा है, और तीसरे के बाद यह पूरी तरह से चला गया है। मैंने हमला किया जब उनकी आत्मा चली गई थी और हमारा अपनी ऊंचाई पर था। इसलिए हमारी जीत हुई। वू त्जी (अध्याय 4) युद्ध के "चार महत्वपूर्ण प्रभावों" में "आत्मा" को पहले स्थान पर रखता है, और आगे कहता है: "एक पूरी सेना का मूल्य - एक लाख पुरुषों का एक शक्तिशाली मेजबान - अकेले एक आदमी पर निर्भर है: आत्मा का प्रभाव ऐसा है!"]

एक कमांडर-इन-चीफ को उसकी मन की उपस्थिति से लूटा जा सकता है।

[चांग यू कहते हैं: "मन की उपस्थिति सामान्य की सबसे महत्वपूर्ण संपत्ति है। यह वह गुण है जो उसे अव्यवस्था को अनुशासित करने और घबराहट से त्रस्त लोगों में साहस को प्रेरित करने में सक्षम बनाता है। महान सेनापति ली चिंग (571-649 ईसवी) की एक कहावत है: "आक्रमण करने का अर्थ केवल दीवारों से घिरे शहरों पर आक्रमण करना या युद्ध के मैदान में सेना पर हमला करना नहीं है; इसमें दुश्मन के मानसिक संतुलन पर हमला करने की कला शामिल होनी चाहिए।

28. अब सैनिक का हौसला भोर को सबसे अधिक होता है;

[हमेशा बशर्ते कि उसने नाश्ता कर लिया हो। ट्रेबिया की लड़ाई में, रोमनों को मूर्खतापूर्ण रूप से उपवास से लड़ने की अनुमति दी गई थी, जबकि हैनिबल के आदमियों ने अपने अवकाश पर नाश्ता किया था। लिवी, XXI, लिव देखें। 8, एल.वी. 1 और 8.]

दोपहर तक यह झंडा फहराना शुरू हो गया है; और शाम को उसका मन केवल शिविर में लौटने पर तुला हुआ है।

29. एक चतुर सेनापति, इसलिए, एक सेना से बचता है जब उसकी आत्मा उत्सुक होती है, लेकिन जब वह सुस्त होती है और वापस लौटने के लिए इच्छुक होती है तो उस पर हमला करती है। यह मूड का अध्ययन करने की कला है।

30. अनुशासित और शांत, शत्रु के बीच अव्यवस्था और हुड़दंग की उपस्थिति की प्रतीक्षा करने के लिए:-यह आत्म-अधिकार बनाए रखने की कला है।

31. लक्ष्य के निकट रहना, जबकि शत्रु अभी भी उससे दूर है, आराम से प्रतीक्षा करना जब शत्रु परिश्रम कर रहा हो और संघर्ष कर रहा हो, शत्रु के भूखे होने पर उसे अच्छी तरह से खिलाया जाना: - यह अपनी शक्ति को धारण करने की कला है।

32. जिस शत्रु के बैनर सही क्रम में हों, उसे रोकने से बचना, शांत और आत्मविश्वास से भरी सेना पर हमला करने से बचना:-यह परिस्थितियों का अध्ययन करने की कला है।

33. यह एक सैन्य स्वयंसिद्ध है कि दुश्मन के खिलाफ ऊपर की ओर न बढ़ें, और न ही जब वह नीचे की ओर आए तो उसका विरोध करें।

34. उड़ान का अनुकरण करने वाले दुश्मन का पीछा न करें; उन सैनिकों पर हमला न करें जिनका गुस्सा उत्सुक है।

35. दुश्मन द्वारा पेश किए गए चारा को निगलें नहीं।

[ली चुआन और तू म्यू, एक रूपक को देखने में असाधारण असमर्थता के साथ, इन शब्दों को दुश्मन द्वारा जहर दिए गए भोजन और पेय के काफी शाब्दिक रूप से लेते हैं। चेन हाओ और चांग यू ध्यान से बताते हैं कि कहावत का व्यापक अनुप्रयोग है।

घर लौटने वाली सेना में हस्तक्षेप न करें।

[टिप्पणीकार यह कहकर सलाह के इस विलक्षण टुकड़े की व्याख्या करते हैं कि एक आदमी जिसका दिल घर लौटने पर सेट है, वह अपने रास्ते को रोकने के किसी भी प्रयास के खिलाफ मौत से लड़ेगा, और इसलिए वह बहुत खतरनाक प्रतिद्वंद्वी है जिससे निपटा जा सकता है। चांग यू हान सिन के शब्दों को उद्धृत करता है: "अजेय वह सैनिक है जो अपनी इच्छा रखता है और घर की ओर लौटता है। सैन कुओ ची के अध्याय 1 में त्साओ त्साओ के साहस और संसाधन के बारे में एक अद्भुत कहानी बताई गई है, 198 ईस्वी में, वह जंग में चांग हसिउ को घेर रहा था, जब लियू

पियाओ ने त्साओ के पीछे हटने को काटने के उद्देश्य से सुदृढ़ीकरण भेजा। उत्तरार्द्ध अपने सैनिकों को खींचने के लिए बाध्य था, केवल खुद को दो दुश्मनों के बीच घिरा हुआ खोजने के लिए, जो एक संकीर्ण दर्रे के प्रत्येक आउटलेट की रखवाली कर रहे थे जिसमें उसने खुद को लगाया था। इस हताश दुर्दशा में त्साओ ने रात होने तक इंतजार किया, जब उसने पहाड़ की तरफ एक सुरंग खोदी और उसमें घात लगाया। जैसे ही पूरी सेना गुजरी, छिपे हुए सैनिक उसके पीछे गिर पड़े, जबकि त्साओ खुद मुड़ा और सामने अपने पीछा करने वालों से मिला, ताकि वे भ्रम में पड़ जाएं और नष्ट हो जाएं। त्साओ त्साओ ने बाद में कहा: "लुटेरों ने मेरी सेना को पीछे हटने की कोशिश की और मुझे एक हताश स्थिति में युद्ध के लिए लाया: इसलिए मुझे पता था कि उन्हें कैसे दूर किया जाए।

36. जब आप एक सेना को घेरते हैं, तो एक आउटलेट को मुक्त छोड़ दें।

[इसका मतलब यह नहीं है कि दुश्मन को भागने की अनुमति दी जानी चाहिए। वस्तु, जैसा कि तू म्यू कहते हैं, "उसे विश्वास दिलाना है कि सुरक्षा के लिए एक सड़क है, और इस तरह निराशा के साहस के साथ उसकी लड़ाई को रोकना है। तू म्यू सुखद रूप से जोड़ता है: "उसके बाद, आप उसे कुचल सकते हैं।

एक हताश दुश्मन को बहुत जोर से मत दबाओ।

[चेन हाओ ने कहावत को उद्धृत किया: "पक्षी और जानवर जब खाड़ी में लाए जाते हैं तो अपने पंजे और दांतों का उपयोग करेंगे। चांग यू कहता है: "अगर आपके विरोधी ने उसकी नावों को जला दिया है और उसके खाना पकाने के बर्तनों को नष्ट कर दिया है, और लड़ाई के मुद्दे पर सब कुछ दांव पर लगाने के लिए तैयार है, तो उसे चरम सीमा पर नहीं धकेला जाना चाहिए। हो शिह येन-चिंग के जीवन से ली गई कहानी द्वारा अर्थ को दर्शाता है। वह सेनापति, अपने सहयोगी तू चुंग-वेई के साथ वर्ष 945 ईस्वी में खितानों की एक बहुत बेहतर सेना से घिरा हुआ था। देश नंगे और रेगिस्तान जैसा था, और छोटी चीनी सेना जल्द ही पानी की कमी के कारण गंभीर स्थिति में थी। वे जिन कुओं को खोदते थे, वे सूख जाते थे, और पुरुष कीचड़ की गांठों को निचोड़ने और नमी को चूसने के लिए कम हो जाते थे। उनकी रैंक तेजी से पतली हो गई, जब तक कि फू येन-चिंग ने कहा: "हम हताश पुरुष हैं। हमारे देश के लिए मरना बेहतर है कि हम बंधे हुए हाथों से कैद में चले जाएं। उत्तर-पूर्व से एक तेज आंधी चल रही थी और रेतीले धूल के घने बादलों के साथ हवा को काला कर रही थी। चुंग-वेई के लिए अंतिम हमले पर निर्णय लेने से पहले यह समाप्त होने तक इंतजार करने के लिए था; लेकिन सौभाग्य से एक अन्य अधिकारी, ली शॉ-चेंग नाम से, एक अवसर को देखने के लिए जल्दी था, और कहा: "वे कई हैं और हम कुछ हैं, लेकिन इस सैंडस्टॉर्म के बीच में हमारी संख्या स्पष्ट नहीं होगी; जीत ज़ोरदार सेनानी के पास जाएगी, और हवा हमारी सबसे अच्छी सहयोगी होगी। तदनुसार, फू येन-चिंग ने अपनी घुड़सवार सेना के साथ अचानक और पूरी तरह से अप्रत्याशित हमला किया, बर्बर लोगों को भगा दिया और सुरक्षा के माध्यम से तोड़ने में सफल रहे।

37. युद्ध की कला ऐसी ही है।

[1] देखें कर्नल हेंडरसन, ऑप।

[2] इस सिर पर कई अधिकतमों के लिए, देखें "मार्शल ट्यूरेन" (लॉन्गमैन, 1907), पी।

अध्याय **VIII** रणनीति की विविधता

[शीर्षक का शाब्दिक अर्थ है "नौ विविधताएं," लेकिन जैसा कि सन त्ज़ी इनकी गणना नहीं करता है, और जैसा कि, वास्तव में, उसने हमें पहले ही बता दिया है (V §§ 6-11) कि सामान्य पाठ्यक्रम से इस तरह के विक्षेपण व्यावहारिक रूप से असंख्य हैं, हमारे पास वांग हसी का अनुसरण करने के अलावा बहुत कम विकल्प हैं, जो कहते हैं कि "नौ" अनिश्चित काल तक बड़ी संख्या के लिए खड़ा है। "इसका मतलब यह है कि युद्ध में हमें अपनी रणनीति को अधिकतम डिग्री तक बदलना चाहिए ...। मुझे नहीं पता कि त्साओ कुंग इन नौ विविधताओं को क्या बनाता है, लेकिन यह सुझाव दिया गया है कि वे नौ स्थितियों से जुड़े हुए हैं "- चैप्ट का। XI. यह चांग यू द्वारा अपनाया गया दृष्टिकोण है। एकमात्र अन्य विकल्प यह मान लेना है कि कुछ खो गया है - एक अनुमान जिसके लिए अध्याय की असामान्य कमी कुछ वजन देती है।

1. सुन त्ज़ी ने कहा: युद्ध में, सेनापति संप्रभु से अपनी आज्ञा प्राप्त करता है, अपनी सेना को इकट्ठा करता है और अपनी सेना को केंद्रित करता है।

[VII. § 1 से दोहराया गया, जहां यह निश्चित रूप से अधिक जगह पर है। हो सकता है कि इसे केवल अध्याय की शुरुआत की आपूर्ति करने के लिए यहां प्रक्षेपित किया गया हो।

2. जब मुश्किल देश में हों, तो डेरा न डालें। देश में जहां ऊंची सड़कें प्रतिच्छेद करती हैं, अपने सहयोगियों के साथ हाथ मिलाएं। खतरनाक रूप से अलग-थलग स्थिति में न रहें।

[अंतिम स्थिति नौ स्थितियों में से एक नहीं है जैसा कि अध्याय XI की शुरुआत में दिया गया है, लेकिन बाद में होता है (ibid. § 43. q.v.)। चांग यू इस स्थिति को सीमा पार, शत्रुतापूर्ण क्षेत्र में स्थित होने के रूप में परिभाषित करता है। ली चुआन कहते हैं कि यह "ऐसा देश है जिसमें कोई झरने या कुएं, झुंड या झुंड, सब्जियां या जलाऊ लकड़ी नहीं हैं;" चिया लिन, "घाटियों, खाई और अवक्षेपों में से एक, बिना सड़क के जिसके द्वारा आगे बढ़ना है।

हेमड-इन स्थितियों में, आपको स्ट्रैटेजम का सहारा लेना चाहिए। एक हताश स्थिति में, आपको लड़ना चाहिए।

3. ऐसी सड़कें हैं जिनका पालन नहीं किया जाना चाहिए,

["विशेष रूप से वे जो संकीर्ण अशुद्धियों के माध्यम से आगे बढ़ रहे हैं," ली चुआन कहते हैं, "जहां घात लगाकर हमला करने की आशंका है।

जिन सेनाओं पर हमला नहीं किया जाना चाहिए,

[अधिक सही ढंग से, शायद, "ऐसे समय होते हैं जब सेना पर हमला नहीं किया जाना चाहिए। चेन हाओ कहते हैं: "जब आप प्रतिद्वंद्वी लाभ प्राप्त करने के लिए अपना रास्ता देखते हैं, लेकिन

एक वास्तविक हार को भड़काने के लिए शक्तिहीन हैं, तो अपने पुरुषों की ताकत को खत्म करने के डर से हमला करने से बचें।

जिन नगरों की घेराबंदी न की जाए,

§ 4 त्साओ कुंग अपने अनुभव से एक दिलचस्प उदाहरण देता है। ह्सू-चाउ के क्षेत्र पर आक्रमण करते समय, उन्होंने हुआ-पाई शहर को नजरअंदाज कर दिया, जो सीधे उनके रास्ते में था, और देश के दिल में दबाया गया। इस उत्कृष्ट रणनीति को चौदह से कम महत्वपूर्ण जिला शहरों के बाद के कब्जे से पुरस्कृत किया गया था। चांग यू कहते हैं: "किसी भी शहर पर हमला नहीं किया जाना चाहिए, जिसे अगर लिया जाता है, तो आयोजित नहीं किया जा सकता है, या अगर अकेला छोड़ दिया जाता है, तो कोई परेशानी नहीं होगी। सुन यिंग, जब पी-यांग पर हमला करने का आग्रह किया गया, तो उसने जवाब दिया: "शहर छोटा और अच्छी तरह से दृढ़ है; यदि मैं इसे ग्रहण करने में सफल भी हो जाऊं, तो भी यह शस्त्रों का कोई बड़ा पराक्रम नहीं होगा; जबकि अगर मैं असफल होता हूं, तो मैं खुद को हंसी का पात्र बना लूंगा। सत्रहवीं शताब्दी में, घेराबंदी ने अभी भी युद्ध का एक बड़ा हिस्सा बनाया। यह ट्यूरेन था जिसने मार्च, काउंटरमार्च और युद्धाभ्यास के महत्व पर ध्यान दिया। उन्होंने कहा: "एक शहर लेने में पुरुषों को बर्बाद करना एक बड़ी गलती है जब सैनिकों के समान खर्च से एक प्रांत प्राप्त होगा। [1]]

जिन पदों पर चुनाव नहीं लड़ा जाना चाहिए, संप्रभु के आदेश जिनका पालन नहीं किया जाना चाहिए।

[यह चीनियों के लिए एक कठिन कहावत है, अधिकार के प्रति उनकी श्रद्धा के साथ, और वेई लियाओ त्ज़ी (तू म्यू द्वारा उद्धृत) को यह कहने के लिए प्रेरित किया जाता है: "हथियार खतरनाक उपकरण हैं, संघर्ष पुण्य का विरोधी है, एक सैन्य कमांडर नागरिक व्यवस्था का निषेध है!" हालांकि, अप्रिय तथ्य यह है कि यहां तक कि शाही इच्छाओं को सैन्य आवश्यकता के अधीन किया जाना चाहिए।

4. जनरल जो रणनीति की भिन्नता के साथ होने वाले लाभों को अच्छी तरह से समझता है, जानता है कि अपने सैनिकों को कैसे संभालना है।

5. जो सेनापति इन्हें नहीं समझता है, वह देश के विन्यास से अच्छी तरह परिचित हो सकता है, फिर भी वह अपने ज्ञान को व्यावहारिक खाते में नहीं बदल पाएगा।

[शाब्दिक रूप से, "जमीन का लाभ प्राप्त करें," जिसका अर्थ है न केवल अच्छे पदों को हासिल करना, बल्कि हर संभव तरीके से प्राकृतिक लाभों का लाभ उठाना। चांग यू कहते हैं: "हर तरह की जमीन कुछ प्राकृतिक विशेषताओं की विशेषता है, और योजना की एक निश्चित परिवर्तनशीलता के लिए भी गुंजाइश देती है। इन प्राकृतिक विशेषताओं को ध्यान में रखना कैसे संभव है जब तक कि स्थलाकृतिक ज्ञान मन की बहुमुखी प्रतिभा द्वारा पूरक न हो?

6. इसलिए, युद्ध का छात्र जो अपनी योजनाओं को बदलने की युद्ध की कला में निपुण है, भले ही वह पांच लाभों से परिचित हो, अपने आदमियों का सबसे अच्छा उपयोग करने में विफल रहेगा।

[चिया लिन हमें बताता है कि ये कार्रवाई की पांच स्पष्ट और आम तौर पर लाभप्रद रेखाओं का अर्थ है, अर्थात्: "यदि एक निश्चित सड़क छोटी है, तो इसका पालन किया जाना चाहिए; यदि कोई सेना अलग-थलग है, तो उस पर हमला किया जाना चाहिए; यदि कोई शहर पार्लर की स्थिति में है, तो उसे घेर लिया जाना चाहिए; यदि किसी स्थिति पर तूफान लाया जा सकता है, तो इसका प्रयास किया जाना चाहिए; और यदि सैन्य अभियानों के अनुरूप है, तो शासक के आदेशों का पालन किया जाना चाहिए। लेकिन ऐसी परिस्थितियां हैं जो कभी-कभी एक सामान्य को इन लाभों का उपयोग करने से मना करती हैं। उदाहरण के लिए, "एक निश्चित सड़क उसके लिए सबसे छोटा रास्ता हो सकती है, लेकिन अगर वह जानता है कि यह प्राकृतिक बाधाओं से भरा हुआ है, या कि दुश्मन ने उस पर घात लगाया है, तो वह उस रास्ते का अनुसरण नहीं करेगा। एक शत्रुतापूर्ण बल हमला करने के लिए खुला हो सकता है, लेकिन अगर वह जानता है कि यह कठोर है और हताशा के साथ लड़ने की संभावना है, तो वह हमला करने से बचेगा, "और इसी तरह।

7. इसलिए बुद्धिमान नेता की योजनाओं में, लाभ और हानि के विचारों को एक साथ मिश्रित किया जाएगा।

["चाहे एक लाभप्रद स्थिति या एक नुकसानदेह," त्साओ कुंग कहते हैं, "विपरीत स्थिति हमेशा आपके दिमाग में मौजूद होनी चाहिए।

8. यदि लाभ की हमारी अपेक्षाओं को इस प्रकार संयमित किया जाए तो हम अपनी योजनाओं के आवश्यक भाग को पूरा करने में सफल हो सकते हैं।

[तू म्यू कहते हैं: "यदि हम दुश्मन से लाभ हासिल करना चाहते हैं, तो हमें अपने दिमाग को अकेले उस पर तय नहीं करना चाहिए, लेकिन दुश्मन की संभावना को भी हमें कुछ नुकसान पहुंचाने की अनुमति देनी चाहिए, और इसे हमारी गणना में एक कारक के रूप में प्रवेश करने दें।

9. यदि, दूसरी ओर, कठिनाइयों के बीच हम हमेशा एक लाभ को जब्त करने के लिए तैयार हैं, तो हम खुद को दुर्भाग्य से निकाल सकते हैं।

[तू म्यू कहते हैं: "अगर मैं खुद को एक खतरनाक स्थिति से निकालना चाहता हूं, तो मुझे न केवल दुश्मन की मुझे घायल करने की क्षमता पर विचार करना चाहिए, बल्कि दुश्मन पर लाभ हासिल करने की मेरी अपनी क्षमता पर भी विचार करना चाहिए। यदि मेरी सलाह में इन दोनों विचारों को ठीक से मिलाया जाता है, तो मैं खुद को मुक्त करने में सफल हो जाऊंगा। उदाहरणार्थ; यदि मैं शत्रु से घिरा हुआ हूँ और केवल भागने के बारे में सोचता हूँ, तो मेरी नीति की घबराहट मेरे

विरोधी को मेरा पीछा करने और कुचलने के लिए उकसाएगी; यह कहीं बेहतर होगा कि मैं अपने आदमियों को एक साहसिक जवाबी हमला करने के लिए प्रोत्साहित करूं, और इस प्रकार प्राप्त लाभ का उपयोग दुश्मन के परिश्रम से खुद को मुक्त करने के लिए करूं। Ts'ao Ts'ao, VII की कहानी देखें। § 35, ध्यान दें।

10. शत्रुतापूर्ण प्रमुखों को नुकसान पहुंचाकर कम करना;

[चिया लिन इस चोट को भड़काने के कई तरीके बताते हैं, जिनमें से कुछ केवल ओरिएंटल दिमाग के लिए होंगे:-"दुश्मन के सबसे अच्छे और बुद्धिमान पुरुषों को लुभाओ, ताकि वह सलाहकारों के बिना रह जाए। अपने देश में गद्दारों का परिचय दें, ताकि सरकार की नीति व्यर्थ हो जाए। साज़िश और छल को बढ़ावा देना, और इस तरह शासक और उसके मंत्रियों के बीच कलह बोना। हर चालाकी के माध्यम से, अपने आदमियों के बीच गिरावट और अपने खजाने की बर्बादी का कारण बनता है। कपटी उपहारों से उसकी नैतिकता को भ्रष्ट कर देता है जिससे वह अधिकता में चला जाता है। उसे सुंदर महिलाओं के साथ पेश करके उसके दिमाग को परेशान और अस्थिर करें। चांग यू (वांग हसी के बाद) यहां सन त्ज़ी की एक अलग व्याख्या करता है: "दुश्मन को ऐसी स्थिति में ले जाओ जहां उसे चोट लगनी चाहिए, और वह अपनी मर्जी से प्रस्तुत करेगा।

और उनके लिए मुसीबत पैदा करो,

[तू मु, इस वाक्यांश में, उनकी व्याख्या में इंगित करता है कि दुश्मन को उनकी "संपत्ति" को प्रभावित करने के लिए परेशानी की जानी चाहिए, या, जैसा कि हम कह सकते हैं, "संपत्ति", जिसे वह "एक बड़ी सेना, एक समृद्ध राजखना, सैनिकों के बीच सामंजस्य, आदेशों की समयनिष्ठ पूर्ति" मानता है। ये हमें दुश्मन पर एक चाबुक हाथ देते हैं।

और उन्हें लगातार व्यस्त रखें;

[सचमुच, "उनके नौकर बनाओ। तू यू कहता है, "उन्हें आराम करने से रोकें।

दिखावटी प्रलोभनों को पकड़ो, और उन्हें किसी भी बिंदु पर जल्दी करो।

[मेंग शिह के नोट में मुहावरेदार उपयोग का एक उत्कृष्ट उदाहरण है: "उन्हें पीन (उनके पहले आवेग की तुलना में अन्यथा अभिनय करने के कारण) को भूल जाने का कारण बनता है, और हमारी दिशा में जल्दबाजी करता है।

11. युद्ध की कला हमें दुश्मन के नहीं आने की संभावना पर भरोसा करने के लिए सिखाती है, लेकिन उसे प्राप्त करने के लिए हमारी अपनी तत्परता पर; उसके हमले न करने के मौके पर नहीं, बल्कि इस तथ्य पर कि हमने अपनी स्थिति को अजेय बना लिया है।

12. पांच खतरनाक दोष हैं जो एक सामान्य को प्रभावित कर सकते हैं: (1) लापरवाही, जो विनाश की ओर ले जाती है;

["बिना सोचे-समझे बहादुरी," जैसा कि त्साओ कुंग इसका विश्लेषण करता है, जो एक आदमी को पागल बैल की तरह आँख बंद करके और सख्त रूप से लड़ने का कारण बनता है। चांग यू कहते हैं, "इस तरह के एक प्रतिद्वंद्वी, क्रूर बल के साथ सामना नहीं किया जाना चाहिए, लेकिन एक घात में लालच दिया जा सकता है और मारा जा सकता है। सीएफ वू त्ज़ी, अध्याय IV। "एक जनरल के चरित्र का आकलन करते समय, पुरुष उसके साहस पर विशेष ध्यान देने के लिए अभ्यस्त होते हैं, यह भूल जाते हैं कि साहस कई गुणों में से केवल एक है जो एक जनरल के पास होना चाहिए। केवल बहादुर आदमी लापरवाही से लड़ने के लिए प्रवण है; और वह जो लापरवाही से लड़ता है, बिना किसी धारणा के कि क्या समीचीन है, उसकी निंदा की जानी चाहिए। सु-मा फा भी तीक्ष्ण टिप्पणी करता है: "बस किसी की मृत्यु पर जाने से जीत नहीं होती है।

(2) कायरता, जो कब्जा करने की ओर ले जाती है;

[त्साओ कुंग यहां अनुवादित चीनी शब्द को "कायरता" के रूप में परिभाषित करता है क्योंकि वह उस व्यक्ति के रूप में है "जिसे कायरता एक लाभ को जब्त करने के लिए आगे बढ़ने से रोकती है," और वांग हसी कहते हैं "जो खतरे की दृष्टि से भागने के लिए जल्दी है। मेंग शिह करीब व्याख्या देता है "वह जो जीवित लौटने पर तुला हुआ है," यह वह आदमी है जो कभी जोखिम नहीं उठाएगा। लेकिन, जैसा कि सन त्ज़ी जानता था, युद्ध में कुछ भी हासिल नहीं किया जा सकता है जब तक कि आप जोखिम लेने के लिए तैयार न हों। ताई कुंग ने कहा: "जो कोई लाभ फिसलने देता है, वह बाद में खुद पर वास्तविक आपदा लाएगा। 404 ईस्वी में, लियू यू ने यांग्त्जे तक विद्रोही हुआन ह्वेन का पीछा किया और चेंग-हंग द्वीप पर उसके साथ एक नौसैनिक युद्ध लड़ा। वफादार सैनिकों की संख्या केवल कुछ हजारों थी, जबकि उनके विरोधी बड़ी ताकत में थे। लेकिन हुआन ह्वेन ने उस भाग्य के डर से जो उसके लिए स्टोर में था, उसे दूर किया जाना चाहिए, अपने युद्ध-कबाड़ के किनारे पर एक हल्की नाव तेजी से बनाई थी, ताकि वह एक पल की सूचना पर, यदि आवश्यक हो, तो बच सके। स्वाभाविक परिणाम यह हुआ कि उसके सैनिकों की लड़ाई की भावना पूरी तरह से बुझ गई, और जब वफादारों ने फायरशिप के साथ हवा से हमला किया, तो सभी मैदान में पहले होने के लिए अत्यंत उत्साह के साथ प्रयास कर रहे थे, हुआन ह्वेन की सेना को भगा दिया गया, उन्हें अपना सारा सामान जलाना पड़ा और बिना रुके दो दिन और रात के लिए भाग गए। चांग यू चिन राज्य के एक जनरल चाओ यिंग-ची की कुछ इसी तरह की कहानी बताता है, जिसने 597 ईसा पूर्व में चू की सेना के साथ लड़ाई के दौरान नदी पर उसके लिए एक नाव तैयार रखी थी, हार के मामले में सबसे पहले पार करने की कामना की।

(3) जल्दबाजी में गुस्सा, जिसे अपमान से उकसाया जा सकता है;

[तू म्यू हमें बताता है कि याओ हिंग, जब हुआंग मेई द्वारा 357 ईस्वी में विरोध किया गया, तेंग चियांग और अन्य लोगों ने खुद को अपनी दीवारों के पीछे बंद कर लिया और लड़ने से इनकार कर दिया। तेंग चियांग ने कहा: "हमारा विरोधी एक कोलेरिक स्वभाव का है और आसानी से उकसाया जाता है; आइए हम लगातार सैली करें और उसकी दीवारों को तोड़ दें, फिर वह क्रोधित हो जाएगा और बाहर आ जाएगा। एक बार जब हम उसकी सेना को युद्ध में ला सकते हैं, तो यह हमारा शिकार होने के लिए अभिशप्त है। इस योजना पर कार्रवाई की गई, याओ हिसयांग लड़ने के लिए बाहर आया, दुश्मन की ढोंग उड़ान से सान-युआन तक लालच दिया गया, और अंत में हमला किया और मार डाला।

(4) सम्मान की एक विनम्रता जो शर्म के प्रति संवेदनशील है;

इसका मतलब यह नहीं निकाला जाना चाहिए कि सम्मान की भावना वास्तव में एक सामान्य में एक दोष है। सन त्जी ने जो निंदा की है, वह निंदनीय रिपोर्टों के प्रति एक अतिरंजित संवेदनशीलता है, दुबली-पतली चमड़ी वाला आदमी जो अपमान से डंक मारता है, हालांकि अबांछनीय है। मेई याओ-चेन वास्तव में देखता है, हालांकि कुछ हद तक विरोधाभासी रूप से: "महिमा के बाद साधक को जनता की राय के प्रति लापरवाह होना चाहिए।

(5) अपने आदमियों के लिए अति-एकांत, जो उसे चिंता और परेशानी के लिए उजागर करता है।

[यहाँ फिर से, सन त्जी का मतलब यह नहीं है कि जनरल को अपने सैनिकों के कल्याण के प्रति लापरवाह होना है। वह केवल अपने आदमियों के तत्काल आराम के लिए किसी भी महत्वपूर्ण सैन्य लाभ का त्याग करने के खतरे पर जोर देना चाहता है। यह एक अदूरदर्शी नीति है, क्योंकि लंबे समय में सैनिकों को हार से अधिक नुकसान होगा, या, सबसे अच्छा, युद्ध का लंबा होना, जिसका परिणाम होगा। दया की एक गलत भावना अक्सर एक जनरल को एक परेशान शहर को राहत देने के लिए, या अपनी सैन्य प्रवृत्ति के विपरीत, एक कठोर दबाव वाली टुकड़ी को मजबूत करने के लिए प्रेरित करेगी। अब यह आम तौर पर स्वीकार किया जाता है कि दक्षिण अफ्रीकी युद्ध में लेडीस्मिथ को राहत देने के हमारे बार-बार के प्रयास इतने सारे रणनीतिक भूलें थे जिन्होंने अपने स्वयं के उद्देश्य को हरा दिया। और अंत में, राहत उसी व्यक्ति के माध्यम से आई, जिसने इस विशिष्ट संकल्प के साथ शुरुआत की थी कि अब पूरे के हितों को एक हिस्से के पक्ष में भावना के अधीन नहीं किया जाए। हमारे जनरलों में से एक का एक पुराना सैनिक, जो इस युद्ध में सबसे स्पष्ट रूप से विफल रहा, ने एक बार कोशिश की, मुझे याद है, इस आधार पर मेरा बचाव करने के लिए कि वह हमेशा "अपने आदमियों के लिए बहुत अच्छा था। इस दलील से, अगर वह इसे जानता था, तो वह केवल सुन त्जी के मुंह से उसकी निंदा कर रहा था।

13. सेनापति के ये पांच पाप हैं, जो युद्ध के चालन के लिथे नाश करते हैं।

14. जब कोई सेना उलट दी जाए और उसका प्रधान मारा जाए, तो उसका कारण इन पांच खतरनाक दोषों में से निश्चित रूप से पाया जाएगा। उन्हें ध्यान का विषय बनने दें।

[1] "मार्शल ट्यूरेन," पी।

अध्याय **IX** मार्च पर सेना

[इस दिलचस्प अध्याय की सामग्री इस शीर्षक की तुलना में § 1 में बेहतर इंगित की गई है।

1. सुन त्ज़ी ने कहा: अब हम सेना को घेरने और दुश्मन के संकेतों को देखने के सवाल पर आते हैं। पहाड़ों पर जल्दी से गुजरें, और घाटियों के पड़ोस में रहें।

[विचार यह है, बंजर ऊपरी इलाकों के बीच नहीं रहना है, बल्कि पानी और घास की आपूर्ति के करीब रखना है। सीएफ वू त्ज़ी, अध्याय 3: "प्राकृतिक ओवन में न रहें," यानी "घाटियों के उद्घाटन। चांग यू निम्नलिखित उपाख्यान बताता है: वू-तू चियांग बाद के हान के समय में एक डाकू कप्तान था, और मा युआन को उसके गिरोह को भगाने के लिए भेजा गया था। चियांग को पहाड़ियों में शरण मिलने के बाद, मा युआन ने युद्ध के लिए मजबूर करने का कोई प्रयास नहीं किया, लेकिन पानी और चारा की आपूर्ति की कमान वाले सभी अनुकूल पदों को जब्त कर लिया। चियांग जल्द ही प्रावधानों की कमी के कारण इतनी हताश दुर्दशा में था कि उसे कुल आत्मसमर्पण करने के लिए मजबूर होना पड़ा। वह घाटियों के पड़ोस में रखने का फायदा नहीं जानता था।

2. ऊँचे स्थानों पर शिविर,

[ऊंची पहाड़ियों पर नहीं, बल्कि आसपास के देश से ऊपर उठाए गए नॉल या पहाड़ियों पर।

सूरज का सामना करना पड़ रहा है।

[तू म्यू इसका अर्थ "दक्षिण की ओर" और चेन हाओ "पूर्व की ओर मुख करना" लेता है। सीएफ इंफ्रा, §§ 11, 13।

लड़ने के लिए ऊंचाइयों पर न चढ़ें। पहाड़ युद्ध के लिए बहुत कुछ।

3. किसी नदी को पार करने के बाद उससे बहुत दूर जाना चाहिए।

["दुश्मन को आपके पीछे पार करने के लिए लुभाने के लिए," त्साओ कुंग के अनुसार, और चांग यू भी कहते हैं, "अपने विकास में बाधा न डालने के लिए। *T'ung Tien* पढ़ता है, "अगर दुश्मन एक नदी पार करता है," आदि। लेकिन अगले वाक्य को देखते हुए, यह लगभग निश्चित रूप से एक प्रक्षेप है।

4. जब एक हमलावर बल अपने आगे की यात्रा में एक नदी को पार करता है, तो इसे मध्य धारा में मिलने के लिए आगे न बढ़ें। आधी सेना को पार करने देना और फिर अपना हमला करना सबसे अच्छा होगा।

[ली चुआन ने वेई नदी में लुंग चू पर हान सिन द्वारा जीती गई महान जीत की ओर इशारा किया। *Ch'ien Han Shu*, अध्याय 34, fol. 6 verso की ओर मुड़ते हुए, हम इस

प्रकार वर्णित लड़ाई पाते हैं: "दोनों सेनाएँ नदी के विपरीत किनारों पर तैयार की गई थीं। रात में, हान सिन ने अपने आदमियों को रेत से भरे कुछ दस हजार बोरे लेने और ऊपर एक बांध बनाने का आदेश दिया। फिर, अपनी आधी सेना का नेतृत्व करते हुए, उसने लुंग चू पर हमला किया; लेकिन एक समय के बाद, अपने प्रयास में असफल होने का नाटक करते हुए, वह जल्दबाजी में दूसरे बैंक में वापस आ गया। लुंग चू इस अनदेखी सफलता से बहुत उत्साहित था, और चिल्लाया: "मुझे यकीन था कि हान सिन वास्तव में एक कायर था!" उसने उसका पीछा किया और अपनी बारी में नदी पार करना शुरू कर दिया। हान हसिन ने अब सैंडबैग को काटने के लिए एक पार्टी भेजी, इस प्रकार पानी की एक बड़ी मात्रा जारी की, जो बह गया और लुंग चू की सेना के बड़े हिस्से को पार करने से रोक दिया। फिर उसने उस बल को चालू किया जो काट दिया गया था, और उसे नष्ट कर दिया, लुंग चू खुद मारे गए लोगों में से था। बाकी सेना, आगे के किनारे पर, तितर-बितर हो गई और सभी दिशाओं में भाग गई।

5. यदि आप लड़ने के लिए उत्सुक हैं, तो आपको आक्रमणकारी से मिलने उस नदी के पास नहीं जाना चाहिए जिसे उसे पार करना है।

[अपने क्रॉसिंग को रोकने के डर से।

6. अपने शिल्प को दुश्मन से ऊंचा रखें, और सूरज का सामना करें।

[सुप्रा देखें, § 2. पानी के संबंध में इन शब्दों की पुनरावृत्ति बहुत अजीब है। चांग यू के पास नोट है: "या तो नदी-तट पर मार्शल किए गए सैनिकों के बारे में कहा, या धारा में लंगर डाले हुए नावों के बारे में; किसी भी मामले में दुश्मन से ऊंचा होना और सूरज का सामना करना आवश्यक है। अन्य टिप्पणीकार बिल्कुल स्पष्ट नहीं हैं।

दुश्मन से मिलने के लिए ऊपर की ओर न बढ़ें।

[तू म्यू कहते हैं: "जैसे ही पानी नीचे की ओर बहता है, हमें अपने शिविर को नदी की निचली पहुंच पर नहीं लगाना चाहिए, इस डर से कि दुश्मन स्लुइस को खोल देगा और हमें बाढ़ में बहा देगा। चू-को वू-होउ ने टिप्पणी की है कि 'नदी युद्ध में हमें धारा के खिलाफ आगे नहीं बढ़ना चाहिए,' जो यह कहना उतना ही है जितना कि यह कहना है कि हमारे बेड़े को दुश्मन के नीचे लंगर नहीं डालना चाहिए, क्योंकि तब वे वर्तमान का लाभ उठाने और हमारा छोटा काम करने में सक्षम होंगे। अन्य टिप्पणीकारों द्वारा नोट किया गया खतरा भी है, कि दुश्मन हमारे पास ले जाने के लिए पानी पर जहर फेंक सकता है।

नदी युद्ध के लिए बहुत कुछ।

7. नमक-दलदल को पार करने में, आपकी एकमात्र चिंता बिना किसी देरी के उन्हें जल्दी से खत्म करने की होनी चाहिए।

[ताजे पानी की कमी के कारण, जड़ी-बूटियों की खराब गुणवत्ता, और अंतिम लेकिन कम से कम, क्योंकि वे कम, सपाट और हमले के संपर्क में हैं।

8. यदि नमक के दलदल में लड़ने के लिए मजबूर किया जाता है, तो आपके पास पानी और घास होनी चाहिए, और अपनी पीठ को पेड़ों के झुरमुट में ले जाना चाहिए।

[ली चुआन टिप्पणी करते हैं कि जहां पेड़ हैं वहां जमीन के विश्वासघाती होने की संभावना कम है, जबकि तू म्यू का कहना है कि वे पीछे की रक्षा के लिए काम करेंगे।

नमक-दलदल में संचालन के लिए बहुत कुछ।

9. सूखे, समतल देश में, अपने दाहिनी ओर और अपने पीछे बढ़ती जमीन के साथ आसानी से सुलभ स्थिति लें,

[तू म्यू ने ताई कुंग को यह कहते हुए उद्धृत किया: "एक सेना के बाईं ओर एक धारा या दलदल होना चाहिए, और उसके दाईं ओर एक पहाड़ी या ट्यूलस होना चाहिए।

ताकि खतरा सामने हो, और सुरक्षा पीछे हो। समतल देश में प्रचार के लिए बहुत कुछ।

10. ये सैन्य ज्ञान की चार उपयोगी शाखाएँ हैं

[वे, अर्थात्, (1) पहाड़ों, (2) नदियों, (3) दलदल, और (4) मैदानों से संबंधित हैं। नेपोलियन के "सैन्य मैक्सिम्स" की तुलना करें, नहीं।

जिसने पीले सम्राट को चार कई संप्रभुओं को जीतने में सक्षम बनाया।

["पीले सम्राट" के बारे में: मेई याओ-चेन पूछता है, कुछ प्रशंसनीयता के साथ, क्या पाठ में कोई त्रुटि है क्योंकि हुआंग ती के बारे में कुछ भी ज्ञात नहीं है कि उसने चार अन्य सम्राटों पर विजय प्राप्त की है। *शिह ची* (अध्याय 1 ई. इनिट) केवल येन ती और चीह यू पर अपनी जीत की बात करता है। *लियू ताओ में* यह उल्लेख किया गया है कि उन्होंने "सत्तर लड़ाइयाँ लड़ीं और साम्राज्य को शांत किया। त्साओ कुंग की व्याख्या यह है कि पीला सम्राट जागीरदार राजकुमारों की सामंती व्यवस्था को स्थापित करने वाला पहला व्यक्ति था, जिनमें से प्रत्येक (चार की संख्या में) मूल रूप से सम्राट की उपाधि से ऊब गया था। ली चुआन हमें बताता है कि युद्ध की कला हुआंग ती के तहत उत्पन्न हुई, जिसने इसे अपने मंत्री फेंग होउ से प्राप्त किया।

11. सभी सेनाएं उच्च भूमि को निम्न से अधिक पसंद करती हैं,

["हाई ग्राउंड," मेई याओ-चेन कहते हैं, "न केवल अधिक सहमत और स्वास्थ्यप्रद है, बल्कि सैन्य दृष्टिकोण से अधिक सुविधाजनक है; कम जमीन न केवल नम और अस्वास्थ्यकर है, बल्कि लड़ने के लिए भी हानिकारक है।

और धूप वाली जगहें अंधेरी हो जाती हैं।

12. यदि तू अपके आदमियोंसे सावधान रहे,

[त्साओ कुंग कहते हैं: "ताजा पानी और चरागाह बनाओ, जहां आप अपने जानवरों को चरने के लिए बाहर कर सकते हैं।

और कठोर भूमि पर शिविर, सेना हर तरह की बीमारी से मुक्त हो जाएगा,

[चांग यू कहते हैं: "जलवायु की सूखापन बीमारी के प्रकोप को रोक देगा।

और यह जीत का जादू करेगा।

13. जब आप किसी पहाड़ी या किनारे पर आते हैं, तो अपने दाहिने पीछे ढलान के साथ, धूप वाले हिस्से पर कब्जा कर लें। इस प्रकार आप तुरंत अपने सैनिकों के लाभ के लिए कार्य करेंगे और जमीन के प्राकृतिक लाभों का उपयोग करेंगे।

14. जब देश में भारी वर्षा के परिणामस्वरूप, एक नदी जिसे आप पार करना चाहते हैं, उफन जाती है और झाग से भर जाती है, तो आपको तब तक इंतजार करना चाहिए जब तक कि वह कम न हो जाए।

15. जिस देश में गहरी प्राकृतिक खोखले के बीच धार के साथ खड़ी चट्टानें हैं,

उत्तरार्द्ध को "खड़ी बैंकों द्वारा हर तरफ संलग्न स्थानों, तल पर पानी के पूल के साथ" के रूप में परिभाषित किया गया है।

सीमित स्थान,

["प्राकृतिक कलम या जेल" या "तीन तरफ से अवक्षेपों से घिरे स्थानों" के रूप में परिभाषित किया गया है - इसमें प्रवेश करना आसान है, लेकिन बाहर निकलना मुश्किल है।

उलझी हुई मोटी,

["ऐसे घने अंडरग्राउंड से ढके स्थानों के रूप में परिभाषित किया गया है कि भाले का उपयोग नहीं किया जा सकता है।

दलदल

["निचले इलाकों के स्थानों, कीचड़ से इतना भारी कि रथ और घुड़सवारों के लिए अगम्य हो" के रूप में परिभाषित किया गया है।

और दरारें,

[मेई याओ-चेन द्वारा "बीटलिंग चट्टानों के बीच एक संकीर्ण कठिन रास्ता" के रूप में परिभाषित किया गया है। तू म्यू का नोट "पेड़ों और चट्टानों से ढकी हुई जमीन है, और कई खड्डों और नुकसानों से घिरा हुआ है। यह बहुत अस्पष्ट है, लेकिन चिया लिन इसे स्पष्ट रूप से एक अपवित्र या संकीर्ण पास के रूप में पर्याप्त रूप से समझाता है, और चांग यू बहुत कुछ ऐसा ही दृष्टिकोण लेता है। कुल मिलाकर, टिप्पणीकारों का वजन निश्चित रूप से "अशुद्ध" प्रतिपादन की ओर झुकता है। लेकिन एक स्थान पर चीनी का सामान्य अर्थ "एक दरार या विदर" है और तथ्य यह है कि वाक्य में कहीं और चीनी का अर्थ एक अशुद्धता की प्रकृति में कुछ इंगित करता है, मुझे लगता है कि सन त्ज़ी यहाँ दरारों की बात कर रहा है।

सभी संभव गति के साथ छोड़ दिया जाना चाहिए और संपर्क नहीं किया जाना चाहिए।

16. जब हम ऐसे स्थानों से दूर रहते हैं, तो हमें शत्रु को उनके पास ले जाना चाहिए; जब हम उनका सामना करते हैं, तो हमें दुश्मन को उन्हें अपने पीछे रखने देना चाहिए।

17. और यदि तेरी छावनी के पड़ोस में कोई पहाड़ी देश हो, अर्थात् जलीय घास से घिरे तालाब, और सरकण्डों से भरे खोखले हौजरें, वा घने अधोगामी जंगल हों, तो उन्हें चौकसी से निकालकर ढूंढ़ा जाए; क्योंकि ये ऐसे स्थान हैं जहाँ घात में बैठे लोग या कपटी जासूस छिपे होने की संभावना रखते हैं।

[चांग यू के पास नोट है: "हमें उन गद्दारों के खिलाफ भी सतर्क रहना चाहिए जो गुप्त रूप से झूठ बोल सकते हैं, गुप्त रूप से हमारी कमजोरियों की जासूसी कर सकते हैं और हमारे निर्देशों को सुन सकते हैं।

18. जब दुश्मन हाथ में करीब होता है और चुप रहता है, तो वह अपनी स्थिति की प्राकृतिक ताकत पर भरोसा कर रहा है।

[यहां संकेतों के पढ़ने पर सन त्ज़ी की टिप्पणी शुरू होती है, जिनमें से अधिकांश इतनी अच्छी है कि इसे लगभग आधुनिक मैनुअल में शामिल किया जा सकता है जैसे जनरल बाडेन-पॉवेल की "एड्स टू स्काउटिंग।

19. जब वह अलग रहता है और लड़ाई भड़काने की कोशिश करता है, तो वह दूसरे पक्ष के आगे बढ़ने के लिए उत्सुक होता है।

[शायद इसलिए कि हम एक मजबूत स्थिति में हैं जहां से वह हमें हटाना चाहता है। "अगर वह हमारे करीब आया, तो तू म्यू कहते हैं," और एक लड़ाई को मजबूर करने की कोशिश की, वह हमें तुच्छ समझेगा, और चुनौती का जवाब देने की हमारी संभावना कम होगी।

20. यदि उसकी छावनी का स्थान आसान है, तो वह एक चारा दे रहा है।

21. जंगल के पेड़ों के बीच आंदोलन से पता चलता है कि दुश्मन आगे बढ़ रहा है।

[त्साओ कुंग इसे "एक मार्ग को साफ करने के लिए पेड़ों की कटाई" के रूप में समझाते हैं, और चांग यू कहते हैं: "हर आदमी ऊंचे स्थानों पर चढ़ने और दुश्मन का निरीक्षण करने के लिए स्काउट्स भेजता है। यदि एक स्काउट देखता है कि जंगल के पेड़ हिल रहे हैं और हिल रहे हैं, तो वह जान सकता है कि दुश्मन के मार्च के लिए एक मार्ग को साफ करने के लिए उन्हें काटा जा रहा है।

मोटी घास के बीच में कई स्क्रीन की उपस्थिति का मतलब है कि दुश्मन हमें संदिग्ध बनाना चाहता है।

[तू यू की व्याख्या, त्साओ कुंग से उधार ली गई है, इस प्रकार है: "घनी वनस्पतियों के बीच में कई स्क्रीन या शेड की उपस्थिति एक निश्चित संकेत है कि दुश्मन भाग गया है और पीछा करने के डर से, इन छिपने के स्थानों का निर्माण किया है ताकि हमें घात पर संदेह हो सके। ऐसा प्रतीत होता है कि इन "स्क्रीन" को जल्दबाजी में किसी भी लंबी घास से एक साथ गाँठ दिया गया था, जो पीछे हटने वाले दुश्मन के सामने आया था।

22. उनकी उड़ान में पक्षियों का बढ़ना एक एंबुस्केड का संकेत है।

[चांग यू की व्याख्या निस्संदेह सही है: "जब एक सीधी रेखा में उड़ने वाले पक्षी अचानक ऊपर की ओर गोली मारते हैं, तो इसका मतलब है कि सैनिक नीचे की जगह पर घात में हैं।

चौंका देने वाले जानवर संकेत देते हैं कि अचानक हमला होने वाला है।

23. जब ऊंचे स्तम्भ में धूल उठती है, तो यह रथों के आगे बढ़ने का चिन्ह है; जब धूल कम होती है, लेकिन एक विस्तृत क्षेत्र में फैली होती है, तो यह पैदल सेना के दृष्टिकोण का प्रतीक है।

["उच्च और तेज," या एक चोटी तक बढ़ना, निश्चित रूप से धूल पर लागू होने के रूप में कुछ हद तक अतिरंजित है। टीकाकार इस घटना की व्याख्या यह कहकर करते हैं कि घोड़े और रथ, पुरुषों की तुलना में भारी होने के कारण, अधिक धूल उठाते हैं, और एक ही पहिए-ट्रैक में एक-दूसरे का अनुसरण भी करते हैं, जबकि पैदल-सैनिक रैंकों में मार्च कर रहे होंगे, कई साथ। चांग यू के अनुसार, "मार्च में हर सेना के पास पहले से ही स्काउट्स होने चाहिए, जो दुश्मन द्वारा उठाई गई धूल को देखकर वापस सरपट दौड़ेंगे और कमांडर-इन-चीफ को इसकी सूचना देंगे। सीएफ जनरल बाडेन-पॉवेल: "जैसा कि आप आगे बढ़ते हैं, कहते हैं, एक शत्रुतापूर्ण देश में, आपकी आँखें दुश्मन या उसके किसी भी संकेत के लिए दूर से देख रही होनी चाहिए: आंकड़े, धूल उठना, पक्षियों का उठना, हथियारों की चमक आदि। [1]]

जब यह अलग-अलग दिशाओं में शाखाएं निकलती है, तो यह दर्शाता है कि पार्टियों को जलाऊ लकड़ी इकट्ठा करने के लिए भेजा गया है। धूल के कुछ बादल इधर-उधर घूम रहे हैं जो बताते हैं कि सेना डेरा डाले हुए है।

[चांग यू कहते हैं: "एक छावनी के लिए बचाव को विभाजित करने में, हल्के घोड़े को स्थिति का सर्वेक्षण करने और इसकी परिधि के साथ कमजोर और मजबूत बिंदुओं का पता लगाने के लिए भेजा जाएगा। इसलिए धूल की थोड़ी मात्रा और इसकी गति।

24. विनम्र शब्द और बढ़ी हुई तैयारी संकेत हैं कि दुश्मन आगे बढ़ने वाला है।

["जैसे कि वे हमसे बहुत डरते थे," तू म्यू कहते हैं। "उनका उद्देश्य हमें तिरस्कारपूर्ण और लापरवाह बनाना है, जिसके बाद वे हम पर हमला करेंगे। चांग यू ची चीह के नेतृत्व में येन बलों के खिलाफ ची-मो के टीएन टैन की कहानी की ओर इशारा करता है। *शिह ची* के अध्याय 82 में हम पढ़ते हैं: "टीएन टैन ने खुले तौर पर कहा: 'मेरा एकमात्र डर यह है कि येन सेना अपने ची कैदियों की नाक काट सकती है और उन्हें हमारे खिलाफ लड़ने के लिए सामने की रैंक में रख सकती है; यही कारण है कि हमारे शहर के नाश किया जाएगा। ' दूसरे पक्ष को इस भाषण के बारे में सूचित किया जा रहा है, एक बार सुझाव पर काम किया; लेकिन शहर के भीतर के लोग अपने साथी देशवासियों को इस तरह क्षत-विक्षत देखकर क्रोधित थे, और केवल इस डर से कि कहीं वे दुश्मन के हाथों में न पड़ जाएं, पहले से कहीं अधिक हठपूर्वक अपना बचाव करने के लिए घबरा गए थे। एक बार फिर टीएन टैन ने परिवर्तित जासूसों को वापस भेजा जिन्होंने दुश्मन को इन शब्दों की सूचना दी: "मुझे सबसे ज्यादा डर है कि येन के लोग शहर के बाहर पैतृक कब्रों को खोद सकते हैं, और हमारे पूर्वजों पर इस अपमान को भड़काकर हमें बेहोश हो सकते हैं। तुरंत घेराबंदी करने वालों ने सभी कब्रों को खोद दिया और उनमें पड़ी लाशों को जला दिया। और ची-मो के निवासी, शहर-दीवारों से आक्रोश को देखकर, भावुक होकर रोए और सभी बाहर जाने और लड़ने के लिए अधीर थे, उनका रोष दस गुना बढ़ गया। टीएन टैन को तब पता था कि उनके सैनिक किसी भी उद्यम के लिए तैयार थे। लेकिन तलवार के बजाय, उसने खुद अपने हाथों में एक गद्दा लिया, और दूसरों को अपने सर्वश्रेष्ठ योद्धाओं के बीच वितरित करने का आदेश दिया, जबकि रैंकों को उनकी पत्नियों और से भर दिया गया था। फिर उसने बचे हुए सभी राशन परोसे और अपने आदमियों को भरपेट खाने को कहा। नियमित सैनिकों को दृष्टि से बाहर रखने के लिए कहा गया था, और दीवारों को बूढ़े और कमजोर पुरुषों और महिलाओं के साथ संचालित किया गया था। ऐसा करने के बाद, दूतों को आत्मसमर्पण की शर्तों की व्यवस्था करने के लिए दुश्मन के शिविर में भेजा गया, जिसके बाद येन सेना खुशी के लिए चिल्लाने लगी। टीएन टैन ने लोगों से 20,000 औंस चांदी भी एकत्र की, और ची-मो के धनी नागरिकों को येन जनरल को इस प्रार्थना के साथ भेजने के लिए कहा कि, जब शहर ने आत्मसमर्पण किया, तो वह उनके घरों को लूटने या उनकी महिलाओं के साथ दुर्व्यवहार करने की अनुमति नहीं देगा। ची चीह, उच्च अच्छे हास्य में, उनकी प्रार्थना को स्वीकार कर लिया; लेकिन उसकी सेना अब तेजी से सुस्त और लापरवाह हो गई। इस बीच, टीएन टैन ने एक हजार बैलों को इकट्ठा किया, उन्हें लाल रेशम के टुकड़ों से सजाया, उनके शरीर को चित्रित किया, अजगर की तरह, रंगीन धारियों के साथ, और उनके सींगों पर तेज ब्लेड बांधे और उनकी पूंछ पर

अच्छी तरह से ग्रीस किए गए। जब रात हुई, तो उसने भीड़ के सिरों को रोशन किया, और बैलों को कई छेदों के माध्यम से चलाया, जिन्हें उसने दीवारों में छेद दिया था, उन्हें 5000 चुने हुए योद्धाओं के बल के साथ समर्थन दिया। जानवर, दर्द से पागल होकर, दुश्मन के शिविर में उग्र रूप से धराशायी हो गए, जहां उन्होंने अत्यधिक भ्रम और निराशा पैदा की; क्योंकि उनकी पूंछ ने मशालों के रूप में काम किया, उनके शरीर पर घृणित पैटर्न दिखाते हुए, और उनके सींगों पर लगे हथियारों ने किसी को भी मार डाला या घायल कर दिया, जिसके साथ वे संपर्क में आए। इस बीच, 5000 का बैंड अपने मुंह में गैस के साथ रेंगता था, और अब खुद को दुश्मन पर फेंक दिया। उसी क्षण नगर में ही एक भयानक कोलाहल मच गया, जो लोग पीछे रह गए थे, वे ढोल पीटकर और पीतल के बर्तनों पर हथौड़ा मारकर जितना संभव हो उतना शोर कर रहे थे, जब तक कि स्वर्ग और पृथ्वी कोलाहल से आक्षेप नहीं हो गए। आतंकित होकर, येन सेना अव्यवस्था में भाग गई, ची के पुरुषों द्वारा गर्मजोशी से पीछा किया गया, जो अपने जनरल ची चिएन को मारने में सफल रहे। लड़ाई का परिणाम कुछ सत्तर शहरों की अंतिम वसूली थी जो ची राज्य के थे।

हिंसक भाषा और हमले के लिए जैसे आगे बढ़ना संकेत हैं कि वह पीछे हट जाएगा।

25. जब हल्के रथ पहले निकलते हैं और पंखों पर एक स्थान लेते हैं, तो यह एक संकेत है कि दुश्मन युद्ध के लिए बन रहा है।

26. शपथ वाचा के बिना शांति प्रस्ताव एक साजिश का संकेत देते हैं।

[यहाँ पढ़ना अनिश्चित है। ली चुआन इंगित करता है "शपथ और बंधकों द्वारा पुष्टि की गई संधि। दूसरी ओर, वांग हसी और चांग यू, बस "बिना कारण के," "एक तुच्छ बहाने पर" कहते हैं।

27. जब बहुत कुछ चल रहा हो

[हर आदमी अपने स्वयं के रेजिमेंटल बैनर के नीचे अपने उचित स्थान पर जल्दी करता है।

और सैनिक रैंक में आते हैं, इसका मतलब है कि महत्वपूर्ण क्षण आ गया है।

28. जब कुछ आगे बढ़ते और कुछ पीछे हटते दिखाई देते हैं, तो यह एक लालच है।

29. जब सैनिक अपके भालों का सहारा लेकर खड़े होते हैं, तब वे भोजन के अभाव में मूर्छित हो जाते हैं।

30. जो लोग पानी खींचने के लिए भेजे जाते हैं, यदि वे स्वयं पीकर शुरू करते हैं, तो सेना प्यास से पीड़ित है।

[जैसा कि तू म्यू टिप्पणी करता है: "एक आदमी के व्यवहार से पूरी सेना की स्थिति को जान सकता है।

31. यदि दुश्मन एक लाभ प्राप्त करने के लिए देखता है और इसे सुरक्षित करने के लिए कोई प्रयास नहीं करता है, तो सैनिक थक जाते हैं।

32. यदि पक्षी किसी स्थान पर इकट्ठा होते हैं, तो वह खाली रहता है।

[ध्यान में रखने के लिए एक उपयोगी तथ्य, उदाहरण के लिए, जैसा कि चेन हाओ कहते हैं, दुश्मन ने चुपके से अपना शिविर छोड़ दिया है।

रात में कोलाहल घबराहट का संकेत देता है।

33. यदि छावनी में उपद्रव होता है, तो सेनापति का अधिकार कमजोर होता है। यदि बैनर और झंडे इधर-उधर कर दिए जाते हैं, तो देशद्रोह जारी है। यदि अधिकारी नाराज हैं, तो इसका मतलब है कि पुरुष थके हुए हैं।

[तू म्यू इस वाक्य को अलग तरह से समझता है: "यदि सेना के सभी अधिकारी अपने सेनापति से नाराज हैं, तो इसका मतलब है कि वे थकान से टूट गए हैं" उन परिश्रम के कारण जो उन्होंने उनसे मांगे हैं।

34. जब सेना अपके घोड़ोंको अन्न खिलाती और खाने के लिथे अपके पशुओं को घात करती है,

[चीजों के सामान्य क्रम में, पुरुषों को अनाज और घोड़ों को मुख्य रूप से घास पर खिलाया जाएगा।

और जब पुरुष अपने खाना पकाने के बर्तन कैंप-फायर पर नहीं लटकाते हैं, तो यह दिखाते हुए कि वे अपने तंबू में वापस नहीं आएंगे, आप जान सकते हैं कि वे मौत से लड़ने के लिए दृढ़ हैं।

[मैं यहां होउ हान शू, अध्याय 71 से दृष्टांत मार्ग को उद्धृत कर सकता हूं, जिसे पेई वेन यूं फू द्वारा संक्षिप्त रूप में दिया गया है: "लियांग के विद्रोही वांग कुओ चेन-त्सांग शहर को घेर रहे थे, और हुआंग-फू सुंग, जो सर्वोच्च कमान में थे, और तुंग चो को उनके खिलाफ भेजा गया था। उत्तरार्द्ध जल्दबाजी उपायों के लिए दबाव डाला, लेकिन सुंग ने अपने वकील को एक बहरा कान बदल दिया। अंत में विद्रोही पूरी तरह से थक गए, और अपने स्वयं के हथियारों को फेंकना शुरू कर दिया। सुंग हमले के लिए आगे नहीं बढ़ रहा था, लेकिन चो ने कहा: 'यह युद्ध का एक सिद्धांत है कि हताश पुरुषों का पीछा न करें और पीछे हटने वाले मेजबान को दबाएं नहीं। सुंग ने जवाब दिया: 'यह यहाँ लागू नहीं होता है। मैं जिस पर हमला करने जा रहा हूं वह एक थकी हुई सेना है, पीछे हटने वाला मेजबान नहीं; अनुशासित सैनिकों के साथ मैं एक अव्यवस्थित भीड़ पर गिर रहा हूं, हताश पुरुषों का एक बैंड नहीं। इसके बाद वह अपने सहयोगी द्वारा समर्थित हमले के लिए आगे बढ़ता है, और दुश्मन को भगा देता है, वांग कुओ मारा जा रहा है।

35. पुरुषों को छोटी-छोटी गांठों में एक साथ फुसफुसाते हुए या दबे हुए स्वरों में बोलते हुए देखना रैंक और फ़ाइल के बीच असंतोष की ओर इशारा करता है।

36. बहुत लगातार पुरस्कार यह दर्शाता है कि दुश्मन अपने संसाधनों के अंत में है;

[क्योंकि, जब एक सेना को कड़ी मेहनत से दबाया जाता है, जैसा कि तू म्यू कहते हैं, हमेशा विद्रोह का डर होता है, और पुरुषों को अच्छे स्वभाव में रखने के लिए भव्य पुरस्कार दिए जाते हैं।

बहुत अधिक दंड गंभीर संकट की स्थिति को धोखा देते हैं।

[क्योंकि ऐसे मामले में अनुशासन शिथिल हो जाता है, और पुरुषों को उनके कर्तव्य पर रखने के लिए अप्रत्याशित गंभीरता आवश्यक है।

37. ब्लस्टर से शुरू करने के लिए, लेकिन बाद में दुश्मन की संख्या पर डर लेने के लिए, बुद्धि की सर्वोच्च कमी को दर्शाता है।

[मैं त्साओ कुंग की व्याख्या का पालन करता हूं, जिसे ली चुआन, तू म्यू और चांग यू द्वारा भी अपनाया गया है। तू यू, चिया लिन, मेई ताओ-चेन और वांग हसी द्वारा निर्धारित एक और संभावित अर्थ है: "जनरल जो पहले अपने आदमियों के प्रति अत्याचारी है, और फिर आतंक में ऐसा न हो कि वे विद्रोह करें, आदि। यह वाक्य को पुरस्कार और दंड के बारे में पहले की बात से जोड़ देगा।

38. जब दूतों को उनके मुंह में प्रशंसा के साथ भेजा जाता है, तो यह एक संकेत है कि दुश्मन एक संघर्ष विराम की इच्छा रखता है।

[तू म्यू कहते हैं: "यदि दुश्मन खुले मैत्रीपूर्ण संबंध बंधकों को भेज रहा है, तो यह एक संकेत है कि वे युद्धविराम के लिए चिंतित हैं, या तो क्योंकि उनकी ताकत समाप्त हो गई है या किसी अन्य कारण से। लेकिन इस तरह के एक स्पष्ट निष्कर्ष निकालने के लिए शायद ही किसी सन त्जी की आवश्यकता हो।

39. यदि दुश्मन के सैनिक गुस्से में मार्च करते हैं और लंबे समय तक युद्ध में शामिल हुए बिना या खुद को फिर से उतारे बिना हमारा सामना करते रहते हैं, तो स्थिति ऐसी होती है जो बहुत सतर्कता और चौकसी की मांग करती है।

[त्साओ कुंग का कहना है कि इस तरह का एक युद्धाभ्यास केवल एक अप्रत्याशित फ्लैंक हमले या घात लगाने के लिए समय हासिल करने के लिए एक चाल हो सकता है।

40. यदि हमारी सेना शत्रु से अधिक न हो, तो वह पर्याप्त है; इसका मतलब केवल यह है कि कोई सीधा हमला नहीं किया जा सकता है।

[सचमुच, "कोई मार्शल अग्रिम नहीं। कहने का तात्पर्य यह है कि चेंग रणनीति और ललाट हमलों से बचना चाहिए, और इसके बजाय रणनीति का सहारा लिया जाना चाहिए।

हम जो कर सकते हैं वह यह है कि हम अपनी सभी उपलब्ध शक्तियों को केंद्रित करें, दुश्मन पर कड़ी नजर रखें और सुदृढीकरण प्राप्त करें।

[यह एक अस्पष्ट वाक्य है, और कोई भी टिप्पणीकार इसमें से बहुत अच्छी समझ निचोड़ने में सफल नहीं होता है। मैं ली चुआन का अनुसरण करता हूं, जो सबसे सरल स्पष्टीकरण प्रदान करता प्रतीत होता है: "केवल वही पक्ष जीतता है जिसे अधिक पुरुष मिलेंगे। सौभाग्य से हमारे पास चांग यू है जो हमें भाषा में इसका अर्थ समझाने के लिए है जो स्वयं स्पष्टता है: "जब संख्याएं सम होती हैं, और कोई अनुकूल उद्घाटन खुद को प्रस्तुत नहीं करता है, हालांकि हम एक निरंतर हमले देने के लिए पर्याप्त मजबूत नहीं हो सकते हैं, हम अपने सटलर्स और शिविर-अनुयायियों के बीच अतिरिक्त रंगरूट पा सकते हैं, और फिर, अपनी सेना को केंद्रित कर सकते हैं और दुश्मन पर कड़ी नजर रख सकते हैं, जीत छीनने की साजिश रचते हैं। लेकिन हमें अपनी मदद के लिए विदेशी सैनिकों को उधार लेने से बचना चाहिए। इसके बाद वह वेई लियाओ त्ज़ी, अध्याय 3 से उद्धृत करता है: "भाड़े के सैनिकों की नाममात्र ताकत 100,000 हो सकती है, लेकिन उनका वास्तविक मूल्य उस आंकड़े के आधे से अधिक नहीं होगा।

41. जो कोई पूर्वविचार नहीं करता है, लेकिन अपने विरोधियों का प्रकाश बनाता है, वह निश्चित रूप से उनके द्वारा कब्जा कर लिया जाता है।

[चेन हाओ, त्सो चुआन से उद्धृत करते हुए कहते हैं: "यदि मधुमक्खियां और बिच्छू जहर ले जाते हैं, तो शत्रुतापूर्ण राज्य कितना अधिक होगा! यहां तक कि एक दंडित प्रतिद्वंद्वी, तब, अवमानना के साथ व्यवहार नहीं किया जाना चाहिए।

42. यदि सैनिकों को आपसे जुड़ने से पहले दंडित किया जाता है, तो वे विनम्र साबित नहीं होंगे; और, जब तक विनम्र न हो, तब तक व्यावहारिक रूप से बेकार होगा। यदि, जब सैनिक आपसे जुड़ गए हैं, तो दंड लागू नहीं किए जाते हैं, फिर भी वे बेकार होंगे।

43. इसलिए सैनिकों को पहली बार में मानवता के साथ व्यवहार किया जाना चाहिए, लेकिन लोहे के अनुशासन के माध्यम से नियंत्रण में रखा जाना चाहिए।

[येन त्ज़ी [ई.पू. 493] ने सू-मा जंग-चू के बारे में कहा: "उनके नागरिक गुणों ने उन्हें लोगों का प्रिय बना दिया; उनके युद्ध कौशल ने उनके दुश्मनों को विस्मय में रखा। सीएफ वू त्ज़ी, अध्याय 4 init.: "आदर्श कमांडर एक जंगी स्वभाव के साथ संस्कृति को एकजुट करता है; हथियारों के पेशे में कठोरता और कोमलता के संयोजन की आवश्यकता होती है।

यह जीत का एक निश्चित मार्ग है।

44. यदि प्रशिक्षण में सैनिकों की कमान आदतन लागू की जाती है, तो सेना अच्छी तरह से अनुशासित होगी; यदि नहीं, तो इसका अनुशासन खराब होगा।

45. यदि कोई जनरल अपने पुरुषों में विश्वास दिखाता है लेकिन हमेशा अपने आदेशों का पालन करने पर जोर देता है,

[तू म्यू कहते हैं: "एक जनरल को शांति के समय में अपने लोगों पर दया दिखानी चाहिए और अपने अधिकार का सम्मान भी करना चाहिए, ताकि जब वे दुश्मन का सामना करने के लिए आएं, तो आदेशों को निष्पादित किया जा सके और अनुशासन बनाए रखा जा सके, क्योंकि वे सभी भरोसा करते हैं और उसकी ओर देखते हैं। सन त्ज़ी ने § 44 में जो कहा है, हालांकि, एक को इस तरह की उम्मीद करने के बजाय प्रेरित करेगा: "यदि एक जनरल हमेशा आश्वस्त रहता है कि उसके आदेशों का पालन किया जाएगा," आदि।

लाभ आपसी होगा।

[चांग यू कहते हैं: "जनरल को अपनी कमान के तहत पुरुषों पर भरोसा है, और पुरुष विनम्र हैं, उस पर भरोसा रखते हैं। इस प्रकार लाभ पारस्परिक है। वह वेई लियाओ त्ज़ी से एक गर्भवती वाक्य उद्धृत करता है, अध्याय 4: "आदेश देने की कला मामूली भूलों को सुधारने की कोशिश नहीं करना है और क्षुद्र संदेहों से प्रभावित नहीं होना है। ढुलमुल रवैया और उधम मचाना सेना के आत्मविश्वास को कम करने का सबसे पक्का साधन है।

[1] "स्काउटिंग के लिए एड्स," पी।

अध्याय **X**. भूभाग

[अध्याय का केवल एक तिहाई, जिसमें §§ 1-13 शामिल है, "इलाके" से संबंधित है, इस विषय को अध्याय XI में पूरी तरह से व्यवहार किया जा रहा है। "छह आपदाओं" पर §§ 14-20 में चर्चा की गई है, और शेष अध्याय फिर से असंगत टिप्पणियों की एक मात्र स्ट्रिंग है, हालांकि कम दिलचस्प नहीं है, शायद, उस खाते पर।

1. सुन त्ज़ी ने कहा: हम छह प्रकार के इलाकों को अलग कर सकते हैं, बुद्धि के लिए: (1) सुलभ भूमि;

[मेई याओ-चेन कहते हैं: "बहुतायत से सड़कों और संचार के साधनों के साथ प्रदान किया जाता है।

(2) उलझने वाली जमीन;

[वही टिप्पणीकार कहता है: "नेट-जैसे देश, जिसमें आप उलझ जाते हैं।

(3) अस्थायी जमीन;

[ग्राउंड जो आपको "स्टेव ऑफ" या "देरी" करने की अनुमति देता है।

(4) संकीर्ण दर्रे; (5) उपजी ऊंचाइयों; (6) दुश्मन से काफी दूरी पर स्थिति।

[इस वर्गीकरण की दोषपूर्णता को इंगित करना शायद ही आवश्यक है। तार्किक धारणा की एक अजीब कमी चाइनामैन की उपरोक्त जैसे चमकदार क्रॉस-डिवीजनों की निर्विवाद स्वीकृति में दिखाई देती है।

2. जिस भूमि को दोनों ओर से स्वतंत्र रूप से पार किया जा सकता है, उसे सुलभ कहा जाता है।

3. इस प्रकार की भूमि के विषय में, उठे हुए और धूप वाले स्थानों पर कब्जा करने में शत्रु के सामने रहें, और अपनी आपूर्ति की रेखा की सावधानी से रक्षा करें।

[अंतिम वाक्यांश का सामान्य अर्थ निस्संदेह है, जैसा कि तू यू कहते हैं, "दुश्मन को अपने संचार में कटौती करने की अनुमति न दें। नेपोलियन की उक्ति को ध्यान में रखते हुए, "युद्ध का रहस्य संचार में निहित है," [1] हम चाह सकते हैं कि सन त्ज़ी ने इस महत्वपूर्ण विषय के किनारे को यहाँ और I. § 10, VII में स्कर्ट से अधिक किया होता। § 11. कर्नल हेंडरसन कहते हैं: "आपूर्ति की रेखा को सेना के अस्तित्व के लिए उतना ही महत्वपूर्ण कहा जा सकता है जितना कि मनुष्य के जीवन के लिए दिल। जिस प्रकार द्वंद्ववादी अपने विरोधी की बात को निश्चित मृत्यु के साथ खतरे में पाता है, और उसका अपना गार्ड भटक जाता है, वह अपने विरोधी की गतिविधियों

के अनुरूप होने के लिए मजबूर होता है, और अपने जोर को दूर करने के साथ खुद को संतुष्ट करने के लिए मजबूर होता है, उसी तरह कमांडर जिसके संचार को अचानक धमकी दी जाती है, वह खुद को एक झूठी स्थिति में पाता है, और वह भाग्यशाली होगा यदि उसे अपनी सभी योजनाओं को बदलना नहीं है, अपनी सेना को कम या ज्यादा अलग-थलग टुकड़ियों में विभाजित करने के लिए, और जमीन पर हीन संख्या के साथ लड़ने के लिए, जिसे तैयार करने के लिए उसके पास समय नहीं था, और जहां हार एक साधारण विफलता नहीं होगी, लेकिन उसकी पूरी सेना को बर्बाद या आत्मसमर्पण करना होगा। [2]

तब आप लाभ के साथ लड़ने में सक्षम होंगे।

4. ऐसी भूमि जिसे छोड़ा जा सकता है लेकिन उस पर पुनः कब्जा करना कठिन होता है, उसे उलझना कहते हैं।

5. यदि शत्रु तैयार न हो, तो तुम आगे बढ़कर उसे हरा सकते हो। लेकिन अगर दुश्मन आपके आने के लिए तैयार है, और आप उसे हराने में विफल रहते हैं, तो वापसी असंभव है, आपदा आएगी।

6. जब स्थिति ऐसी हो कि पहली चाल चलने से किसी भी पक्ष को लाभ न हो, तो इसे अस्थायी मैदान कहा जाता है ।

[तू म्यू कहते हैं: "प्रत्येक पक्ष को स्थानांतरित करने के लिए असुविधाजनक लगता है, और स्थिति एक गतिरोध पर बनी हुई है।

7. इस तरह की स्थिति में, भले ही दुश्मन हमें एक आकर्षक चारा प्रदान करे,

[तू यू कहते हैं, "हम पर अपनी पीठ मोड़ना और भागने का नाटक करना। लेकिन यह केवल उन प्रलोभनों में से एक है जो हमें अपना पद छोड़ने के लिए प्रेरित कर सकता है।

यह सलाह दी जाएगी कि आगे न बढ़ें, बल्कि पीछे हटें, इस प्रकार दुश्मन को उसकी बारी में लुभाएं; फिर, जब उसकी सेना का हिस्सा बाहर आ गया है, हम लाभ के साथ हमारे हमले वितरित कर सकते हैं.

8. संकीर्ण दर्रों के संबंध में, यदि आप पहले उन पर कब्जा कर सकते हैं, तो उन्हें दृढ़ता से घेर लिया जाए और दुश्मन के आगमन की प्रतीक्षा करें।

[क्योंकि तब, जैसा कि तू यू देखता है, "पहल हमारे साथ होगी, और अचानक और अप्रत्याशित हमले करके हम दुश्मन को अपनी दया पर रखेंगे।

9. यदि शत्रु तुम्हें दर्रे पर कब्जा करने से रोके, तो यदि दर्रा पूरी तरह से गढ़ा हुआ हो, तो उसके पीछे न जाना, परन्तु केवल तभी जाना जब वह कमजोर रूप से गढ़ा गया हो।

10. यदि तू अपके विरोधी के साय पहिले से है, तो ऊंचे और उजला हुए स्थानों पर बैठा रहे, और वहां उसके ऊपर आने की बाट जोहते रहो।

[त्साओ कुंग कहते हैं: "ऊंचाइयों और अशुद्धियों को हासिल करने का विशेष लाभ यह है कि आपके कार्यों को दुश्मन द्वारा निर्देशित नहीं किया जा सकता। [संदर्भित भव्य सिद्धांत के प्रतिपादन के लिए, VI. § 2 देखें]। चांग यू पेई सिंग-चिएन (619-682 ईस्वी) के निम्नलिखित उपाख्यान को बताता है, जिसे तुर्क जनजातियों के खिलाफ दंडात्मक अभियान पर भेजा गया था। "रात में उसने हमेशा की तरह अपना शिविर खड़ा किया, और यह पहले से ही दीवार और खाई से पूरी तरह से दृढ़ हो गया था, जब अचानक उसने आदेश दिया कि सेना को अपने क्वार्टर को पास की पहाड़ी पर स्थानांतरित करना चाहिए। यह उनके अधिकारियों के लिए बहुत नापसंद था, जिन्होंने अतिरिक्त थकान के खिलाफ जोर से विरोध किया, जो पुरुषों पर होगा। हालाँकि, P'ei Hsing-chien ने उनके विरोध पर कोई ध्यान नहीं दिया और शिविर को जल्द से जल्द स्थानांतरित कर दिया। उसी रात, एक भयानक तूफान आया, जिसने बारह फीट से अधिक की गहराई तक उनके पूर्व स्थान पर बाढ़ ला दी। उद्दंड अधिकारी यह देखकर चकित रह गए, और मान लिया कि वे गलत थे। 'आपको कैसे पता चला कि क्या होने वाला है?' उन्होंने पूछा। पेई सिंग-चिएन ने जवाब दिया: 'इस समय से आगे अनावश्यक प्रश्न पूछे बिना आदेशों का पालन करने के लिए, संतुष्ट रहें। इससे यह देखा जा सकता है," चांग यू जारी है, "कि उच्च और धूप वाले स्थान न केवल लड़ने के लिए फायदेमंद हैं, बल्कि इसलिए भी कि वे विनाशकारी बाढ़ से प्रतिरक्षित हैं।

11. यदि शत्रु उन पर तुम्हारे साम्हने से अधिकार कर ले, तो उसके पीछे न हो लेना, वरन पीछे हटकर उसे फुसलाने का यत्न करना।

[621 ईस्वी में दो विद्रोहियों, ताउ चिएन-ते, हसिया के राजा, और वांग शिह-चुंग, चेंग के राजकुमार के खिलाफ ली शिह-मिन के अभियान का महत्वपूर्ण मोड़ वू-लाओ की ऊंचाइयों पर उनकी जब्ती थी, जिसके बावजूद ताउ चिएन-ते लो-यांग में अपने सहयोगी को राहत देने के अपने प्रयास में बने रहे, हार गए और कैदी बना लिया गया। देखें *चिउ तांग शू*, अध्याय 2, पृष्ठ 5 वर्सो, और अध्याय 54 भी।

12. यदि आप दुश्मन से बहुत दूरी पर स्थित हैं, और दोनों सेनाओं की ताकत बराबर है, तो लड़ाई भड़काना आसान नहीं है।

[मुद्दा यह है कि हमें एक लंबा और थकाऊ मार्च करने के बारे में नहीं सोचना चाहिए, जिसके अंत में, जैसा कि तू यू कहते हैं, "हमें थक जाना चाहिए और हमारे विरोधी को ताजा और उत्सुक होना चाहिए।

और लड़ना आपके नुकसान के लिए होगा।

13. ये छह पृथ्वी से जुड़े सिद्धांत हैं।

[या शायद, "जमीन से संबंधित सिद्धांत। देखें, हालांकि, I. § 8.]

जिस जनरल ने एक जिम्मेदार पद प्राप्त किया है, उसे उनका अध्ययन करने में सावधानी बरतनी चाहिए।

14. अब एक सेना को छह आपदाओं का सामना करना पड़ता है, जो प्राकृतिक कारणों से उत्पन्न नहीं होती हैं, बल्कि उन दोषों से उत्पन्न होती हैं जिनके लिए जनरल जिम्मेदार होता है। ये हैं: (1) उड़ान; (2) अवज्ञा; (३) पतन; (4) बर्बाद; (5) अव्यवस्था; (६) रौंद।

15. अन्य स्थितियां समान होने पर, यदि एक बल को उसके आकार के दस गुना दूसरे के खिलाफ फेंका जाता है, तो परिणाम *पूर्व की उड़ान* होगी।

16. जब आम सैनिक बहुत मजबूत होते हैं और उनके अधिकारी बहुत कमजोर होते हैं, तो परिणाम अवज्ञा होता है।

[तू म्यू टीएन पु [*हसिन तांग शू*, अध्याय 148] के दुखी मामले का हवाला देता है, जिसे वांग टीइंग-त्सू के खिलाफ सेना का नेतृत्व करने के आदेश के साथ 821 ईस्वी में वेई भेजा गया था। लेकिन पूरे समय वह कमान में था, उसके सैनिकों ने उसे अत्यंत अवमानना के साथ व्यवहार किया, और खुले तौर पर गधों पर शिविर के बारे में सवारी करके अपने अधिकार की धज्जियां उड़ाई, एक बार में कई हजारों। T'ien Pu इस आचरण को रोकने के लिए शक्तिहीन था, और जब, कुछ महीने बीत जाने के बाद, उसने दुश्मन को शामिल करने का प्रयास किया, तो उसके सैनिकों ने पूंछ बदल दी और हर दिशा में तितर-बितर हो गए। उसके बाद, दुर्भाग्यपूर्ण व्यक्ति ने अपना गला काटकर आत्महत्या कर ली।

जब अधिकारी बहुत मजबूत होते हैं और आम सैनिक बहुत कमजोर होते हैं, तो परिणाम पतन होता है।

[त्साओ कुंग कहते हैं: "अधिकारी ऊर्जावान हैं और आगे बढ़ना चाहते हैं, आम सैनिक कमजोर हैं और अचानक ढह जाते हैं।

17. जब उच्च अधिकारी क्रोधित और अधीर होते हैं, और दुश्मन से मिलने पर नाराजगी की भावना से अपने स्वयं के खाते में लड़ाई देते हैं, इससे पहले कि कमांडर-इन-चीफ यह बता सके कि वह लड़ने की स्थिति में है या नहीं, परिणाम बर्बाद हो जाता है।

[वांग हसी का नोट है: "इसका मतलब है, जनरल बिना कारण के नाराज है, और साथ ही अपने अधीनस्थ अधिकारियों की क्षमता की सराहना नहीं करता है; इस प्रकार वह भयंकर आक्रोश पैदा करता है और अपने सिर पर बर्बादी का हिमस्खलन लाता है।

18. जब सेनापति निर्बल और अधिकार रहित हो; जब उसके आदेश स्पष्ट और स्पष्ट नहीं होते हैं;

[वेई लियाओ त्ज़ी (अध्याय 4) कहते हैं: "यदि कमांडर निर्णय के साथ अपने आदेश देता है, तो सैनिक उन्हें दो बार सुनने के लिए इंतजार नहीं करेंगे; यदि उनकी चाल बिना किसी दुलमुल के की जाती है, तो सैनिक अपनी ड्यूटी करने के बारे में दो मन में नहीं होंगे। जनरल बाडेन-पॉवेल शब्दों को इटैलिक करते हुए कहते हैं: "अपने प्रशिक्षित पुरुषों से सफल काम प्राप्त करने का रहस्य संक्षेप में निहित है - उन्हें प्राप्त निर्देशों की स्पष्टता में। 3: "एक सैन्य नेता में सबसे घातक दोष अंतर है; सेना पर आने वाली सबसे बुरी आपदाएं हिचकिचाहट से उत्पन्न होती हैं।

जब अधिकारियों और पुरुषों को कोई निश्चित कर्तव्य नहीं सौंपा जाता है,

[तू म्यू कहते हैं: "न तो अधिकारियों और न ही पुरुषों की कोई नियमित दिनचर्या है।

और रैंकों का गठन एक बेतरतीब तरीके से किया जाता है, परिणाम पूरी तरह से *अव्यवस्थित होता है।*

19. जब एक जनरल, दुश्मन की ताकत का अनुमान लगाने में असमर्थ है, तो एक अवर बल को एक बड़े को संलग्न करने की अनुमति देता है, या एक शक्तिशाली के खिलाफ एक कमजोर टुकड़ी को फेंकता है, और चुने हुए सैनिकों को सामने रैंक में रखने की उपेक्षा करता है, तो परिणाम एक मार्ग होना चाहिए।

[चांग यू वाक्य के उत्तरार्ध की व्याख्या करता है और जारी रखता है: "जब भी लड़ाई की जानी है, तो हमारे अपने लोगों के संकल्प को मजबूत करने और दुश्मन को ध्वस्त करने के लिए, दोनों को सामने के रैंकों में सेवा करने के लिए सबसे उत्सुक आत्माओं को नियुक्त किया जाना चाहिए। सीएफ सीज़र के प्राइमी ऑर्डिन्स ("डी बेलो गैलिको," वी। 44, एट अल।

20. ये हार को स्वीकार करने के छह तरीके हैं, जिन्हें एक जिम्मेदार पद प्राप्त करने वाले जनरल द्वारा सावधानीपूर्वक ध्यान से देखा जाना चाहिए।

[*सुप्रा देखें*, § 13.]

21. देश का प्राकृतिक गठन सैनिक का सबसे अच्छा सहयोगी है;

[चेन हाओ कहते हैं: "मौसम और मौसम के फायदे जमीन से जुड़े लोगों के बराबर नहीं हैं।

लेकिन विरोधी का आकलन करने की शक्ति, जीत की ताकतों को नियंत्रित करने और चतुराई से कठिनाइयों, खतरों और दूरियों की गणना करने की शक्ति, एक महान जनरल की परीक्षा का गठन करती है।

22. जो थे बातें जानता है, और युद्ध में अपना ज्ञान पूरी करता है, वह अपक्की लड़ाई जीतेगा। जो उन्हें नहीं जानता, न उनका अभ्यास करता है, वह निश्चित रूप से पराजित होगा।

23. यदि लड़ाई का परिणाम जीत में निश्चित है, तो आपको लड़ना चाहिए, भले ही शासक ने इसे मना किया हो; यदि लड़ने से जीत नहीं होगी, तो आपको शासक के आदेश पर भी नहीं लड़ना चाहिए।

[सीएफ. VIII. § 3 फिन। चिन राजवंश के हुआंग शिह-कुंग, जिनके बारे में कहा जाता है कि वे चांग लियांग के संरक्षक थे और उन्होंने सैन लुएह लिखा था, ने इन शब्दों को उनके लिए जिम्मेदार ठहराया है: "गति में सेना स्थापित करने की जिम्मेदारी अकेले जनरल पर होनी चाहिए; अग्रिम और पीछे हटना पैलेस से नियंत्रित कर रहे हैं, शानदार परिणाम शायद ही प्राप्त किया जाएगा। इसलिए ईश्वर जैसे शासक और प्रबुद्ध सम्राट अपने देश के कारण को आगे बढ़ाने में एक विनम्र भूमिका निभाने के लिए संतुष्ट हैं [जलाया, रथ के पहिये को धक्का देने के लिए घुटने टेकना]। इसका मतलब यह है कि "ज़नाना के बाहर झूठ बोलने वाले मामलों में, सैन्य कमांडर का निर्णय निरपेक्ष होना चाहिए। चांग यू ने यह भी कहावत उद्धृत की: "स्वर्ग के पुत्र के फरमान एक शिविर की दीवारों में प्रवेश नहीं करते हैं।

24. वह सेनापति जो शोहरत का लालच किए बिना आगे बढ़ता है, और अपमान के डर से पीछे हट जाता है,

[यह वेलिंगटन था, मुझे लगता है, जिसने कहा था कि एक सैनिक के लिए सबसे कठिन काम पीछे हटना है।

जिसका एकमात्र विचार अपने देश की रक्षा करना और अपने संप्रभु के लिए अच्छी सेवा करना है, वह राज्य का गहना है।

[एक महान पूर्वाभास, कुछ शब्दों में, चीनी "खुश योद्धा" का। ऐसा आदमी, हो शिह कहते हैं, "भले ही उसे सजा भुगतनी पड़े, उसे अपने आचरण पर पछतावा नहीं होगा।

25. अपके सिपाहियोंको अपके लड़केबालोंके समान समझ, तब वे गहनी तराई में तेरे पीछे हो लेंगे; उन्हें अपने प्रिय पुत्रों के रूप में देखो, और वे मृत्यु तक आपके साथ खड़े रहेंगे।

[सीएफ. I. § 6. इस संबंध में, तू म्यू हमारे लिए प्रसिद्ध जनरल वू ची की एक आकर्षक तस्वीर खींचता है, जिनके युद्ध पर ग्रंथ से मुझे अक्सर उद्धृत करने का अवसर मिला है: "उन्होंने वही कपड़े पहने और अपने सैनिकों के सबसे मतलबी के समान भोजन खाया, या तो सवारी करने के लिए घोड़ा या सोने के लिए चटाई रखने से इनकार कर दिया, पार्सल में लिपटे अपने स्वयं के अधिशेष राशन ले गए, और अपने आदमियों के साथ हर कठिनाई साझा की। उनका एक सैनिक एक फोड़ा से पीड़ित था, और वू ची ने खुद वायरस को चूसा। यह सुनकर सिपाही की माँ विलाप

करने लगी। किसी ने उससे पूछा, 'तुम क्यों रोती हो? आपका बेटा केवल एक आम सैनिक है, और फिर भी कमांडर-इन-चीफ ने खुद अपने घाव से जहर चूसा है। महिला ने जवाब दिया, 'कई साल पहले, लॉर्ड वू ने मेरे पति के लिए एक समान सेवा की थी, जिसने बाद में उसे कभी नहीं छोड़ा, और अंत में दुश्मन के हाथों उसकी मृत्यु हो गई। और अब जब उसने मेरे बेटे के लिए भी ऐसा ही किया है, तो वह भी लड़ते-लड़ते गिरेगा, मुझे नहीं पता कि कहां। ली चुआन ने चू के विस्काउंट का उल्लेख किया है, जिसने सर्दियों के दौरान ह्सियाओ के छोटे राज्य पर आक्रमण किया था। ड्यूक ऑफ शेन ने उससे कहा: "कई सैनिक ठंड से गंभीर रूप से पीड़ित हैं। सो उस ने सारी सेना का चक्कर लगाया, और पुरूषों को शान्ति और प्रोत्साहन दिया; और तुरंत उन्हें लगा जैसे वे फ्लॉस रेशम से सने वस्त्र पहने हुए हों।

26. तौभी यदि तुम भोगी हो, परन्तु अपना अधिक्कारने न पा सको; दयालु हृदय वाले, लेकिन अपनी आज्ञाओं को लागू करने में असमर्थ; और असमर्थ, इसके अलावा, अव्यवस्था को शांत करने के लिए: तब आपके सैनिकों की तुलना बिगड़ैल बच्चों से की जानी चाहिए; वे किसी भी व्यावहारिक उद्देश्य के लिए बेकार हैं।

[ली चिंग ने एक बार कहा था कि यदि आप अपने सैनिकों को आपसे भयभीत कर सकते हैं, तो वे दुश्मन से नहीं डरेंगे। तू म्यू कठोर सैन्य अनुशासन का एक उदाहरण याद करते हैं जो 219 ईस्वी में हुआ था, जब लू मेंग च्यांग-लिंग शहर पर कब्जा कर रहा था। उसने अपनी सेना को कड़े आदेश दिए थे कि वह निवासियों से छेड़छाड़ न करे और न ही बलपूर्वक उनसे कुछ भी ले। फिर भी, उनके बैनर तले सेवारत एक निश्चित अधिकारी, जो एक साथी-शहरवासी हुआ, ने बारिश से सुरक्षा के रूप में अपने विनियमन हेलमेट पर पहनने के लिए, लोगों में से एक से संबंधित बांस की टोपी को उपयुक्त करने का उपक्रम किया। लू मेंग ने माना कि उनके जू-नान के मूल निवासी होने के तथ्य को अनुशासन के स्पष्ट उल्लंघन को कम करने की अनुमति नहीं दी जानी चाहिए, और तदनुसार उन्होंने अपने सारांश निष्पादन का आदेश दिया, आँसू उनके चेहरे पर लुढ़क गए, हालांकि, जैसा कि उन्होंने ऐसा किया था। गंभीरता के इस कृत्य ने सेना को स्वस्थ विस्मय से भर दिया, और उस समय से राजमार्ग में गिराए गए लेखों को भी नहीं उठाया गया।

27. अगर हम जानते हैं कि हमारे अपने लोग हमला करने की स्थिति में हैं, लेकिन इस बात से अनजान हैं कि दुश्मन हमला करने के लिए खुला नहीं है, तो हम जीत की ओर केवल आधा रास्ता तय कर चुके हैं।

[अर्थात, त्साओ कुंग कहते हैं, "इस मामले में मुद्दा अनिश्चित है।

28. अगर हम जानते हैं कि दुश्मन हमला करने के लिए खुला है, लेकिन इस बात से अनजान हैं कि हमारे अपने लोग हमला करने की स्थिति में नहीं हैं, तो हम जीत की ओर केवल आधे रास्ते पर चले गए हैं।

[सीएफ. III. § 13 (1).]

29. अगर हम जानते हैं कि दुश्मन हमला करने के लिए खुला है, और यह भी जानते हैं कि हमारे लोग हमला करने की स्थिति में हैं, लेकिन इस बात से अनजान हैं कि जमीन की प्रकृति लड़ाई को अव्यवहारिक बनाती है, तो हम अभी भी जीत की ओर केवल आधे रास्ते पर चले गए हैं।

30. इसलिथे अनुभवी सैनिक एक बार गति में आकर कभी हतप्रभ नहीं होता; एक बार जब वह शिविर तोड़ देता है, तो वह कभी नुकसान में नहीं होता है।

[इसका कारण, तू मु के अनुसार, उन्होंने अपने उपायों को इतनी अच्छी तरह से लिया है कि पहले से जीत सुनिश्चित कर सकें। चांग यू कहता है: "वह लापरवाही से नहीं हिलता, ताकि जब वह हिलता है, तो कोई गलती न करे।"

31. इसी कारण यह कहावत है, कि यदि तू शत्रु को जानता और अपने आप को जानता है, तो तेरी विजय सन्देह में न रहेगी; यदि आप स्वर्ग को जानते हैं और पृथ्वी को जानते हैं, तो आप अपनी जीत को पूरा कर सकते हैं।

[ली चुआन संक्षेप में इस प्रकार है: "तीन चीजों का ज्ञान दिया गया है - पुरुषों के मामले, स्वर्ग के मौसम और पृथ्वी के प्राकृतिक लाभ - जीत हमेशा आपकी लड़ाइयों का ताज पहनाएगी।

[1] देखें "पेन्सीस डी नेपोलियन 1er," नहीं।

[2] "युद्ध का विज्ञान," अध्याय 2.

[3] "स्काउटिंग के लिए एड्स," पी।

अध्याय XI नौ स्थितियां

1. सुन त्ज़ी ने कहा: युद्ध की कला जमीन की नौ किस्मों को पहचानती है: (1) फैलाव जमीन; (2) आसान जमीन; (3) विवादास्पद आधार; (4) खुला मैदान; (5) चौराहे वाले राजमार्गों की जमीन; (6) गंभीर जमीन; (7) कठिन जमीन; (8) हेमड-इन ग्राउंड; (9) हताश जमीन।

2. जब एक सरदार अपने ही क्षेत्र में लड़ रहा होता है, तो यह फैलाव का मैदान होता है।

[इसलिए कहा जाता है क्योंकि सैनिक, अपने घरों के पास होने और अपनी पत्नियों और बच्चों को देखने के लिए उत्सुक होने के कारण, युद्ध द्वारा वहन किए गए अवसर को जब्त करने और हर दिशा में बिखरने की संभावना रखते हैं। तू म्यू कहता है: "आगे बढ़ने पर उनमें हताशा की वीरता का अभाव होगा और जब वे पीछे हटेंगे तो उन्हें शरण के आश्रय मिलेंगे।

3. जब वह शत्रुतापूर्ण क्षेत्र में घुस गया है, लेकिन कोई बड़ी दूरी तक नहीं, तो यह आसान जमीन है।

[ली चुआन और हो शिह कहते हैं "पीछे हटने की सुविधा के कारण," और अन्य टिप्पणीकार इसी तरह के स्पष्टीकरण देते हैं। तू म्यू टिप्पणी करता है: "जब आपकी सेना ने सीमा पार कर ली है, तो आपको अपनी नावों और पुलों को जला देना चाहिए, ताकि हर किसी को यह स्पष्ट हो सके कि आपके पास घर के बाद कोई लालसा नहीं है।

4. जिस पर कब्जा करने से दोनों पक्षों को बहुत लाभ होता है, वह विवादास्पद आधार है।

[तू म्यू जमीन को "के लिए तर्क देने के लिए" के रूप में परिभाषित करता है। त्साओ कुंग कहते हैं: "वह जमीन जिस पर कुछ और कमजोर कई और मजबूत को हरा सकते हैं," जैसे कि "एक पास की गर्दन," ली चुआन द्वारा उदाहरण दिया गया। इस प्रकार, थर्मोपाइले इस वर्गीकरण का था क्योंकि इसके कब्जे में, यहां तक कि केवल कुछ दिनों के लिए, पूरी हमलावर सेना को नियंत्रण में रखना और इस प्रकार अमूल्य समय प्राप्त करना था। सीएफ वू त्ज़ी, सी। वि० [सं०] १. एक से दस के अनुपात में लड़ने वालों के लिए, संकरे दर्रे से बेहतर कुछ नहीं है। जब लू कुआंग 385 ईस्वी में तुर्किस्तान के अपने विजयी अभियान से लौट रहा था, और लूट से लदे हुए आई-हो तक पहुंच गया था, लिआंग-चाउ के प्रशासक लियांग हसी, चिन के राजा फू चिएन की मौत का फायदा उठाते हुए, उसके खिलाफ साजिश रची और प्रांत में अपना रास्ता रोकने के लिए था। काओ-चांग के गवर्नर यांग हान ने उसे सलाह देते हुए कहा: "लू कुआंग पश्चिम में अपनी जीत से ताजा है, और उसके सैनिक जोरदार और सूक्ष्म हैं। यदि हम रेगिस्तान की बदलती रेत में उसका विरोध करते हैं, तो हम उसके लिए कोई मुकाबला नहीं करेंगे, और इसलिए हमें एक अलग योजना का प्रयास करना चाहिए। आइए हम काओ-वू दर्रे के मुहाने पर कब्जा करने के लिए जल्दी करें, इस प्रकार

उसे पानी की आपूर्ति से काट दें, और जब उसके सैनिकों को प्यास से सजदा किया जाता है, तो हम बिना हिले-डुले अपनी शर्तों को निर्धारित कर सकते हैं। या अगर आपको लगता है कि जिस पास का मैं उल्लेख कर रहा हूं वह बहुत दूर है, तो हम आई-वू पास पर उसके खिलाफ खड़े हो सकते हैं, जो निकट है। त्जी-फेंग की चालाक और संसाधन खुद इन दो पदों की भारी ताकत के खिलाफ व्यर्थ में खर्च किया जाएगा। लिआंग हसी, इस सलाह पर कार्रवाई करने से इनकार करते हुए, अभिभूत हो गया और आक्रमणकारी द्वारा बह गया।

5. जिस मैदान पर प्रत्येक पक्ष को आंदोलन की स्वतंत्रता है, वह खुला मैदान है।

[इस प्रकार के आधार के लिए चीनी विशेषण की विभिन्न व्याख्याएं हैं। त्साओ कुंग का कहना है कि इसका मतलब शतरंज की बिसात की तरह "सड़कों के नेटवर्क से ढका मैदान" है। हो शिह ने सुझाव दिया: "जिस जमीन पर इंटरकम्युनिकेशन आसान है।

6. जमीन जो तीन सन्निहित राज्यों की कुंजी बनाती है,

[त्साउ कुंग इसे इस प्रकार परिभाषित करता है: "हमारा देश दुश्मन से सटा हुआ है और एक तीसरा देश दोनों के साथ है। मेंग शिह चेंग की छोटी रियासत का उदाहरण देता है, जो उत्तर-पूर्व में ची से, पश्चिम में चिन से और दक्षिण में चू से घिरा हुआ था।

ताकि जो पहले उस पर कब्जा कर ले, उसके पास अधिकांश साम्राज्य हो,

[इस वर्चस्व की स्थिति रखने वाला जुझारू उनमें से अधिकांश को अपने सहयोगी बनने के लिए विवश कर सकता है।

चौराहे वाले राजमार्गों का मैदान है।

7. जब एक सेना एक शत्रुतापूर्ण देश के दिल में घुस गई है, तो इसके पीछे कई गढ़वाले शहरों को छोड़कर, यह गंभीर जमीन है।

[वांग हसी यह कहकर नाम की व्याख्या करते हैं कि "जब कोई सेना ऐसे बिंदु पर पहुंच गई है, तो उसकी स्थिति गंभीर है।

8. पर्वतीय वन,

[या बस "जंगल।

ऊबड़-खाबड़ खड़ी, दलदल और फेन - सभी देश जिन्हें पार करना मुश्किल है: यह कठिन जमीन है।

9. वह भूमि जो संकरी घाटियों से होकर पहुँचती है, और जहाँ से हम केवल कपटपूर्ण रास्तों से सेवानिवृत्त हो सकते हैं, ताकि शत्रु की एक छोटी संख्या हमारे आदमियों के एक बड़े शरीर को कुचलने के लिए पर्याप्त हो: यह जमीन में घिरा हुआ है।

10. जिस जमीन पर हम बिना देर किए लड़कर ही विनाश से बच सकते हैं, वह हताश जमीन है।

[स्थिति, जैसा कि त्साओ कुंग द्वारा चित्रित किया गया है, "हेमड-इन ग्राउंड" के समान है, सिवाय इसके कि यहां पलायन अब संभव नहीं है: "सामने एक ऊंचा पहाड़, पीछे एक बड़ी नदी, अग्रिम असंभव, पीछे हटना अवरुद्ध। चेन हाओ कहता है: "'हताश जमीन' पर होना एक लीक नाव में बैठने या जलते हुए घर में झुकने जैसा है। तू म्यू ली चिंग से उद्धृत करता है जो इस प्रकार फंसी सेना की दुर्दशा का एक ज्वलंत वर्णन करता है: "मान लीजिए कि एक सेना स्थानीय गाइडों की सहायता के बिना शत्रुतापूर्ण क्षेत्र पर आक्रमण करती है:-यह एक घातक जाल में पड़ जाती है और दुश्मन की दया पर है। बाईं ओर एक खड्ड, दाईं ओर एक पहाड़, एक रास्ता इतना खतरनाक है कि घोड़ों को एक साथ बांधना पड़ता है और रथों को गोफन में ले जाना पड़ता है, सागने कोई रास्ता खुला नहीं है, पीछे हटना है, एकल फ़ाइल में आगे बढ़ने के अलावा कोई विकल्प नहीं है। फिर, इससे पहले कि लड़ाई के क्रम में हमारे सैनिकों को रेंज करने का समय हो, दुश्मन भारी ताकत है अचानक दृश्य पर दिखाई देता है। आगे बढ़ते हुए, हम कहीं भी श्वास-स्थान नहीं ले सकते; पीछे हटते हुए, हमारे पास शरण का कोई आश्रय नहीं है। हम एक घमासान लड़ाई चाहते हैं, लेकिन व्यर्थ; फिर भी रक्षात्मक पर खड़े होकर, हममें से किसी को भी एक पल की राहत नहीं मिली है। यदि हम बस अपनी जमीन बनाए रखते हैं, तो पूरे दिन और महीने रेंगेंगे; जिस क्षण हम कोई चाल चलते हैं, हमें आगे और पीछे दुश्मन के हमलों को बनाए रखना होता है। देश जंगली है, पानी और पौधों से वंचित है; सेना में जीवन की आवश्यकताओं की कमी है, घोड़े थके हुए हैं और पुरुष घिसे-पिटे हैं, ताकत और कौशल के सभी संसाधन अनुपलब्ध हैं, पास इतना संकीर्ण है कि इसका बचाव करने वाला एक भी व्यक्ति दस हजार की शुरुआत की जांच कर सकता है; शत्रु के हाथों में अपराध के सभी साधन, सहूलियत के सभी बिंदु पहले से ही हमारे द्वारा जब्त किए गए हैं:-इस भयानक दुर्दशा में, भले ही हमारे पास सबसे बहादुर सैनिक और सबसे उत्सुक हथियार थे, उन्हें थोड़े से प्रभाव के साथ कैसे नियोजित किया जा सकता था? ग्रीक इतिहास के छात्रों को सिसिली अभियान के भयानक करीब, और निकियास और डेमस्थनीज के तहत एथेनियाई लोगों की पीड़ा की याद दिलाई जा सकती है। [थ्यूसीडाइड्स देखें, VII. 78 वर्ग।

11. इसलिथे बिखरी हुई जमीन पर मत लड़ो। आसान जमीन पर, रुको मत। विवादास्पद जमीन पर, हमला न करें।

[बल्कि अपनी सारी ऊर्जा पहले लाभप्रद स्थिति पर कब्जा करने पर तुली हो। तो त्साओ कुंग। ली चुआन और अन्य, हालांकि, इसका अर्थ यह मानते हैं कि दुश्मन ने पहले ही हमें रोक दिया

है, इसलिए हमला करना सरासर पागलपन होगा। *सन त्ज़ी ह्सू लू में*, जब वू के राजा पूछते हैं कि इस मामले में क्या किया जाना चाहिए, तो सन त्ज़ी जवाब देते हैं: "विवादास्पद आधार के संबंध में नियम यह है कि कब्जे वाले लोगों को दूसरी तरफ फायदा होता है। यदि इस तरह की स्थिति दुश्मन द्वारा पहले सुरक्षित की जाती है, तो उस पर हमला करने से सावधान रहें। भागने का नाटक करके उसे फुसला - अपने बैनर दिखाएं और अपने ड्रम बजाएं - अन्य स्थानों के लिए एक पानी का छींटा बनाएं जिन्हें वह खोने का जोखिम नहीं उठा सकता है - ब्रशवुड का निशान लगाएं और धूल उठाएं - उसके कानों और आंखों को भ्रमित करें - अपने सबसे अच्छे सैनिकों के शरीर को अलग करें, और इसे गुप्त रूप से एंबुस्केड में रखें। तब आपका प्रतिद्वंद्वी बचाव के लिए आगे बढ़ेगा।

12. खुले मैदान में, दुश्मन का रास्ता रोकने की कोशिश न करें।

[क्योंकि प्रयास व्यर्थ होगा, और अवरुद्ध बल को गंभीर जोखिमों के लिए उजागर करेगा। यहां दो व्याख्याएं उपलब्ध हैं। मैं चांग यू का अनुसरण करता हूं। दूसरा त्साओ कुंग के संक्षिप्त नोट में इंगित किया गया है: "एक साथ करीब आओ" - यानी, देखें कि आपकी अपनी सेना का एक हिस्सा काट नहीं है।

चौराहे वाले राजमार्गों की जमीन पर, अपने सहयोगियों के साथ हाथ मिलाएं।

[या शायद, "पड़ोसी राज्यों के साथ गठबंधन बनाएं।

13. गंभीर भूमि पर, लूट में इकट्ठा हो।

[इस पर, ली चुआन के पास निम्नलिखित स्वादिष्ट नोट है: "जब कोई सेना दुश्मन के देश में दूर तक प्रवेश करती है, तो इस बात का ध्यान रखा जाना चाहिए कि अन्यायपूर्ण व्यवहार से लोगों को अलग-थलग न किया जाए। हान सम्राट काओ त्सू के उदाहरण का पालन करें, जिनके चिन क्षेत्र में मार्च को महिलाओं के उल्लंघन या क़ीमती सामानों की लूट के द्वारा चिह्नित नहीं किया गया था। [नोटा बेने: यह 207 ईसा पूर्व में था, और 1900 ईस्वी में पेकिंग में प्रवेश करने वाली ईसाई सेनाओं के लिए हमें अच्छी तरह से शर्मिंदा कर सकता है। इस प्रकार उन्होंने सभी का दिल जीत लिया। वर्तमान मार्ग में, फिर, मुझे लगता है कि सच्चा पठन 'लूट' नहीं होना चाहिए, बल्कि 'लूटना नहीं है। काश, मुझे डर है कि इस उदाहरण में योग्य टिप्पणीकार की भावनाएं उसके फैसले से आगे निकल जातीं। तू मु, कम से कम, ऐसा कोई भ्रम नहीं है। वह कहता है: "जब 'गंभीर जमीन' पर डेरा डाला जाता है, तो आगे बढ़ने के लिए अभी तक कोई प्रलोभन नहीं दिया जाता है, और पीछे हटने की कोई संभावना नहीं होती है, इसलिए किसी को सभी पक्षों से प्रावधान लाकर एक लंबे प्रतिरोध के लिए उपाय करना चाहिए, और दुश्मन पर कड़ी नजर रखनी चाहिए।

कठिन जमीन में, मार्च पर लगातार बने रहें।

[या, VIII. § 2 के शब्दों में, "डेरा न डालें।

14. हेमड-इन ग्राउंड पर, स्ट्रैटेजम का सहारा लें।

[त्साऊ कुंग कहते हैं: "कुछ असामान्य कृत्रिमता के प्रभाव का प्रयास करें;" और तू यू यह कहकर इसे बढ़ाता है: "ऐसी स्थिति में, कुछ योजना तैयार की जानी चाहिए जो परिस्थितियों के अनुरूप हो, और यदि हम दुश्मन को भ्रमित करने में सफल हो सकते हैं, तो संकट से बचा जा सकता है। यह वही है जो प्रसिद्ध अवसर पर हुआ था जब हैनिबल को कैसिलिनम की सड़क पर पहाड़ों के बीच घेर लिया गया था, और तानाशाह फैबियस द्वारा फंसे सभी दिखावे के लिए। हैनिबल ने अपने दुश्मनों को चकरा देने के लिए जो रणनीति तैयार की थी, वह उल्लेखनीय रूप से वैसी ही थी जिसे टीएन टैन ने भी ठीक 62 साल पहले सफलता के साथ नियोजित किया था। [IX. § 24 देखें, ध्यान दें। जब रात हुई, तो टहनियों के बंडलों को लगभग 2000 बैलों के सींगों से बांधा गया और आग लगा दी गई, भयभीत जानवरों को फिर से पहाड़ की तरफ से उन दर्रों की ओर ले जाया गया जो दुश्मन से घिरे हुए थे। इन तेजी से चलती रोशनी के अजीब तमाशे ने रोमनों को इतना चिंतित और असंतुष्ट कर दिया कि वे अपनी स्थिति से हट गए, और हैनिबल की सेना सुरक्षित रूप से अशुद्धता से गुजर गई। [पॉलीबियस देखें, III. 93, 94; लिवी, XXII। 16 17.]

हताश जमीन पर, लड़ो।

[क्योंकि, जैसा कि चिया लिन टिप्पणी करते हैं: "यदि आप अपनी पूरी ताकत से लड़ते हैं, तो जीवन का एक मौका है; जहां मौत निश्चित है अगर आप अपने कोने से चिपके रहते हैं।

15. जो प्राचीन काल के कुशल नेता कहलाते थे, वे जानते थे कि दुश्मन के आगे और पीछे के बीच एक कील कैसे चलाई जाती है;

[अधिक शाब्दिक रूप से, "आगे और पीछे एक दूसरे के साथ संपर्क खोने का कारण।

उसके बड़े और छोटे डिवीजनों के बीच सहयोग को रोकने के लिए; अच्छे सैनिकों को बुरे को बचाने से रोकने के लिए, अधिकारियों को अपने आदमियों को रैली करने से।

16. जब शत्रु के जन तितर-बितर हो गए, तब उन् होंने उन् हें एकाग्र होने से रोका; यहां तक कि जब उनकी सेनाएं एकजुट थीं, तब भी वे उन्हें अव्यवस्था में रखने में कामयाब रहे।

17. जब उन्हें लाभ हुआ, तब उन्होंने आगे बढ़ाया; जब अन्यथा, वे अभी भी बंद कर दिया।

[मेई याओ-चेन इसे पूर्वगामी से जोड़ता है: "इस प्रकार दुश्मन को अव्यवस्थित करने में सफल होने के बाद, वे किसी भी लाभ को सुरक्षित करने के लिए आगे बढ़ेंगे; यदि कोई लाभ प्राप्त नहीं होता, तो वे वहीं रहते जहाँ वे थे।

18. यदि पूछा जाए कि शत्रु के एक बड़े दल का सामना व्यवस्थित रूप से और हमले के लिए आगे बढ़ने के बिंदु पर कैसे किया जाए, तो मुझे कहना चाहिए: "किसी ऐसी चीज को जब्त करके शुरू करें जिसे आपका प्रतिद्वंद्वी प्रिय है; तब वह तेरी इच्छा के अनुसार उत्तरदायी होगा।

[राय अलग-अलग है कि सन त्ज़ी के मन में क्या था। त्साओ कुंग का मानना है कि यह "कुछ रणनीतिक लाभ है जिस पर दुश्मन निर्भर है। तू म्यू कहते हैं: "तीन चीजें जो एक दुश्मन करने के लिए उत्सुक है, और जिसकी उपलब्धि पर उसकी सफलता निर्भर करती है, वे हैं: (1) हमारे अनुकूल पदों पर कब्जा करने के लिए; (२) हमारी खेती की भूमि को नष्ट करना; (3) अपने स्वयं के संचार की रक्षा करने के लिए। तब हमारा उद्देश्य इन तीन दिशाओं में उसकी योजनाओं को विफल करना और इस प्रकार उसे असहाय बनाना होना चाहिए। [सीएफ. III. § 3.] इस तरह से साहसपूर्वक पहल को जब्त करके, आप एक बार दूसरे पक्ष को रक्षात्मक पर फेंक देते हैं।

19. रैपिडिटी युद्ध का सार है:

[तू म्यू के अनुसार, "यह युद्ध में अग्रणी सिद्धांतों का सारांश है," और वह कहते हैं: "ये सैन्य विज्ञान के सबसे गहरे सत्य हैं, और सामान्य का मुख्य व्यवसाय है। हो शिह द्वारा बताए गए निम्नलिखित उपाख्यानों, चीन के दो महानतम जनरलों द्वारा गति से जुड़े महत्व को दर्शाता है। 227 ईस्वी में, वेई सम्राट वेन ती के तहत हसिन-चेंग के गवर्नर मेंग ता, शू के घर में दलबदल का ध्यान कर रहे थे, और उस राज्य के प्रधान मंत्री चू-को लियांग के साथ पत्राचार में प्रवेश किया था। वेई जनरल सु-मा I तब वान का सैन्य गवर्नर था, और मेंग ता के विश्वासघात की हवा पाकर, वह तुरंत अपने विद्रोह का अनुमान लगाने के लिए एक सेना के साथ रवाना हो गया, पहले उसे दोस्ताना आयात के एक विशिष्ट संदेश से फुसलाया था। सू-मा के अधिकारी उनके पास आए और कहा: "अगर मेंग ता ने वू और शू के साथ खुद को लीग किया है, तो इस मामले की पूरी तरह से जांच की जानी चाहिए, इससे पहले कि हम कोई कदम उठाएं। सु-मा मैंने उत्तर दिया: "मेंग ता एक सिद्धांतहीन व्यक्ति है, और हमें जाकर उसे तुरंत दंडित करना चाहिए, जबकि वह अभी भी डगमगा रहा है और इससे पहले कि वह मुखौटा फेंक दे। फिर, मजबूर मार्च की एक श्रृंखला द्वारा, आठ दिनों के अंतरिक्ष में हसीन-चेंग की दीवारों के नीचे अपनी सेना को लाया जाए। अब मेंग ता ने पहले चू-को लियांग को लिखे एक पत्र में कहा था: "वान यहां से 1200 ली दूर है। जब मेरे विद्रोह की खबर सू-मा प्रथम तक पहुँचेगी, तो वह तुरंत अपने शाही मालिक को सूचित करेगा, लेकिन कोई भी कदम उठाने से पहले पूरे एक महीने का समय लगेगा, और उस समय तक मेरा शहर अच्छी तरह से किलेबंद हो जाएगा। इसके अलावा, सु-मा मुझे यकीन है कि मैं खुद नहीं आऊंगा, और हमारे खिलाफ भेजे जाने वाले सेनापति परेशान करने लायक नहीं हैं। लेकिन अगला पत्र भय से भरा हुआ था: "यद्यपि मुझे अपनी निष्ठा को छोड़े हुए केवल आठ दिन ही बीते हैं, फिर भी एक सेना पहले से ही शहर के फाटकों पर खड़ी है। यह कैसी चमत्कारी तेजी है!" एक पखवाड़े बाद, हसीन-चेंग गिर गया था और मेंग ता ने अपना सिर खो दिया था। [देखें *चिन शू*, अध्याय 1, एफ।

621 ईस्वी में, ली चिंग को सफल विद्रोही ह्सियाओ हसीन को कम करने के लिए सु-चुआन में कुई-चाउ से भेजा गया था, जिन्होंने हुपेह में आधुनिक चिंग-चाउ फू में सम्राट के रूप में स्थापित किया था। यह शरद ऋतु थी, और यांग्त्जे तब बाढ़ में था, ह्सियाओ ह्सियन ने कभी सपने में भी नहीं सोचा था कि उसका विरोधी घाटियों के माध्यम से नीचे आने का उद्यम करेगा, और परिणामस्वरूप कोई तैयारी नहीं की। लेकिन ली चिंग ने बिना समय गंवाए अपनी सेना को शुरू कर दिया, और बस शुरू करने ही वाला था कि अन्य जनरलों ने उससे अपने प्रस्थान को स्थगित करने के लिए विनती की जब तक कि नदी नेविगेशन के लिए कम खतरनाक स्थिति में न हो। ली चिंग ने जवाब दिया: "सैनिक के लिए, भारी गति सर्वोपरि है, और उसे कभी भी अवसरों को याद नहीं करना चाहिए। अब हड़ताल करने का समय है, इससे पहले कि ह्सियाओ ह्सियन को यह भी पता चले कि हमारे पास एक सेना है। यदि हम वर्तमान क्षण को जब्त कर लेते हैं जब नदी बाढ़ में है, तो हम अचानक उसकी राजधानी के सामने प्रकट होंगे, जैसे कि गड़गड़ाहट सुनाई देती है इससे पहले कि आपके पास इसके खिलाफ अपने कान बंद करने का समय हो। [देखें VII. § 19, नोट। यह युद्ध का महान सिद्धांत है। यहां तक कि अगर उसे हमारे दृष्टिकोण के बारे में पता चल जाता है, तो उसे अपने सैनिकों को इतनी जल्दी में चार्ज करना होगा कि वे हमारा विरोध करने के लायक नहीं होंगे। इस प्रकार विजय का पूरा फल हमारा ही होगा। जैसा कि उसने भविष्यवाणी की थी, सब कुछ हुआ, और ह्सियाओ ह्सियन आत्मसमर्पण करने के लिए बाध्य था, यह कहते हुए कि उसके लोगों को बख्शा जाना चाहिए और वह अकेले मौत की सजा भुगतेगा।

दुश्मन की अतत्परता का लाभ उठाएं, अप्रत्याशित मार्गों से अपना रास्ता बनाएं, और असुरक्षित स्थानों पर हमला करें।

20. एक हमलावर बल द्वारा पालन किए जाने वाले सिद्धांत निम्नलिखित हैं: जितना आगे आप किसी देश में प्रवेश करेंगे, आपके सैनिकों की एकजुटता उतनी ही अधिक होगी, और इस प्रकार रक्षक आपके खिलाफ प्रबल नहीं होंगे।

21. अपनी सेना को भोजन प्रदान करने के लिए उपजाऊ देश में चढ़ाई करो।

[सीएफ. सुप्रा, § 13. ली चुआन यहां एक नोट पर उद्यम नहीं करता है।

22. अपने आदमियों की भलाई का ध्यानपूर्वक अध्ययन करो,

["कल्याण" के लिए, वांग हसी का अर्थ है, "उन्हें पालतू बनाएं, उनका हास्य करें, उन्हें भरपूर भोजन और पेय दें, और आम तौर पर उनकी देखभाल करें।

और उन पर अधिक कर न लगाएं। अपनी ऊर्जा को केंद्रित करें और अपनी ताकत जमा करें।

[चेन 224 ईसा पूर्व में प्रसिद्ध जनरल वांग चिएन द्वारा अपनाई गई कार्रवाई की रेखा को याद करते हैं, जिनकी सैन्य प्रतिभा ने बड़े पैमाने पर प्रथम सम्राट की सफलता में योगदान दिया था।

उन्होंने चू राज्य पर आक्रमण किया था, जहां उनका विरोध करने के लिए एक सार्वभौमिक लेवी बनाई गई थी। लेकिन, अपने सैनिकों के स्वभाव पर संदेह होने के कारण, उन्होंने लड़ने के सभी निमंत्रणों को अस्वीकार कर दिया और रक्षात्मक पर सख्ती से बने रहे। व्यर्थ में चू जनरल ने एक लड़ाई को मजबूर करने की कोशिश की: दिन-ब-दिन वांग चिएन अपनी दीवारों के अंदर रहता था और बाहर नहीं आता था, लेकिन अपने पूरे समय और ऊर्जा को अपने आदमियों के स्नेह और विश्वास को जीतने के लिए समर्पित करता था। उन्होंने ध्यान रखा कि उन्हें अच्छी तरह से खिलाया जाना चाहिए, उनके साथ अपना भोजन साझा करना, स्नान के लिए सुविधाएं प्रदान करना, और उन्हें एक वफादार और समरूप शरीर में वेल्ड करने के लिए विवेकपूर्ण भोग की हर विधि को नियोजित करना। कुछ समय बीत जाने के बाद, उसने कुछ व्यक्तियों को यह पता लगाने के लिए कहा कि पुरुष खुद को कैसे खुश कर रहे थे। जवाब था, कि वे वजन डालने और लंबी कूद लगाने में एक-दूसरे के साथ संघर्ष कर रहे थे। जब वांग चिएन ने सुना कि वे इन एथलेटिक गतिविधियों में लगे हुए थे, तो वह जानता था कि उनकी आत्माओं को आवश्यक पिच तक बांध दिया गया था और वे अब लड़ने के लिए तैयार थे। इस समय तक चू सेना, बार-बार अपनी चुनौती दोहराने के बाद, घृणा में पूर्व की ओर बढ़ गई थी। चिन जनरल ने तुरंत अपने शिविर को तोड़ दिया और उनका पीछा किया, और आने वाली लड़ाई में उन्हें बड़े वध के साथ रूट किया गया। कुछ ही समय बाद, पूरे चू को चिन ने जीत लिया, और राजा फू-चू ने कैद में ले जाया।

अपनी सेना को लगातार आगे बढ़ते रहो,

[ताकि दुश्मन को कभी पता न चले कि आप कहां हैं। हालांकि, इसने मुझे मारा है कि सच्चा पठन "अपनी सेना को एक साथ जोड़ना" हो सकता है।

और अथाह योजनाएं तैयार करें।

23. अपके सिपाहियों को ऐसी स्यानियों में फेंक दो, जहां से बचने का कोई उपाय न हो, और वे उड़ने के स्थान पर मृत्यु को पसन्द करेंगे। यदि वे मृत्यु का सामना करेंगे, तो ऐसा कुछ भी नहीं है जो वे प्राप्त नहीं कर सकते हैं।

[चांग यू अपने पसंदीदा वेई लियाओ त्ज़ी (अध्याय 3) को उद्धृत करता है: "अगर एक आदमी बाजार में तलवार के साथ आपे से बाहर निकल जाए, और बाकी सभी ने अपना रास्ता पाने की कोशिश की, तो मुझे यह अनुमति नहीं देनी चाहिए कि अकेले इस आदमी में साहस था और बाकी सभी घृणित कायर थे। सच्चाई यह है कि एक हताश और एक आदमी जो अपने जीवन पर कुछ मूल्य निर्धारित करता है, वह शर्तों पर भी नहीं मिलता है।

अधिकारी और पुरुष समान रूप से अपनी पूरी ताकत लगाएंगे।

[चांग यू कहते हैं: "यदि वे एक साथ एक अजीब जगह पर हैं, तो वे निश्चित रूप से इससे बाहर निकलने के लिए अपनी एकजुट ताकत लगाएंगे।

24. सैनिक जब हताश तनाव में होते हैं तो डर की भावना खो देते हैं। यदि शरण का कोई स्थान नहीं है, तो वे दृढ़ रहेंगे। यदि वे एक शत्रुतापूर्ण देश के दिल में हैं, तो वे एक जिद्दी मोर्चा दिखाएंगे। अगर इसके लिए कोई मदद नहीं है, तो वे कड़ा संघर्ष करेंगे।

25. इस प्रकार बिना मार्शल किए जाने की बाट जोहते हुए, सिपाहियां नित्य चौकन्नी में लगे रहेंगे; पूछे जाने की प्रतीक्षा किए बिना, वे आपकी इच्छा पूरी करेंगे;

[सचमुच, "बिना पूछे, आपको मिल जाएगा।

प्रतिबंधों के बिना, वे विश्वासयोग्य रहेंगे; आदेश दिए बिना, उन पर भरोसा किया जा सकता है।

26. शकुन लेने से रोको, और अंधविश्वासी सन्देहों को दूर करो। फिर, जब तक मृत्यु स्वयं नहीं आती, तब तक किसी भी आपदा से डरने की आवश्यकता नहीं है।

[अंधविश्वासी, "सॉसी संदेह और भय में बंधे," कायरों में पतित हो जाते हैं और "उनकी मृत्यु से पहले कई बार मर जाते हैं। तू म्यू ने हुआंग शिह-कुंग को उद्धृत किया: "मंत्र और मंत्रों को सख्ती से मना किया जाना चाहिए, और किसी भी अधिकारी को सेना के भाग्य में अटकल द्वारा पूछताछ करने की अनुमति नहीं दी जानी चाहिए, इस डर से कि सैनिकों के दिमाग को गंभीर रूप से परेशान किया जाना चाहिए। अर्थ यह है," वह जारी रखता है, "कि यदि सभी संदेह और जांच को त्याग दिया जाता है, तो आपके लोग अपने संकल्प में तब तक नहीं लड़खड़ाएंगे जब तक कि वे मर नहीं जाते।

27. यदि हमारे सैनिकों पर धन का बोझ नहीं है, तो इसका कारण यह नहीं कि उन्हें धन से घृणा है; यदि उनका जीवन अनावश्यक रूप से लंबा नहीं है, तो ऐसा इसलिए नहीं है क्योंकि वे दीर्घायु होने के लिए अनिच्छुक हैं।

[चांग यू का इस मार्ग पर सबसे अच्छा नोट है: "धन और लंबा जीवन ऐसी चीजें हैं जिनके लिए सभी पुरुषों का स्वाभाविक झुकाव है। इसलिए, यदि वे कीमती सामान जलाते हैं या उड़ाते हैं, और अपने जीवन का बलिदान करते हैं, तो इसका मतलब यह नहीं है कि वे उन्हें नापसंद करते हैं, बल्कि बस यह है कि उनके पास कोई विकल्प नहीं है। सन त्ज़ी धूर्तता से यह संकेत दे रहा है कि, जैसा कि सैनिक मानव हैं, यह सामान्य के लिए है कि वे यह देखें कि लड़ाई से बचने और अमीर बनने के प्रलोभन उनके रास्ते में नहीं फेंके जाते हैं।

28. जिस दिन उन्हें युद्ध करने की आज्ञा दी जाएगी, तेरे सैनिक रोने पड़ेंगे।

(चीनी भाषा में शब्द है "स्निवेल"। यह अकेले आँसू की तुलना में अधिक वास्तविक दुःख को इंगित करने के लिए लिया जाता है।

जो अपने वक्षों को सजाते हुए बैठे हैं, और जो लेटे हुए हैं, वे आँसू को अपने गालों से नीचे बहने देते हैं।

[इसलिए नहीं कि वे डरते हैं, बल्कि इसलिए, जैसा कि त्साओ कुंग कहते हैं, "सभी ने करो या मरने के दृढ़ संकल्प को अपनाया है। हमें याद होगा कि इलियड के नायक अपनी भावना दिखाने में समान रूप से बच्चों के समान थे। चांग यू चिंग कोओ और उसके दोस्तों के बीच आई नदी में शोकपूर्ण बिदाई की ओर इशारा करता है, जब पूर्व को 227 ईसा पूर्व में चिन के राजा (बाद में प्रथम सम्राट) के जीवन का प्रयास करने के लिए भेजा गया था। सभी के आँसू बारिश की तरह बह गए क्योंकि उन्होंने उन्हें विदाई दी और निम्नलिखित पंक्तियाँ कहीं: "तीखा विस्फोट चल रहा है, जला हुआ ठंडा है; आपका चैंपियन जा रहा है-वापस लौटने के लिए नहीं। [1]]

लेकिन उन्हें एक बार खाड़ी में लाया जाए, और वे चू या कुई के साहस का प्रदर्शन करेंगे।

[चू चुआन चू का व्यक्तिगत नाम था, जो वू राज्य का मूल निवासी था और खुद सन त्ज़ी के समकालीन था, जिसे कुंग-त्जु कुआंग द्वारा नियोजित किया गया था, जिसे हो लू वांग के नाम से जाना जाता था, अपने संप्रभु वांग लियाओ को एक खंजर से मारने के लिए जिसे उसने एक मछली के पेट में छिपाया था। वह अपने प्रयास में सफल रहा, लेकिन राजा के अंगरक्षक द्वारा तुरंत टुकड़ों में काट दिया गया। यह 515 ईसा पूर्व में हुआ था। संदर्भित अन्य नायक, Ts'ao Kuei (या Ts'ao Mo) ने उस कारनामे का प्रदर्शन किया, जिसने 166 साल पहले अपना नाम प्रसिद्ध किया था, 681 ईसा पूर्व में लू को ची ने तीन बार हराया था, और क्षेत्र के एक बड़े टुकड़े को आत्मसमर्पण करने वाली एक संधि को समाप्त करने ही वाला था, जब Ts'ao Kuei ने अचानक हुआन कुंग, ड्यूक ऑफ ची को जब्त कर लिया, जैसे ही वह वेदी की सीढ़ियों पर खड़ा हुआ और अपनी छाती के खिलाफ एक खंजर रखा। ड्यूक के अनुचरों में से किसी ने भी मांसपेशियों को स्थानांतरित करने की हिम्मत नहीं की, और त्साओ कुई ने पूर्ण बहाली की मांग की, यह घोषणा करते हुए कि लू के साथ अन्यायपूर्ण व्यवहार किया जा रहा था क्योंकि वह एक छोटा और कमजोर राज्य था। हुआन कुंग, अपने जीवन के जोखिम में, सहमति के लिए बाध्य था, जिसके बाद त्साओ कुई ने अपना खंजर फेंक दिया और चुपचाप रंग बदले बिना भयभीत जमावड़े के बीच अपनी जगह फिर से शुरू कर दी। जैसा कि उम्मीद की जा रही थी, ड्यूक बाद में सौदेबाजी को अस्वीकार करना चाहता था, लेकिन उसके बुद्धिमान पुराने परामर्शदाता कुआन चुंग ने उसे अपने शब्द को तोड़ने की अनीति की ओर इशारा किया, और नतीजा यह था कि इस साहसिक स्ट्रोक ने लू के लिए पूरी तरह से हासिल कर लिया जो उसने तीन पिच लड़ाइयों में खो दिया था।

29. कुशल रणनीतिज्ञ की तुलना शुआई-जान से की जा सकती है। अब शुआई-जान एक सांप है जो चांग पहाड़ों में पाया जाता है।

["*शुआई-जान*" का अर्थ है "अचानक" या "तेजी से," और प्रश्न में सांप निस्संदेह अपने आंदोलनों की कठोरता के कारण तथाकथित था। इस मार्ग के माध्यम से, चीनी में शब्द का उपयोग अब "सैन्य युद्धाभ्यास" के अर्थ में किया जाने लगा है।

उसके सिर पर प्रहार करो, और तुम उसकी पूंछ से हमला करोगे; उसकी पूंछ पर प्रहार करो, और तुम उसके सिर से हमला करोगे; इसके बीच में प्रहार करें, और आप पर सिर और पूंछ दोनों से हमला किया जाएगा।

30. यह पूछे जाने पर कि क्या शुआई-जान की नकल करने के लिए सेना बनाई जा सकती है,

[अर्थात, जैसा कि मेई याओ-चेन कहते हैं, "क्या सेना के सामने और पीछे को दूसरे पर हमला करने के लिए तेजी से उत्तरदायी बनाना संभव है, जैसे कि वे एक ही जीवित शरीर का हिस्सा थे?"]

मुझे उत्तर देना चाहिए, हां। क्योंकि वू के लोग और यूह के लोग शत्रु हैं;

[सीएफ. VI. § 21.]

फिर भी अगर वे एक ही नाव में एक नदी पार कर रहे हैं और तूफान से फंस जाते हैं, तो वे एक-दूसरे की सहायता के लिए आएंगे जैसे बायां हाथ दाएं की मदद करता है।

[अर्थ यह है: यदि दो दुश्मन आम संकट के समय में एक-दूसरे की मदद करेंगे, तो एक ही सेना के दो हिस्सों को एक साथ कितना अधिक होना चाहिए, क्योंकि वे ब्याज और साथी-भावना के हर बंधन से बंधे हैं। फिर भी यह कुख्यात है कि सहयोग की कमी के कारण कई अभियान बर्बाद हो गए हैं, खासकर संबद्ध सेनाओं के मामले में।

31. इसलिथे यह पर्याप्त नहीं कि घोड़ोंके बांधने, और रथोंके पहियोंको भूमि में गाड़ने पर भरोसा रखा जाए।

[किसी की सेना को भागने से रोकने के लिए ये विचित्र उपकरण एथेनियन नायक सोफेन्स को याद करते हैं, जिन्होंने प्लाटिया की लड़ाई में लंगर को अपने साथ ले जाया था, जिसके माध्यम से उन्होंने खुद को एक स्थान पर मजबूती से बांध लिया था। [हेरोडोटस, IX देखें। 74.] यह पर्याप्त नहीं है, सन त्ज़ी कहते हैं, इस तरह के यांत्रिक साधनों द्वारा उड़ान को असंभव बनाने के लिए। आप तब तक सफल नहीं होंगे जब तक कि आपके लोगों में दृढ़ता और उद्देश्य की एकता न हो, और सबसे बढ़कर, सहानुभूतिपूर्ण सहयोग की भावना न हो। यह वह सबक है जो *शुआई-जान* से *सीखा जा सकता है।*

32. जिस सिद्धांत पर सेना का प्रबंधन करना है, वह साहस का एक मानक स्थापित करना है जिसे सभी को पहुंचना चाहिए।

[सचमुच, "साहस [सभी के] स्तर पर जैसे कि [यह] एक था। यदि आदर्श सेना को एक एकल जैविक संपूर्ण बनाना है, तो यह इस प्रकार है कि इसके घटक भागों का संकल्प और भावना समान गुणवत्ता की होनी चाहिए, या किसी भी दर पर एक निश्चित मानक से नीचे नहीं गिरना चाहिए। वाटरलू में अपनी सेना के वेलिंगटन के प्रतीत होता है कृतघ्न वर्णन के रूप में "सबसे खराब वह कभी आज्ञा दी थी" की तुलना में अधिक नहीं मतलब है कि यह इस महत्वपूर्ण विशेष भावना और साहस की एकता में कमी थी। अगर उसने बेल्जियम के दलबदल का पूर्वाभास नहीं किया होता और ध्यान से उन सैनिकों को पृष्ठभूमि में रखा होता, तो वह लगभग निश्चित रूप से दिन हार जाता।

33. मजबूत और कमजोर दोनों को सर्वश्रेष्ठ कैसे बनाया जाए - यह एक ऐसा प्रश्न है जिसमें जमीन का उचित उपयोग शामिल है।

[मेई याओ-चेन की व्याख्या है: "मजबूत और कमजोर के मतभेदों को खत्म करने और दोनों को सेवा योग्य बनाने का तरीका जमीन की आकस्मिक विशेषताओं का उपयोग करना है। कम विश्वसनीय सैनिक, यदि मजबूत पदों पर तैनात किए जाते हैं, तो अधिक उजागर इलाके में बेहतर सैनिकों के रूप में लंबे समय तक रहेंगे। स्थिति का लाभ सहनशक्ति और साहस में हीनता को बेअसर करता है। कर्नल हेंडरसन कहते हैं: "पाठ्य पुस्तकों और सामान्य सामरिक शिक्षण के लिए सभी सम्मान के साथ, मुझे लगता है कि जमीन के अध्ययन को अक्सर अनदेखा किया जाता है, और यह कि किसी भी तरह से पदों के चयन के लिए पर्याप्त महत्व नहीं जुड़ा है ... और उन अपार लाभों के लिए जो प्राप्त किए जाने हैं, चाहे आप प्राकृतिक विशेषताओं के उचित उपयोग से बचाव कर रहे हों या हमला कर रहे हों। [2]]

34. इस प्रकार कुशल सेनापति अपनी सेना का संचालन ऐसे करता है, जैसे कि वह किसी एक व्यक्ति का हाथ पकड़कर ले जा रहा हो।

[तू म्यू कहते हैं: "उपमा में उस सहजता का संदर्भ है जिसके साथ वह इसे करता है।]

35. यह चुप रहने के लिए एक सामान्य का व्यवसाय है और इस प्रकार गोपनीयता सुनिश्चित करता है; ईमानदार और न्यायपूर्ण, और इस प्रकार व्यवस्था बनाए रखें।

36. वह झूठी रिपोर्टों और दिखावे से अपने अधिकारियों और पुरुषों को रहस्यमय बनाने में सक्षम होना चाहिए,

[सचमुच, "उनकी आंखों और कानों को धोखा देने के लिए।

और इस प्रकार उन्हें पूरी तरह से अज्ञानता में रखें।

[त्साओ कुंग हमें अपने उत्कृष्ट एपोफ्थेगम्स में से एक देता है: "सैनिकों को शुरुआत में आपकी योजनाओं को साझा करने की अनुमति नहीं दी जानी चाहिए; वे केवल अपने सुखद परिणाम पर आपके साथ आनन्दित हो सकते हैं। "दुश्मन को रहस्यमय बनाना, गुमराह करना और

आश्चर्यचकित करना," युद्ध के पहले सिद्धांतों में से एक है, जैसा कि अक्सर बताया गया था। लेकिन दूसरी प्रक्रिया के बारे में - अपने स्वयं के पुरुषों का रहस्य? जो लोग सोच सकते हैं कि सन त्ज़ी इस बिंदु पर अति-सशक्त हैं, वे स्टोनवेल जैक्सन के घाटी अभियान पर कर्नल हेंडरसन की टिप्पणियों को पढ़ने के लिए अच्छा करेंगे: "अनंत दर्द," वे कहते हैं, "जिसके साथ जैक्सन ने छिपाने की मांग की, यहां तक कि अपने सबसे भरोसेमंद कर्मचारी अधिकारियों से, उनके आंदोलनों, उनके इरादों और उनके विचारों, एक कमांडर कम पूरी तरह से बेकार घोषित किया होगा" - आदि आदि [3] वर्ष 88 ईस्वी में, जैसा कि हम होउ हान शू के अध्याय 47 में पढ़ते हैं, "पान चाओ ने यारकंद को कुचलने के उद्देश्य से खोतान और अन्य मध्य एशियाई राज्यों के 25,000 पुरुषों के साथ मैदान संभाला। कच्चे राजा ने अपने मुख्य सेनापति को वेन-सु, कू-मो और वेई-टूऊ के राज्यों से खींची गई सेना के साथ उस स्थान को बचाने के लिए भेजकर जवाब दिया, जिसमें कुल 50,000 पुरुष थे। पान चाओ ने अपने अधिकारियों और खोतान के राजा को भी युद्ध परिषद में बुलाया, और कहा: 'हमारी सेना अब अधिक संख्या में है और दुश्मन के खिलाफ सिर बनाने में असमर्थ है। सबसे अच्छी योजना, फिर, हमारे लिए अलग और तितर-बितर करना है, प्रत्येक एक अलग दिशा में। खोतान का राजा पूर्व मार्ग से दूर चला जाएगा, और फिर मैं खुद पश्चिम की ओर लौट जाऊंगा। हमें इंतजार करते हैं जब तक शाम ढोल बज गया है और फिर शुरू करते हैं।' पान चाओ ने अब चुपके से उन कैदियों को रिहा कर दिया, जिन्हें उसने जीवित ले लिया था, और कच्चे राजा को इस प्रकार उसकी योजनाओं के बारे में सूचित किया गया था। इस खबर से बहुत उत्साहित, बाद वाले ने पश्चिम में पान चाओ के पीछे हटने को रोकने के लिए 10,000 घुड़सवारों के सिर पर एक बार सेट किया, जबकि वेन-सु के राजा खोतान के राजा को रोकने के लिए 8000 घोड़ों के साथ पूर्व की ओर सवार हुए। जैसे ही पान चाओ को पता चला कि दोनों सरदार चले गए हैं, उसने अपने डिवीजनों को एक साथ बुलाया, उन्हें अच्छी तरह से हाथ में लिया, और मुर्गा-कौबे ने उन्हें यारकंद की सेना के खिलाफ फेंक दिया, क्योंकि यह डेरा डाले हुए था। बर्बर, घबराए हुए, भ्रम में भाग गए, और पान चाओ द्वारा बारीकी से पीछा किया गया। 5000 से अधिक सिर ट्रॉफी के रूप में वापस लाए गए थे, इसके अलावा घोड़ों और मवेशियों और हर विवरण के कीमती सामानों के आकार में भारी लूट थी। यारकंद ने तब आत्मसमर्पण किया, कच्छ और अन्य राज्यों ने अपनी-अपनी सेनाओं को हटा दिया। उस समय से, पान चाओ की प्रतिष्ठा ने पश्चिम के देशों को पूरी तरह से खत्म कर दिया। इस मामले में, हम देखते हैं कि चीनी जनरल ने न केवल अपने स्वयं के अधिकारियों को अपनी वास्तविक योजनाओं से अनभिज्ञ रखा, बल्कि वास्तव में दुश्मन को धोखा देने के लिए अपनी सेना को विभाजित करने का साहसिक कदम उठाया।

37. उसकी व्यवस्था को बदलकर और अपनी योजनाओं को बदलकर,

[वांग हसी सोचता है कि इसका मतलब है कि एक ही स्ट्रैटेजम का दो बार उपयोग नहीं करना।

वह निश्चित ज्ञान के बिना दुश्मन को रखता है।

[चांग यू, एक अन्य काम के उद्धरण में, कहते हैं: "स्वयंसिद्ध, कि युद्ध धोखे पर आधारित है, केवल दुश्मन के धोखे पर लागू नहीं होता है। तुम्हें अपने सैनिकों को भी धोखा देना चाहिए। उन्हें अपने पीछे आने दें, लेकिन उन्हें बताए बिना कि क्यों।

अपने शिविर को स्थानांतरित करके और घुमावदार मार्गों को अपनाकर, वह दुश्मन को अपने उद्देश्य का अनुमान लगाने से रोकता है।

38. महत्वपूर्ण क्षण में, एक सेना का नेता उस व्यक्ति की तरह कार्य करता है जो ऊंचाई पर चढ़ गया है और फिर उसके पीछे सीढ़ी को दूर कर देता है। वह अपना हाथ दिखाने से पहले अपने आदमियों को शत्रुतापूर्ण क्षेत्र में ले जाता है।

[शाब्दिक रूप से, "वसंत को जारी करता है" (देखें वी. § 15), अर्थात्, कुछ निर्णायक कदम उठाता है जिससे सेना के लिए वापस लौटना असंभव हो जाता है - जैसे त्सियांग यू, जिसने नदी पार करने के बाद अपने जहाजों को डुबो दिया। चेन हाओ, चिया लिन के बाद, शब्दों को कम अच्छी तरह से समझता है और "उसके आदेश पर हर आर्टिफिस को सामने रखता है।

39. वह अपक्की नावों को जला देता है, और अपने पापकोंको तोड़ डालता है; जैसे एक चरवाहा भेड़ों के झुंड को चलाता है, वैसे ही वह अपने आदमियों को इधर-उधर भगाता है, और कोई नहीं जानता कि वह कहाँ जा रहा है।

[तू म्यू कहते हैं: "सेना केवल आगे बढ़ने या पीछे हटने के आदेशों से अवगत है; यह हमला करने और जीतने के गुप्त सिरों से अनभिज्ञ है।

40. अपने यजमान को इकट्ठा करना और उसे खतरे में डालना:-इसे सेनापति का काम कहा जा सकता है।

[सुन त्ज़ी का अर्थ है कि लामबंदी के बाद दुश्मन के दिल पर वार करने में कोई देरी नहीं होनी चाहिए। ध्यान दें कि वह इस बिंदु पर बार-बार कैसे लौटता है। प्राचीन चीन के युद्धरत राज्यों में, रेगिस्तान निस्संदेह आज की सेनाओं की तुलना में बहुत अधिक वर्तमान भय और गंभीर बुराई थी।

41. भूमि की नौ किस्मों के अनुकूल विभिन्न उपाय;

[चांग यू कहते हैं: "जमीन की नौ किस्मों के नियमों की व्याख्या करने में किसी को छिपना नहीं चाहिए।

आक्रामक या रक्षात्मक रणनीति की समीचीनता; और मानव प्रकृति के मूलभूत नियम: ये ऐसी चीजें हैं जिनका निश्चित रूप से अध्ययन किया जाना चाहिए।

42. शत्रुतापूर्ण क्षेत्र पर आक्रमण करते समय, सामान्य सिद्धांत यह है कि गहराई से घुसना सामंजस्य लाता है; मर्मज्ञ लेकिन एक छोटा रास्ता फैलाव का मतलब है।

[सीएफ. सुप्रा, § 20.]

43. जब आप अपने देश को पीछे छोड़ते हैं, और अपनी सेना को पड़ोस के इलाके में ले जाते हैं, तो आप खुद को महत्वपूर्ण जमीन पर पाते हैं।

[इस "मैदान" का उत्सुकता से VIII. § 2 में उल्लेख किया गया है, लेकिन यह अध्याय X में नौ स्थितियों या छह आपदाओं में शामिल नहीं है। किसी का पहला आवेग इसे दूर जमीन पर अनुवाद करना होगा," लेकिन यह, अगर हम टिप्पणीकारों पर भरोसा कर सकते हैं, तो ठीक वही है जो यहां नहीं है। मेई याओ-चेन का कहना है कि यह "एक ऐसी स्थिति है जिसे 'फैसिल' कहा जा सकता है, और घर के लिए 'फैलाव' होने के लिए पर्याप्त नहीं है, लेकिन दोनों के बीच कुछ है। वांग हसी कहते हैं: "यह एक अंतर-राज्य द्वारा घर से अलग की गई जमीन है, जिसके क्षेत्र तक पहुंचने के लिए हमें पार करना पड़ा है। इसलिए, यह हमारा दायित्व है कि हम अपना व्यवसाय वहां जल्दी से निपटाएं। वह कहते हैं कि यह स्थिति दुर्लभ घटना की है, यही कारण है कि इसे नौ स्थितियों में शामिल नहीं किया गया है।

जब चारों तरफ संचार के साधन होते हैं, तो जमीन राजमार्गों को काटती है।

44. जब आप किसी देश में गहराई से प्रवेश करते हैं, तो यह गंभीर जमीन है। जब आप घुसते हैं लेकिन थोड़ा रास्ता, यह आसान जमीन है।

45. जब तेरे पीछे शत्रु के गढ़ हों, और साम्हने सकरे मार्ग हों, तो वह घिरी हुई भूमि है। जब शरण का कोई स्थान नहीं है, तो यह हताश जमीन है।

46. इसलिथे मैं अपके लोगोंको एकता के उद्देश्य से प्रेरित करूंगा।

[यह अंत, तू म्यू के अनुसार, रक्षात्मक पर रहकर और लड़ाई से बचने के द्वारा सबसे अच्छा प्राप्त किया जाता है। सीएफ। सुप्रा, § 11।

सहज जमीन पर, मैं देखूंगा कि मेरी सेना के सभी हिस्सों के बीच घनिष्ठ संबंध है।

[जैसा कि तू म्यू कहते हैं, उद्देश्य दो संभावित आकस्मिकताओं से बचाव करना है: "(1) हमारे अपने सैनिकों का परित्याग; (२) शत्रु की ओर से अचानक हमला। § 17. मेई याओ-चेन कहते हैं: "मार्च पर, रेजिमेंटों को निकट संपर्क में होना चाहिए; एक छावनी में, किलेबंदी के बीच निरंतरता होनी चाहिए।

47. विवाद के आधार पर, मैं अपने पीछे जल्दी करूंगा।

[यह त्साओ कुंग की व्याख्या है। चांग यू ने इसे अपनाते हुए कहा: "हमें जल्दी से अपना पिछला हिस्सा ऊपर लाना चाहिए, ताकि सिर और पूंछ दोनों लक्ष्य तक पहुंच सकें। यही है, उन्हें

एक लंबा रास्ता तय करने की अनुमति नहीं दी जानी चाहिए। मेई याओ-चेन एक और समान रूप से प्रशंसनीय स्पष्टीकरण प्रदान करता है: "मान लीजिए कि दुश्मन अभी तक प्रतिष्ठित स्थिति तक नहीं पहुंचा है, और हम उसके पीछे हैं, हमें इसके कब्जे पर विवाद करने के लिए पूरी गति से आगे बढ़ना चाहिए। दूसरी ओर, चेन हाओ, यह मानते हुए कि दुश्मन के पास अपनी जमीन का चयन करने का समय है, VI को उद्धृत करता है। § 1, जहां सन त्ज़ी हमें हमले के लिए थके हुए आने के खिलाफ चेतावनी देता है। स्थिति के बारे में उनका अपना विचार अस्पष्ट रूप से व्यक्त किया गया है: "यदि आपके सामने एक अनुकूल स्थिति पड़ी है, तो उस पर कब्जा करने के लिए सैनिकों के एक चुने हुए शरीर को अलग करें, फिर यदि दुश्मन, उनकी संख्या पर भरोसा करते हुए, इसके लिए लड़ाई करने के लिए आते हैं, तो आप अपने मुख्य शरीर के साथ उनके पीछे जल्दी से गिर सकते हैं, और जीत सुनिश्चित होगी। यह इस प्रकार था, वह कहते हैं, कि चाओ शी ने चिन की सेना को हराया। (पृष्ठ 57 देखें।

48. खुले मैदान में, मैं अपने बचाव पर सतर्क नजर रखूंगा। चौराहे वाले राजमार्गों के आधार पर, मैं अपने गठबंधनों को मजबूत करूंगा।

49. गंभीर आधार पर, मैं आपूर्ति की एक सतत धारा सुनिश्चित करने की कोशिश करूंगा।

[टिप्पणीकार इसे चारा और लूट के संदर्भ में लेते हैं, न कि जैसा कि कोई उम्मीद कर सकता है, एक घर के आधार के साथ एक अखंड संचार के लिए।

मुश्किल जमीन पर, मैं सड़क पर धक्का देता रहता।

50. हेमड-इन ग्राउंड पर, मैं पीछे हटने के किसी भी रास्ते को अवरुद्ध कर दूंगा।

[मेंग शिह कहते हैं: "ऐसा प्रतीत करने के लिए कि मेरा मतलब स्थिति का बचाव करना था, जबकि मेरा असली इरादा दुश्मन की रेखाओं के माध्यम से अचानक फटना है। मेई याओ-चेन कहते हैं: "मेरे सैनिकों को हताशा से लड़ने के लिए। वांग हसी कहते हैं, "इस डर से कि कहीं मेरे लोग भागने के लिए प्रलोभित न हो जाएं। तू म्यू बताते हैं कि यह VII का विलोम है। § 36, जहां यह दुश्मन है जो घिरा हुआ है। 532 ईस्वी में, काओ हुआन, बाद में सम्राट और शेन-वू के रूप में विहित किया गया, एरह-चू चाओ और अन्य के तहत एक महान सेना से घिरा हुआ था। उनका अपना बल तुलनात्मक रूप से छोटा था, जिसमें केवल 2000 घोड़े और 30,000 फुट से कम कुछ शामिल थे। निवेश की रेखाएं बहुत बारीकी से एक साथ नहीं खींची गई थीं, कुछ बिंदुओं पर अंतराल छोड़ा जा रहा था। लेकिन काओ हुआन ने भागने की कोशिश करने के बजाय, वास्तव में शेष सभी आउटलेट्स को अवरुद्ध करने के लिए एक बदलाव किया, जिसमें कई बैल और गधे एक साथ सवार थे। जैसे ही उसके अधिकारियों और लोगों ने देखा कि जीतने या मरने के अलावा इसके लिए कुछ भी नहीं था, उनकी आत्माएं उत्कर्ष की एक असाधारण पिच तक बढ़

गईं, और उन्होंने इतनी हताश क्रूरता से आरोप लगाया कि विरोधी रैंकों ने उनके हमले के तहत तोड़ दिया और टूट गया।

हताश जमीन पर, मैं अपने सैनिकों को उनके जीवन को बचाने की निराशा की घोषणा करूंगा।

तू यू कहता है: "अपने सामान और बाधा को जला दो, अपने भंडार और प्रावधानों को फेंक दो, कुओं को बंद कर दो, अपने खाना पकाने के स्टोव को नष्ट कर दो, और अपने आदमियों को यह स्पष्ट कर दो कि वे जीवित नहीं रह सकते, लेकिन उन्हें मौत से लड़ना होगा। मेई याओ-चेन कहते हैं: "जीवन का एकमात्र मौका इसकी सभी आशा छोड़ने में निहित है। यह निष्कर्ष निकालता है कि सन त्ज़ी को "मैदान" और उनके अनुरूप "विविधताओं" के बारे में क्या कहना है। इस महत्वपूर्ण विषय पर आधारित अंशों की समीक्षा करते हुए, हम उस उच्छृंखल और अव्यवस्थित तरीके से प्रभावित होने में विफल नहीं हो सकते हैं जिसमें इसका इलाज किया जाता है। सन त्ज़ी आठवीं में अचानक शुरू होता है। § 2 "आधार" पर छूने से पहले "विविधताओं" की गणना करने के लिए, लेकिन केवल पांच का उल्लेख करता है, अर्थात् बाद की सूची के नंबर 7, 5, 8 और 9, और एक जो इसमें शामिल नहीं है। जमीन की कुछ किस्मों को अध्याय के पहले भाग में निपटाया जाता है। IX, और फिर अध्याय X छह नए आधार निर्धारित करता है, जिसमें मिलान करने की योजना के छह रूपांतर होते हैं। इनमें से किसी का भी फिर से उल्लेख नहीं किया गया है, हालांकि पहले को शायद ही अगले अध्याय में ग्राउंड नंबर 4 से अलग किया जा सकता है। अंत में, अध्याय XI में, हम नौ मैदानों की उत्कृष्टता पर आते हैं, इसके तुरंत बाद विविधताएं आती हैं। यह हमें § 14 तक ले जाता है। §§ 43-45 में, संख्या 5, 6, 2, 8 और 9 (दिए गए क्रम में) के लिए नई परिभाषाएँ प्रदान की गई हैं, साथ ही अध्याय में देखे गए दसवें मैदान के लिए। और अंत में, नौ विविधताओं को एक बार फिर से शुरू से अंत तक परिगणित किया जाता है, सभी, 5, 6 और 7 के अपवाद के साथ, पहले दिए गए लोगों से अलग हैं। यद्यपि सन त्ज़ी के पाठ की वर्तमान स्थिति का हिसाब देना असंभव है, कुछ विचारोत्तेजक तथ्यों को शायद प्रमुखता में लाया गया है: (1) अध्याय VIII, शीर्षक के अनुसार, नौ भिन्नताओं से निपटना चाहिए, जबकि केवल पांच दिखाई देते हैं। (२) यह एक असामान्य रूप से छोटा अध्याय है। (३) अध्याय XI का शीर्षक द नाइन ग्राउंड्स है। इनमें से कई को दो बार परिभाषित किया गया है, इसके अलावा संबंधित विविधताओं की दो अलग-अलग सूचियां हैं। (4) अध्याय की लंबाई अनुपातहीन है, नौवीं को छोड़कर किसी भी अन्य से दोगुनी है। मैं इन तथ्यों से कोई निष्कर्ष निकालने का प्रस्ताव नहीं करता, सामान्य निष्कर्ष से परे कि सन त्ज़ी का काम हमारे पास उस आकार में नहीं आ सकता है जिसमें उसने अपने हाथों को छोड़ दिया था: अध्याय आठवीं स्पष्ट रूप से दोषपूर्ण है और शायद जगह से बाहर है, जबकि XI में ऐसा पदार्थ प्रतीत होता है जिसे या तो बाद के हाथ से जोड़ा गया है या कहीं और दिखाई देना चाहिए।

51. क्योंकि यह सैनिक का स्वभाव है कि वह घिरे होने पर एक हठी प्रतिरोध की पेशकश करे, जब वह खुद की मदद न कर सके, और जब वह खतरे में पड़ जाए तो तुरंत आज्ञा का पालन करे।

[चांग यू 73 ईस्वी में पान चाओ के समर्पित अनुयायियों के आचरण की ओर इशारा करता है। कहानी इस प्रकार होउ हान शू, अध्याय 47 में चलती है: "जब पान चाओ शान-शान पहुंचे, तो देश के राजा कुआंग ने सबसे पहले उनका स्वागत बड़ी विनम्रता और सम्मान के साथ किया; लेकिन कुछ ही समय बाद उसके व्यवहार में अचानक बदलाव आया, और वह लापरवाह और लापरवाह हो गया। पान चाओ ने अपने सुइट के अधिकारियों से इस बारे में बात की: 'क्या आपने ध्यान दिया है,' उन्होंने कहा, 'कि कुआंग के विनम्र इरादे कम हो रहे हैं? इसका अर्थ यह होना चाहिए कि दूत उत्तरी बर्बर लोगों से आए हैं, और परिणामस्वरूप वह अनिर्णय की स्थिति में है, यह नहीं जानते कि किस पक्ष के साथ उसे बहुत कुछ फेंकना है। निश्चित रूप से यही कारण है। वास्तव में बुद्धिमान व्यक्ति, हमें बताया गया है, चीजों को उनके घटित होने से पहले ही समझ सकता है; तो फिर, जो पहले से ही प्रकट हैं, वे कितने अधिक हैं!' इसके बाद उसने उन मूल निवासियों में से एक को बुलाया जो उसकी सेवा के लिए नियुक्त किए गए थे, और उसके लिए एक जाल बिछाते हुए कहा: 'ह्सियुंग-नू के वे दूत कहाँ हैं जो कुछ दिन पहले आए थे?' वह आदमी इतना अचंभित था कि आश्चर्य और भय के बीच उसने वर्तमान में पूरी सच्चाई को धुंधला कर दिया। पान चाओ ने अपने मुखबिर को सावधानी से ताला और चाबी के नीचे रखते हुए, फिर अपने अधिकारियों की एक आम सभा को बुलाया, कुल मिलाकर छत्तीस में, और उनके साथ शराब पीना शुरू कर दिया। जब शराब उनके सिर में थोड़ा चढ़ गई, तो उसने उन्हें इस प्रकार संबोधित करके उनकी आत्मा को और भी जगाने की कोशिश की: 'सज्जनों, यहाँ हम एक अलग-थलग क्षेत्र के दिल में हैं, कुछ महान कारनामों से धन और सम्मान प्राप्त करने के लिए उत्सुक हैं। अब ऐसा होता है कि Hsiung-no का एक राजदूत कुछ दिन पहले ही इस राज्य में आया था, और इसका परिणाम यह है कि हमारे शाही मेजबान द्वारा हमारे प्रति बढ़ाया गया सम्मानजनक शिष्टाचार गायब हो गया है। क्या इस दूत को हमारी पार्टी को जब्त करने और हमें ह्सियुंग-नो को सौंपने के लिए उस पर प्रबल होना चाहिए, हमारी हड्डियां रेगिस्तान के भेड़ियों के लिए भोजन बन जाएंगी। हम क्या करें?' एक समझौते के साथ, अधिकारियों ने जवाब दिया: 'जैसा कि हम अपने जीवन के जोखिम में खड़े हैं, हम जीवन और मृत्यु के माध्यम से अपने कमांडर का पालन करेंगे। इस साहसिक कार्य की अगली कड़ी के लिए, अध्याय XII देखें। § 1, नोट।

52. हम पड़ोसी राजकुमारों के साथ गठबंधन में प्रवेश नहीं कर सकते जब तक कि हम उनके डिजाइनों से परिचित न हों। हम मार्च पर एक सेना का नेतृत्व करने के लिए फिट नहीं हैं जब तक कि हम देश के चेहरे से परिचित न हों - इसके पहाड़ और जंगल, इसके नुकसान और अवक्षेप, इसके दलदल और दलदल। जब तक हम स्थानीय गाइडों का उपयोग नहीं करते हैं, तब तक हम प्राकृतिक लाभों को ध्यान में नहीं रख पाएंगे।

[इन तीन वाक्यों को VII §§ 12-14 से दोहराया गया है - उनके महत्व पर जोर देने के लिए, टीकाकार सोचते हैं। मैं निम्नलिखित शब्दों के लिए एक पूर्ववर्ती बनाने के लिए उन्हें यहां प्रक्षेपित के रूप में मानना पसंद करता हूं। स्थानीय गाइडों के संबंध में, सन त्ज़ी ने कहा होगा कि हमेशा गलत होने का जोखिम होता है, या तो उनके विश्वासघात या कुछ गलतफहमी जैसे कि लिवी रिकॉर्ड (XXII. 13): हैनिबल, हमें बताया गया है, उसे कैसिनम के पड़ोस में ले जाने के लिए एक गाइड का आदेश दिया, जहां कब्जा करने के लिए एक महत्वपूर्ण पास था; लेकिन उनके कार्थागिनियन उच्चारण, लैटिन नामों के उच्चारण के लिए अनुपयुक्त, गाइड को कैसिनम के बजाय कैसिलिनम को समझने का कारण बना, और अपने उचित मार्ग से मुड़कर, उन्होंने सेना को उस दिशा में ले लिया, गलती की खोज तब तक नहीं की जा रही थी जब तक कि वे लगभग नहीं आ गए थे।

53. निम्नलिखित चार या पांच सिद्धांतों में से किसी एक से अनभिज्ञ होना एक जंगी राजकुमार को शोभा नहीं देता।

54. जब एक जंगी राजकुमार एक शक्तिशाली राज्य पर हमला करता है, तो उसकी सेनापति दुश्मन की सेना की एकाग्रता को रोकने में खुद को दिखाती है। वह अपने विरोधियों पर हावी हो जाता है, और उनके सहयोगियों को उसके खिलाफ शामिल होने से रोका जाता है।

[मेई ताओ-चेन तर्क की श्रृंखलाओं में से एक का निर्माण करता है जो चीनी से बहुत प्रभावित होते हैं: "एक शक्तिशाली राज्य पर हमला करने में, यदि आप उसकी सेनाओं को विभाजित कर सकते हैं, तो आपके पास ताकत में श्रेष्ठता होगी; यदि आपके पास ताकत में श्रेष्ठता है, तो आप दुश्मन को पछाड़ देंगे; यदि आप दुश्मन को पराजित करते हैं, तो पड़ोसी राज्य भयभीत हो जाएंगे; और अगर पड़ोसी राज्य भयभीत हैं, तो दुश्मन के सहयोगियों को उसके साथ जुड़ने से रोका जाएगा। निम्नलिखित एक मजबूत अर्थ देता है: "यदि महान राज्य एक बार हार गया है (इससे पहले कि उसके पास अपने सहयोगियों को बुलाने का समय हो), तो कम राज्य अलग रहेंगे और अपनी सेना को इकट्ठा करने से बचेंगे। चेन हाओ और चांग यू वाक्य को दूसरे तरीके से लेते हैं। पूर्व कहता है: "शक्तिशाली हालांकि एक राजकुमार हो सकता है, अगर वह एक बड़े राज्य पर हमला करता है, तो वह पर्याप्त सैनिकों को जुटाने में असमर्थ होगा, और बाहरी सहायता पर कुछ हद तक भरोसा करना चाहिए; यदि वह इससे दूर हो जाता है, और अपनी ताकत पर अत्यधिक विश्वास के साथ, बस दुश्मन को डराने की कोशिश करता है, तो वह निश्चित रूप से हार जाएगा। चांग यू अपना विचार इस प्रकार रखता है: "यदि हम एक बड़े राज्य पर लापरवाही से हमला करते हैं, तो हमारे अपने लोग असंतुष्ट होंगे और पीछे हट जाएंगे। लेकिन अगर (जैसा कि तब होगा) सैन्य बल का हमारा प्रदर्शन दुश्मन के आधे से कम है, तो अन्य सरदार डर जाएंगे और हमारे साथ शामिल होने से इनकार कर देंगे।

55. इसलिए वह खुद को सभी और विविध के साथ सहयोगी बनाने का प्रयास नहीं करता है, न ही वह अन्य राज्यों की शक्ति को बढ़ावा देता है। वह अपने स्वयं के गुप्त डिजाइनों को अंजाम देता है, अपने विरोधियों को विस्मय में रखता है।

[विचार की ट्रेन, जैसा कि ली चुआन ने कहा है, यह प्रतीत होता है: अपने दुश्मनों के संयोजन के खिलाफ सुरक्षित, "वह उलझने वाले गठबंधनों को अस्वीकार कर सकता है और बस अपने स्वयं के गुप्त डिजाइनों का पीछा कर सकता है, उसकी प्रतिष्ठा उसे बाहरी दोस्ती से दूर करने में सक्षम बनाती है।

इस प्रकार वह उनके शहरों पर कब्जा करने और उनके राज्यों को उखाड़ फेंकने में सक्षम है।

[यह पैराग्राफ, हालांकि चिन राज्य के एक गंभीर खतरा बनने से कई साल पहले लिखा गया था, उस नीति का एक बुरा सारांश नहीं है जिसके द्वारा प्रसिद्ध छह कुलपतियों ने धीरे-धीरे शिह हुआंग ती के तहत अपनी अंतिम जीत का मार्ग प्रशस्त किया। चांग यू, अपने पिछले नोट का अनुसरण करते हुए, सोचता है कि सन त्ज़ी ठंडे खून वाले स्वार्थ और घृणित अलगाव के इस रवैये की निंदा कर रहा है।

56. नियम की परवाह किए बिना पुरस्कार प्रदान करें,

[वू त्ज़ी (अध्याय 3) कम बुद्धिमानी से कहते हैं: "अग्रिम को बड़े पैमाने पर पुरस्कृत किया जाए और पीछे हटने को भारी सजा दी जाए।

आदेश जारी करें

[सचमुच, "लटका" या पोस्ट अप।

पिछली व्यवस्थाओं की परवाह किए बिना;

["विश्वासघात को रोकने के लिए," वांग हसी कहते हैं। सामान्य अर्थ को सु-मा फा से त्साओ कुंग के उद्धरण से स्पष्ट किया गया है: "केवल दुश्मन को देखने पर निर्देश दें; जब आप योग्य कर्म देखते हैं तो इनाम दें। त्साओ कुंग की व्याख्या: "आप अपनी सेना को जो अंतिम निर्देश देते हैं, वह उन लोगों के अनुरूप नहीं होना चाहिए जिन्हें पहले तैनात किया गया है। चांग यू इसे सरल बनाता है "आपकी व्यवस्था को पहले से प्रकट नहीं किया जाना चाहिए। और चिया लिन कहती है: "आपके नियमों और व्यवस्थाओं में कोई स्थिरता नहीं होनी चाहिए। न केवल आपकी योजनाओं को ज्ञात करने में खतरा है, बल्कि युद्ध अक्सर अंतिम क्षण में उनके पूरे उलटफेर की आवश्यकता होती है।

और आप एक पूरी सेना को संभालने में सक्षम होंगे जैसे कि आपको एक ही आदमी के साथ करना था।

57. अपने सैनिकों का सामना कर्म से करो; उन्हें कभी भी अपने डिजाइन के बारे में न बताएं।

[शाब्दिक रूप से, "उन्हें शब्द मत बताओ;" यानी किसी भी आदेश के लिए अपने कारण न दें। लॉर्ड मैन्सफील्ड ने एक बार एक कनिष्ठ सहयोगी से कहा कि वह अपने निर्णयों के लिए "कोई कारण न बताए", और यह कहावत एक न्यायाधीश की तुलना में एक जनरल पर और भी अधिक लागू होती है।

जब दृष्टिकोण उज्ज्वल हो, तो उसे उनकी आंखों के सामने लाओ; लेकिन जब स्थिति निराशाजनक हो तो उन्हें कुछ न बताएं।

58. अपनी सेना को घातक संकट में डाल दो, और वह बच जाएगी; इसे हताश जलडमरूमध्य में डुबो दें, और यह सुरक्षा में आ जाएगा।

[सन त्ज़ी के इन शब्दों को एक बार हान सिन ने अपनी सबसे शानदार लड़ाइयों में से एक में नियोजित रणनीति के स्पष्टीकरण में उद्धृत किया था, जिसका उल्लेख पहले ही पृष्ठ 28 पर किया गया था। 204 ईसा पूर्व में, उसे चाओ की सेना के खिलाफ भेजा गया था, और चिंग-हिंग दर्रे के मुहाने से दस मील की दूरी पर रुक गया, जहां दुश्मन पूरी ताकत से जुटा था। यहां, आधी रात को, उन्होंने 2000 प्रकाश घुड़सवार सेना के एक शरीर को अलग कर दिया, जिनमें से हर आदमी लाल झंडे से सुसज्जित था। उनके निर्देश संकीर्ण डिफाइल्स के माध्यम से अपना रास्ता बनाने और दुश्मन पर गुप्त निगरानी रखने के लिए थे। "जब चाओ के लोग मुझे पूरी उड़ान में देखेंगे," हान सिन ने कहा, "वे अपने किलेबंदी को छोड़ देंगे और पीछा करेंगे। यह आपके लिए संकेत होना चाहिए कि आप अंदर जाएं, चाओ मानकों को नीचे गिराएं और उनके स्थान पर हान के लाल बैनर स्थापित करें। फिर अपने अन्य अधिकारियों की ओर मुड़ते हुए, उन्होंने टिप्पणी की: "हमारा विरोधी एक मजबूत स्थिति रखता है, और जब तक वह कमांडर-इन-चीफ के मानक और ड्रम को नहीं देखता, तब तक बाहर आने और हम पर हमला करने की संभावना नहीं है, इस डर से कि मैं वापस मुड़ जाऊं और पहाड़ों से बच जाऊं। इतना कहकर उसने सबसे पहले १०,० आदमियों की एक टुकड़ी भेजी, और उन्हें आदेश दिया कि वे युद्ध की पंक्ति में अपनी पीठ के बल टीआई नदी की ओर जाएँ। इस युद्धाभ्यास को देखकर, चाओ की पूरी सेना जोर से हँसने लगी। इस समय तक यह व्यापक दिन का उजाला था, और हान हसीन, जनरलिसिमो के झंडे को प्रदर्शित करते हुए, ड्रम की पिटाई के साथ दर्रे से बाहर निकल गया, और तुरंत दुश्मन द्वारा लगाया गया। एक महान लड़ाई हुई, जो कुछ समय तक चली; लंबाई तक हान हसिन और उनके सहयोगी चांग नी, मैदान पर ड्रम और बैनर छोड़कर, नदी के तट पर विभाजन में भाग गए, जहां एक और भयंकर लड़ाई छिड़ी हुई थी। शत्रु उनका पीछा करने और ट्राफियों को सुरक्षित करने के लिए दौड़ा, इस प्रकार पुरुषों की उनकी प्राचीर को नष्ट कर दिया; लेकिन दोनों सेनापति दूसरी सेना में शामिल होने में सफल रहे, जो अत्यंत

हताशा के साथ लड़ रही थी। अब 2000 घुड़सवारों के लिए अपनी भूमिका निभाने का समय आ गया था। जैसे ही उन्होंने चाओ के लोगों को अपने लाभ का पीछा करते देखा, उन्होंने सुनसान दीवारों के पीछे सरपट दौड़ लगाई, दुश्मन के झंडे फाड़ दिए और उन्हें हान के लोगों द्वारा बदल दिया। जब चाओ सेना ने पीछा करने से पीछे मुड़कर देखा, तो इन लाल झंडों की दृष्टि ने उन्हें आतंक से मारा। यह मानते हुए कि हंस अंदर आ गया था और अपने राजा पर काबू पा लिया था, वे जंगली अव्यवस्था में टूट गए, उनके नेता के आतंक को व्यर्थ रहने के हर प्रयास को व्यर्थ में रखा गया। तब हान सेना दोनों तरफ से उन पर गिर गई और मार्ग को पूरा किया, एक संख्या को मार डाला और बाकी को पकड़ लिया, जिनमें से राजा या खुद था...। लड़ाई के बाद, हान सिन के कुछ अधिकारी उनके पास आए और कहा: "*युद्ध की कला में* हमें बताया जाता है कि दाहिने पीछे एक पहाड़ी या ट्यूलस है, और बाएं मोर्चे पर एक नदी या दलदल है। [यह सन त्ज़ी और ताई कुंग का मिश्रण प्रतीत होता है। IX § 9 देखें, और ध्यान दें। इसके विपरीत, आपने हमें अपनी पीठ पर नदी के साथ अपने सैनिकों को खींचने का आदेश दिया। इन परिस्थितियों में, आपने जीत हासिल करने का प्रबंधन कैसे किया? जनरल ने उत्तर दिया: "मुझे डर है कि आप सज्जनों ने युद्ध की कला का पर्याप्त देखभाल से अध्ययन नहीं किया है। क्या वहां यह नहीं लिखा है: 'अपनी सेना को हताश तनाव में डुबो दो और वह सुरक्षित रूप से उतर जाएगी; इसे घातक संकट में रखें और यह बच जाएगा '? अगर मैंने सामान्य पाठ्यक्रम लिया होता, तो मुझे कभी भी अपने सहयोगी को गोल करने में सक्षम नहीं होना चाहिए था। मिलिट्री क्लासिक क्या कहता है- 'बाजार-स्थान पर झपट्टा मारो और पुरुषों को लड़ने के लिए भगाओ। [यह अंश सूर्य त्ज़ि के वर्तमान पाठ में नहीं होता है। अगर मैंने अपने सैनिकों को ऐसी स्थिति में नहीं रखा होता जहां वे अपने जीवन के लिए लड़ने के लिए बाध्य थे, लेकिन प्रत्येक व्यक्ति को अपने विवेक का पालन करने की अनुमति दी गई थी, तो एक सामान्य डेबैंडेड होता, और उनके साथ कुछ भी करना असंभव होता। अधिकारियों ने अपने तर्क के बल को स्वीकार किया, और कहा: "ये उच्च रणनीति की तुलना में हम सक्षम होना चाहिए था। [देखें *Ch'ien* हान शू, अध्याय 34, ff. 4, 5.]]

59. क्योंकि यह ठीक है जब एक बल नुकसान के रास्ते में गिर गया है जो जीत के लिए एक झटका मारने में सक्षम है।

[खतरे का एक ब्रेसिंग प्रभाव है।

60. युद्ध में सफलता दुश्मन के उद्देश्य के लिए खुद को सावधानीपूर्वक समायोजित करके प्राप्त की जाती है।

[त्साओ कुंग कहते हैं: "मूर्खता का बहाना" - दुश्मन की इच्छाओं के साथ झुकने और गिरने की उपस्थिति से। चांग यू का नोट अर्थ स्पष्ट करता है: "यदि दुश्मन आगे बढ़ने के लिए झुकाव दिखाता है, तो उसे ऐसा करने के लिए लुभाएं; यदि वह पीछे हटने के लिए उत्सुक है, तो इस

उद्देश्य से देरी करें कि वह अपने इरादे को पूरा कर सके। उद्देश्य यह है कि हम अपना हमला करने से पहले उसे क्षमा और तिरस्कारपूर्ण बनाएं।

61. दुश्मन के फ्लैंक पर लगातार लटककर,

[मैं पहले चार शब्दों को समझता हूं जिसका अर्थ है "एक दिशा में दुश्मन के साथ। त्साओ कुंग कहते हैं: "सैनिकों को एकजुट करें और दुश्मन के लिए बनाएं। लेकिन पात्रों का ऐसा हिंसक विस्थापन काफी अक्षम्य है।

हम लंबे समय में सफल होंगे

[शाब्दिक रूप से, "एक हजार ली के बाद।

कमांडर-इन-चीफ को मारने में।

[हमेशा चीनी के साथ एक महान बिंदु।

62. इसे सरासर चालाकी से किसी काम को पूरा करने की क्षमता कहा जाता है।

63. जिस दिन तुम अपनी आज्ञा ग्रहण करो, सीमा दर्रों को अवरुद्ध करो, सरकारी लम्हों को नष्ट करो।

[ये बांस या लकड़ी की गोलियाँ थीं, जिनमें से एक आधा गेट के प्रभारी अधिकारी द्वारा परमिट या पासपोर्ट के रूप में जारी किया गया था। सीएफ। लुन यू III के "बॉर्डर-वार्डेन" । 24, जिनके समान कर्तव्य हो सकते थे। जब यह आधा उसे वापस कर दिया गया, तो एक निश्चित अवधि के भीतर, उसे गेट खोलने और यात्री को अंदर जाने देने के लिए अधिकृत किया गया।

और सभी दूतों के मार्ग को रोकें।

[या तो दुश्मन के देश से या से।

64. परिषद-कक्ष में कठोर रहो,

[कोई कमजोरी न दिखाएं, और संप्रभु द्वारा अपनी योजनाओं की पुष्टि किए जाने पर जोर दें।

ताकि आप स्थिति को नियंत्रित कर सकें।

[मेई याओ-चेन पूरे वाक्य का अर्थ समझता है: अपने विचार-विमर्श में गोपनीयता सुनिश्चित करने के लिए सबसे सख्त सावधानी बरतें।

65. यदि दुश्मन एक दरवाजा खुला छोड़ देता है, तो आपको जल्दी से अंदर जाना चाहिए।

66. अपने प्रतिद्वंद्वी को जब्त करके रोकें जो उसे प्रिय है,

और सूक्ष्म रूप से जमीन पर उसके आगमन के समय के लिए संघर्ष करते हैं।

[चेन हाओ की व्याख्या: "यदि मैं एक अनुकूल स्थिति को जब्त करने का प्रबंधन करता हूं, लेकिन दुश्मन दृश्य पर दिखाई नहीं देता है, तो इस प्रकार प्राप्त लाभ को किसी भी व्यावहारिक खाते में नहीं बदला जा सकता है। वह जो इसलिए दुश्मन के लिए महत्व की स्थिति पर कब्जा करने का इरादा रखता है, उसे एक कलात्मक नियुक्ति करके शुरू करना चाहिए, इसलिए बोलने के लिए, अपने विरोधी के साथ, और उसे वहां जाने के लिए भी राजी करना चाहिए। मेई याओ-चेन बताते हैं कि यह "कलात्मक नियुक्ति" दुश्मन के अपने जासूसों के माध्यम से की जानी है, जो केवल उस जानकारी को वापस ले जाएंगे जो हम उन्हें देने के लिए चुनते हैं। फिर, चालाकी से हमारे इरादों का खुलासा करने के बाद, "हमें प्रबंधन करना चाहिए, हालांकि दुश्मन के बाद शुरू करना, उसके सामने आने के लिए (VII। § 4). हमें उसके पीछे चलना शुरू करना चाहिए ताकि वह आगे बढ़ सके; बिना किसी परेशानी के जगह पर कब्जा करने के लिए हमें उसके सामने पहुंचना चाहिए। इस प्रकार लिया गया, वर्तमान मार्ग मेई याओ-चेन की § 47 की व्याख्या को कुछ समर्थन देता है।

67. नियम द्वारा परिभाषित पथ में चलो,

[चिया लिन कहते हैं: "जीत ही एकमात्र ऐसी चीज है जो मायने रखती है, और यह पारंपरिक कैनन का पालन करके हासिल नहीं की जा सकती है। यह दुर्भाग्यपूर्ण है कि यह संस्करण बहुत मामूली अधिकार पर टिकी हुई है, क्योंकि प्राप्त अर्थ निश्चित रूप से बहुत अधिक संतोषजनक है। नेपोलियन, जैसा कि हम जानते हैं, पुराने स्कूल के दिग्गजों के अनुसार, जिन्हें उन्होंने हराया था, युद्ध के हर स्वीकृत कैनन का उल्लंघन करके अपनी लड़ाई जीती।

और अपने आप को दुश्मन के साथ समायोजित करें जब तक कि आप एक निर्णायक लड़ाई नहीं लड़ सकते।

[तू म्यू कहते हैं: "दुश्मन की रणनीति के अनुरूप जब तक एक अनुकूल अवसर प्रदान नहीं करता है; फिर आगे आओ और एक लड़ाई में शामिल हों जो निर्णायक साबित होगी।

68. फिर, सबसे पहले, एक युवती की कोयनेस का प्रदर्शन करें, जब तक कि दुश्मन आपको एक उद्घाटन न दे; बाद में एक दौड़ते हुए खरगोश की कठोरता का अनुकरण करें, और दुश्मन के लिए आपका विरोध करने में बहुत देर हो जाएगी।

[जैसा कि खरगोश अपनी चरम समयबद्धता के लिए विख्यात है, तुलना शायद ही शानदार लगती है। लेकिन निश्चित रूप से सन त्जी केवल अपनी गति के बारे में सोच रहा था। शब्दों का अर्थ लिया गया है: आपको दुश्मन से भागना चाहिए जैसे कि एक भागने वाला खरगोश; लेकिन यह सही रूप से तू मु द्वारा खारिज कर दिया गया है।

[1] जाइल्स का जीवनी शब्दकोश, नहीं।

[2] "युद्ध का विज्ञान," पी।

[3] "स्टोनवेल जैक्सन," वॉल्यूम।

अध्याय XII आग से हमला

[बल्कि आधे से अधिक अध्याय (§§ 1-13) आग के विषय के लिए समर्पित है, जिसके बाद लेखक अन्य विषयों में शाखा लगाता है।

1. सुन त्ज़ी ने कहा: आग से हमला करने के पांच तरीके हैं। पहला है सैनिकों को उनके शिविर में जलाना;

[तो तू मु. ली चुआन कहते हैं: "शिविर में आग लगा दो, और सैनिकों को मार डालो" (जब वे आग की लपटों से बचने की कोशिश करते हैं)। पान चाओ, शान-शान के राजा के लिए एक राजनयिक मिशन पर भेजा गया [देखें XI. § 51, नोट], ने खुद को Hsiung-nu [चीनी के नश्वर दुश्मन] से एक दूत के अप्रत्याशित आगमन से अत्यधिक संकट में पाया। अपने अधिकारियों के परामर्श से, उन्होंने कहा: "कभी उद्यम मत करो, कभी मत जीतो! [1] अब हमारे लिए खुला एकमात्र रास्ता रात की आड़ में बर्बर लोगों पर आग से हमला करना है, जब वे हमारी संख्या को समझने में सक्षम नहीं होंगे। उनकी दहशत से लाभ उठाकर हम उन्हें पूरी तरह से नष्ट कर देंगे; यह राजा के साहस को ठंडा करेगा और हमारे मिशन की सफलता सुनिश्चित करने के अलावा, हमें महिमा के साथ कवर करेगा। सभी अधिकारियों ने जवाब दिया कि पहले इस मामले पर इंटेंट के साथ चर्चा करना आवश्यक होगा। पान चाओ फिर एक जुनून में गिर गया: 'यह आज है,' वह रोया, 'कि हमारे भाग्य का फैसला किया जाना चाहिए! इरादा केवल एक विनम्र नागरिक है, जो हमारी परियोजना के बारे में सुनकर निश्चित रूप से डर जाएगा, और सब कुछ प्रकाश में लाया जाएगा। एक गौरवशाली मौत बहादुर योद्धाओं के लिए कोई योग्य भाग्य है। ' तब सभी उसकी इच्छानुसार करने के लिए तैयार हो गए। तदनुसार, जैसे ही रात हुई, उसने और उसके छोटे बैंड ने जल्दी से बर्बर शिविर में अपना रास्ता बना लिया। उस समय तेज आंधी चल रही थी। पान चाओ ने दल के दस लोगों को ढोल लेने और दुश्मन की बैरक के पीछे छिपने का आदेश दिया, यह व्यवस्था की जा रही थी कि जब वे आग की लपटें उठते देखें, तो उन्हें अपनी पूरी ताकत से ढोल बजाना और चिल्लाना शुरू कर देना चाहिए। उनके बाकी लोग, धनुष और क्रॉसबो से लैस, उन्होंने शिविर के द्वार पर घात लगाकर तैनात किया। फिर उसने हवा की ओर से उस जगह में आग लगा दी, जिसके बाद ह्सियुंग-नू के आगे और पीछे ड्रम और चिल्लाने की एक गगनभेदी आवाज उठी, जो उन्मत्त अव्यवस्था में पेल-मेल से बाहर निकल गया। पान चाओ ने उनमें से तीन को अपने हाथ से मार डाला, जबकि उसके साथियों ने दूत के सिर और उसके तीस सूट काट दिए। शेष, सभी में सौ से अधिक, आग की लपटों में नष्ट हो गए। दूसरे दिन पान चाओ ने अपने विचारों को विभाजित करते हुए हाथ उठाकर कहा: 'हालांकि आप कल रात हमारे साथ नहीं गए थे, लेकिन मुझे यह नहीं सोचना चाहिए कि हम अपने कारनामे का एकमात्र श्रेय लेंगे। इससे कुओ सुन संतुष्ट हो गया और पान चाओ ने शान-शान के राजा कुआंग को बुलाकर उसे बर्बर दूत का सिर दिखाया। पूरे राज्य को भय और कांप के साथ जब्त कर लिया गया था, जिसे पान चाओ ने सार्वजनिक घोषणा जारी

करके दूर करने के लिए कदम उठाए। फिर, राजा के बेटों को बंधक बनाकर वह ताऊ कू को अपनी रिपोर्ट देने के लिए लौट आया। *होउ हान शू, अध्याय 47, एफएफ।*

दूसरा है दुकानों को जलाना है;

[*तू म्यू* कहते हैं: "प्रावधान, ईंधन और चारा। कियांगनान की विद्रोही आबादी को वश में करने के लिए, काओ केंग ने सुई राजवंश के वेन ती को समय-समय पर छापे मारने और अनाज के अपने भंडार को जलाने की सिफारिश की, एक नीति जो लंबे समय में पूरी तरह से सफल साबित हुई।

तीसरा है बैगेज ट्रेनों को जलाना;

[*दिया गया एक उदाहरण 200 ईस्वी में त्साओ त्साओ द्वारा युआन शाओ के वैगनों और बाधा का विनाश है*]

चौथा शस्त्रागार और पत्रिकाओं को जलाना है;

[*तू म्यू* का कहना है कि "शस्त्रागार" और "पत्रिकाओं" में निहित चीजें समान हैं। वह हथियार और अन्य उपकरण, बुलियन और कपड़े निर्दिष्ट करता है। *सीएफ सातवीं*। § 11.]

पांचवां दुश्मन के बीच आग गिराना है।

[*तू यू तुंग टीएन* में कहता है: "दुश्मन के शिविर में आग लगाने के लिए। जिस विधि से यह किया जा सकता है वह तीरों की युक्तियों को एक ब्रेज़ियर में डुबोकर सेट करना है, और फिर उन्हें शक्तिशाली क्रॉसबो से दुश्मन की रेखाओं में शूट करना है।

2. हमले को अंजाम देने के लिए, हमारे पास साधन उपलब्ध होने चाहिए।

[*त्साओ कुंग* सोचता है कि "दुश्मन के शिविर में गद्दारों" को संदर्भित किया जाता है। लेकिन *चेन हाओ* यह कहने में सही होने की अधिक संभावना है: "हमारे पास सामान्य रूप से अनुकूल परिस्थितियां होनी चाहिए, न कि केवल हमारी मदद करने के लिए गद्दार। *चिया लिन* कहते हैं: "हमें हवा और शुष्क मौसम का लाभ उठाना चाहिए।

आग उठाने के लिए सामग्री हमेशा तैयार रखी जानी चाहिए।

[*तू म्यू* आग बनाने के लिए सामग्री के रूप में सुझाव देता है: "सूखी वनस्पति पदार्थ, नरकट, ब्रशवुड, पुआल, तेल, तेल, आदि। यहाँ हमारे पास भौतिक कारण है। *चांग यू* कहते हैं: "आग जमा करने के लिए बर्तन, आग जलाने के लिए सामान।

3. आग से हमला करने के लिए एक उचित मौसम है, और आग शुरू करने के लिए विशेष दिन हैं।

4. उचित मौसम तब होता है जब मौसम बहुत शुष्क होता है; विशेष दिन वे होते हैं जब चंद्रमा छलनी, दीवार, विंग या क्रॉस-बार के नक्षत्रों में होता है;

[ये क्रमशः, अट्ठाईस तारकीय हवेली के 7 वें, 14 वें, 27 वें और 28 वें हैं, जो मोटे तौर पर धनु, पेगासस, क्रेटर और कोरवस के अनुरूप हैं।

क्योंकि ये चारों दिन उफनती हवा के हैं।

5. आग से हमला करने में, पांच संभावित विकासों को पूरा करने के लिए तैयार रहना चाहिए:

6. (1) जब दुश्मन के शिविर के अंदर आग लग जाती है, तो तुरंत बाहर से हमले के साथ जवाब दें।

7. (2) यदि आग का प्रकोप हो, लेकिन दुश्मन के सैनिक शांत रहें, अपना समय बिताएं और हमला न करें।

[आग से हमला करने का मुख्य उद्देश्य दुश्मन को भ्रम में डालना है। यदि यह प्रभाव उत्पन्न नहीं होता है, तो इसका मतलब है कि दुश्मन हमें प्राप्त करने के लिए तैयार है। इसलिए सावधानी की आवश्यकता है।

8. (3) जब आग की लपटों का बल अपनी ऊंचाई पर पहुंच जाए, तो उस पर हमला करें, यदि यह व्यावहारिक है; यदि नहीं, तो आप जहां हैं वहीं रहें।

[त्साओ कुंग कहते हैं: "यदि आप एक संभावित रास्ता देखते हैं, तो आगे बढ़ें; लेकिन अगर आपको कठिनाइयाँ बहुत बड़ी लगती हैं, तो रिटायर हो जाएँ।

9. (4) यदि बाहर से आग से हमला करना संभव है, तो इसके भीतर टूटने की प्रतीक्षा न करें, बल्कि अनुकूल समय पर अपना हमला करें।

[तू म्यू का कहना है कि पिछले पैराग्राफ में दुश्मन के शिविर के अंदर आग लगने (या तो गलती से, हम मान सकते हैं, या आग लगाने वालों की एजेंसी द्वारा) का संदर्भ था। "लेकिन," वह जारी रखता है, "अगर दुश्मन घास की मात्रा से अटे हुए एक बेकार जगह में बस गया है, या अगर उसने अपने शिविर को ऐसी स्थिति में खड़ा किया है जिसे जलाया जा सकता है, तो हमें किसी भी मौसमी अवसर पर उसके खिलाफ अपनी आग ले जानी चाहिए, और इंतजार नहीं करना चाहिए भीतर होने वाले प्रकोप की उम्मीद में, इस डर से कि हमारे विरोधी खुद आसपास की वनस्पति को जला दें, और इस प्रकार हमारे अपने प्रयासों को निष्फल कर देते हैं। प्रसिद्ध ली लिंग ने एक बार Hsiung-nu के नेता को इस तरह से चकित कर दिया था। उत्तरार्द्ध ने अनुकूल हवा का लाभ उठाते हुए, चीनी जनरल के शिविर में आग लगाने की कोशिश की, लेकिन पाया कि पड़ोस में दहनशील वनस्पति के हर स्क्रैप को पहले ही जला दिया गया था। दूसरी ओर, पीली पगड़ी

विद्रोहियों के एक सेनापति पो-त्साई को इस सरल एहतियात की उपेक्षा के कारण 184 ईस्वी में बुरी तरह से हराया गया था। "एक बड़ी सेना के प्रमुख के रूप में वह चांग-शी को घेर रहा था, जो हुआंग-फू सुंग द्वारा आयोजित किया गया था। गैरीसन बहुत छोटा था, और घबराहट की एक सामान्य भावना रैंकों में व्याप्त थी; इसलिए हुआंग-फू सुंग ने अपने अधिकारियों को एक साथ बुलाया और कहा: "युद्ध में, हमले के विभिन्न अप्रत्यक्ष तरीके हैं, और संख्या हर चीज के लिए नहीं गिना जाता है। [यहाँ टीकाकार सन त्ज़ी, वी. §§ 5, 6 और 10 को उद्धृत करता है। अब विद्रोहियों ने मोटी घास के बीच अपना डेरा खड़ा कर लिया है जो हवा चलने पर आसानी से जल जाएगा। अगर हम रात में इसमें आग लगा देते हैं, तो उन्हें दहशत में डाल दिया जाएगा, और हम एक छंटनी कर सकते हैं और एक ही बार में उन पर सभी तरफ से हमला कर सकते हैं, इस प्रकार टीएन टैन की उपलब्धि का अनुकरण कर सकते हैं। [पृष्ठ 90 देखें। उसी शाम, एक तेज हवा चली; इसलिए हुआंग-फू सुंग ने अपने सैनिकों को निर्देश दिया कि वे नरकट को मशालों में एक साथ बांधें और शहर की दीवारों पर पहरा दें, जिसके बाद उन्होंने साहसी पुरुषों के एक बैंड को भेजा, जिन्होंने चुपके से लाइनों के माध्यम से अपना रास्ता बना लिया और जोर से चिल्लाने और चिल्लाने के साथ आग शुरू कर दी। इसके साथ ही, शहर की दीवारों से प्रकाश की एक चमक उठी, और हुआंग-फू सुंग ने अपने ड्रम बजाते हुए, तेजी से चार्ज किया, जिसने विद्रोहियों को भ्रम में डाल दिया और उन्हें हेडलॉन्ग फ्लाइट में डाल दिया। [होउ हान शू, अध्याय 71।

10. (5) जब तुम आग लगाओ, तो उसे हवा में उड़ा दो। लीवार्ड से हमला न करें।

[चांग यू, तू यू का अनुसरण करते हुए कहता है: "जब आप आग लगाते हैं, तो दुश्मन इससे पीछे हट जाएगा; यदि आप उसके पीछे हटने का विरोध करते हैं और उस पर हमला करते हैं, तो वह सख्त लड़ाई लड़ेगा, जो आपकी सफलता के लिए कम नहीं होगा। तू म्यू द्वारा एक और अधिक स्पष्ट स्पष्टीकरण दिया गया है: "यदि हवा पूर्व में है, तो दुश्मन के पूर्व में जलना शुरू करें, और उस तरफ से खुद पर हमला करें। यदि तू पूर्व की ओर आग लगाना आरम्भ करे और फिर पश्चिम दिशा से आक्रमण करे, तो तू भी अपने शत्रु की तरह ही दुःख उठाएगा।

11. दिन में उठने वाली हवा लंबे समय तक चलती है, लेकिन रात की हवा जल्द ही गिर जाती है।

[सीएफ लाओ त्ज़ी का कहना है: "एक हिंसक हवा सुबह के स्थान पर नहीं रहती है। (*ताओ ते चिंग*, अध्याय 23। मेई याओ-चेन और वांग हसी कहते हैं: "रात में एक दिन की हवा मर जाती है, और दिन के समय रात की हवा। यह एक सामान्य नियम के रूप में होता है। प्रेक्षित घटना पर्याप्त रूप से सही हो सकती है, लेकिन यह अर्थ कैसे प्राप्त किया जाए यह स्पष्ट नहीं है।

12. प्रत्येक सेना में, अग्नि से जुड़ी पांच घटनाओं को जानना चाहिए, सितारों की गति की गणना की जानी चाहिए, और उचित दिनों के लिए एक घड़ी रखी जानी चाहिए।

[तू म्यू कहते हैं: "हमें आग से हमला करने से पहले, सितारों के रास्तों के बारे में गणना करनी चाहिए, और उन दिनों के लिए देखना चाहिए जिन पर हवा उठेगी। चांग यू पाठ की अलग तरह से व्याख्या करता प्रतीत होता है: "हमें न केवल यह जानना चाहिए कि अपने विरोधियों को आग से कैसे मारना है, बल्कि उनसे इसी तरह के हमलों के खिलाफ हमारे गार्ड पर भी रहना चाहिए।

13. इसलिथे जो लोग आक्रमण में सहायता के लिथे आग का उपयोग करते हैं, वे बुद्धि दिखाते हैं; जो लोग हमले में सहायता के रूप में पानी का उपयोग करते हैं, वे ताकत हासिल करते हैं।

14. पानी के माध्यम से, एक दुश्मन को रोका जा सकता है, लेकिन उसकी सारी संपत्ति नहीं लूटी जा सकती है।

[त्साओ कुंग का नोट है: "हम केवल दुश्मन की सड़क को बाधित कर सकते हैं या उसकी सेना को विभाजित कर सकते हैं, लेकिन उसके सभी संचित भंडारों को मिटा नहीं सकते हैं। जल उपयोगी सेवा कर सकता है, लेकिन उसमें अग्नि की भयानक विनाशकारी शक्ति का अभाव है। यही कारण है, चांग यू ने निष्कर्ष निकाला है, क्यों पूर्व को कुछ वाक्यों में खारिज कर दिया गया है, जबकि आग से हमले पर विस्तार से चर्चा की गई है। वू त्ज़ी (अध्याय 4) इस प्रकार दो तत्वों की बात करता है: "यदि एक सेना नीची दलदली जमीन पर डेरा डाले हुए है, जहां से पानी नहीं बह सकता है, और जहां वर्षा भारी है, तो यह बाढ़ से जलमग्न हो सकता है। यदि एक सेना जंगली दलदली भूमि में डेरा डाले हुए है, जो खरपतवार और झाड़ियों से उग आई है, और लगातार आंधी से दौरा किया जाता है, तो यह आग से नष्ट हो सकता है।

15. दुखी उस व्यक्ति का भाग्य है जो अपनी लड़ाई जीतने की कोशिश करता है और उद्यम की भावना पैदा किए बिना अपने हमलों में सफल होता है; परिणाम के लिए समय की बर्बादी और सामान्य ठहराव है।

[यह सुन त्ज़ी में सबसे पेचीदा अंशों में से एक है। त्साओ कुंग कहते हैं: "अच्छी सेवा के लिए पुरस्कार एक दिन भी स्थगित नहीं किया जाना चाहिए। और तू मु: "यदि आप योग्य को आगे बढ़ाने और पुरस्कृत करने का अवसर नहीं लेते हैं, तो आपके अधीनस्थ आपके आदेशों का पालन नहीं करेंगे, और आपदा आ जाएगी। हालांकि, कई कारणों से, और दूसरी तरफ विद्वानों की दुर्जेय सरणी के बावजूद, मैं अकेले मेई याओ-चेन द्वारा सुझाई गई व्याख्या को पसंद करता हूं, जिनके शब्दों को मैं उद्धृत करूंगा: "जो लोग अपनी लड़ाई और हमलों में सफल होना सुनिश्चित करना चाहते हैं, उन्हें अनुकूल क्षणों को जब्त करना चाहिए जब वे आते हैं और इस अवसर पर वीर उपायों से सिकुड़ते नहीं हैं: कहने का तात्पर्य यह है कि उन्हें आग, पानी और इस तरह के हमले के ऐसे साधनों का सहारा लेना चाहिए। उन्हें क्या नहीं करना चाहिए, और जो घातक साबित होगा, वह यह है कि वे अभी भी बैठे रहें और बस उन लाभों को पकड़ें जो उन्हें मिले हैं।

16. इसलिथे यह कहावत है, कि प्रबुद्ध शासक अपक्की योजनाएँ अच्छी रीति पहिले से बताता है; अच्छा जनरल अपने संसाधनों की खेती करता है।

[तू म्यू सैन लुएह, अध्याय 2 से निम्नलिखित उद्धरण देता है: "जंगी राजकुमार अपने सैनिकों को अपने अधिकार से नियंत्रित करता है, उन्हें अच्छे विश्वास से एक साथ किट करता है, और पुरस्कार द्वारा उन्हें सेवा योग्य बनाता है। यदि विश्वास का क्षय होता है, तो व्यवधान होगा; यदि पुरस्कारों की कमी है, तो आदेशों का सम्मान नहीं किया जाएगा।

17. जब तक आपको कोई लाभ न दिखे, तब तक न चलें; अपने सैनिकों का उपयोग न करें जब तक कि कुछ हासिल न हो; तब तक न लड़ें जब तक कि स्थिति महत्वपूर्ण न हो।

[सन त्ज़ी कभी-कभी अति-सतर्क दिखाई दे सकता है, लेकिन वह उस दिशा में कभी भी इतनी दूर नहीं जाता है जितना कि *ताओ ते चिंग*, अध्याय 69 में उल्लेखनीय मार्ग है। "मैं पहल करने की हिम्मत नहीं करता, लेकिन रक्षात्मक पर कार्य करना पसंद करता हूं; मैं एक इंच आगे बढ़ने की हिम्मत नहीं करता, लेकिन एक पैर पीछे हटना पसंद करता। हूं।

18. कोई शासक अपक्की तिल्ली को तृप्त करने के लिथे मैदान में सेना न लगाए; किसी भी जनरल को केवल पिक से बाहर लड़ाई नहीं लड़नी चाहिए।

19. यदि यह आपके लाभ के लिए है, तो आगे बढ़ें; यदि नहीं, तो आप जहां हैं वहीं रहें।

[यह XI. § 17 से दोहराया गया है। यहाँ मुझे विश्वास है कि यह एक प्रक्षेप है, क्योंकि यह स्पष्ट है कि § 20 को तुरंत § 18 का पालन करना चाहिए।

20. क्रोध समय के साथ खुशी में बदल सकता है; क्षोभ को सामग्री द्वारा सफल किया जा सकता है।

21. परन्तु जो राज्य एक बार नाश हो गया है, वह फिर कभी नहीं आ सकता;

[वू राज्य को इस कहावत का एक उदासीन उदाहरण बनना तय था।

न ही मरे हुओं को कभी ज़िंदा किया जा सकता है।

22. इसलिथे ज्ञानी प्रधान चौकस रहता है, और भला सेनापति सावधान रहता है। यह एक देश को शांति और एक सेना को बरकरार रखने का तरीका है।

[1] "जब तक आप बाघ की मांद में प्रवेश नहीं करते, तब तक आप बाघ के शावकों को पकड़ नहीं सकते।

अध्याय **XIII** जासूसों का उपयोग

1. सुन त्ज़ी ने कहा: एक लाख पुरुषों की मेजबानी करना और उन्हें बड़ी दूरी तय करना लोगों पर भारी नुकसान और राज्य के संसाधनों पर एक नाली है। दैनिक खर्च चांदी के एक हजार औंस की राशि होगी।

[सीएफ. II. §§ 1, 13, 14.]

देश-विदेश में हंगामा होगा और पुरुष थककर हाईवे पर उतरेंगे।

[सीएफ *ताओ ते चिंग*, अध्याय 30: "जहां सैनिकों को क्वार्टर किया गया है, वहां ब्रम्बल और कांटे उगते हैं। चांग यू के पास नोट है: "हमें कहावत याद दिलाई जा सकती है: 'गंभीर जमीन पर, लूट में इकट्ठा हो। फिर राजमार्गों पर गाड़ी और परिवहन से थकावट क्यों होनी चाहिए?— इसका उत्तर यह है कि केवल भोजन ही नहीं, बल्कि युद्ध के सभी प्रकार के युद्ध के हथियारों को सेना तक पहुँचाना पड़ता है। इसके अलावा, 'दुश्मन पर चारा' के निषेधाज्ञा का मतलब केवल यह है कि जब कोई सेना शत्रुतापूर्ण क्षेत्र में गहराई से लगी हुई है, तो भोजन की कमी के खिलाफ प्रदान किया जाना चाहिए। इसलिए, मकई के लिए पूरी तरह से दुश्मन पर निर्भर हुए बिना, हमें चारा बनाना चाहिए ताकि आपूर्ति का निर्बाध प्रवाह हो सके। फिर, फिर से, नमक रेगिस्तान जैसे स्थान हैं जहां प्रावधान अप्राप्य होने के कारण, घर से आपूर्ति को दूर नहीं किया जा सकता है।

सात लाख परिवारों को उनके श्रम में बाधा होगी।

[मेई याओ-चेन कहते हैं: "हल की पूंछ पर पुरुषों की कमी होगी। संकेत भूमि को नौ भागों में विभाजित करने की प्रणाली के लिए है, प्रत्येक में लगभग 15 एकड़ जमीन है, केंद्र में भूखंड अन्य आठ के किरायेदारों द्वारा राज्य की ओर से खेती की जा रही है। यह यहाँ भी था, इसलिए तू म्यू हमें बताता है, कि उनके कॉटेज बनाए गए थे और एक अच्छी तरह से डूब गया था, जिसका उपयोग सभी आम तौर पर किया जाता था। [देखें II. § 12, ध्यान दें। युद्ध के समय में, परिवारों में से एक को सेना में सेवा करनी थी, जबकि अन्य सात ने इसके समर्थन में योगदान दिया। इस प्रकार, 100,000 पुरुषों (प्रत्येक परिवार के लिए एक सक्षम सैनिक की गणना करते हुए) की लेवी से 700,000 परिवारों का पालन प्रभावित होगा।

2. शत्रुतापूर्ण सेनाएँ वर्षों तक एक-दूसरे का सामना कर सकती हैं, जो एक ही दिन में तय की गई जीत के लिए प्रयास कर रही हैं। ऐसा होने के कारण, दुश्मन की स्थिति से अनभिज्ञ रहने के लिए केवल इसलिए कि कोई सम्मान और परिलब्धियों में सौ औंस चांदी के खर्च से शिकायत करता है,

["जासूसों के लिए" निश्चित रूप से अर्थ है, हालांकि यह इस उत्सुकता से विस्तृत एक्सोर्डियम के प्रभाव को खराब कर देगा यदि जासूसों का वास्तव में इस बिंदु पर उल्लेख किया गया था।

अमानवीयता की पराकाष्ठा है।

[सन त्ज़ी का समझौता निश्चित रूप से सरल है। वह भयानक दुख और रक्त और खजाने के विशाल व्यय का विज्ञापन करके शुरू करता है जो युद्ध हमेशा अपनी ट्रेन में लाता है। अब, जब तक आपको दुश्मन की स्थिति के बारे में सूचित नहीं किया जाता है, और सही समय पर हमला करने के लिए तैयार नहीं किया जाता है, तब तक युद्ध वर्षों तक खींच सकता है। इस जानकारी को प्राप्त करने का एकमात्र तरीका जासूसों को नियुक्त करना है, और भरोसेमंद जासूसों को प्राप्त करना असंभव है जब तक कि उन्हें उनकी सेवाओं के लिए ठीक से भुगतान नहीं किया जाता है। लेकिन इस उद्देश्य के लिए तुलनात्मक रूप से तुच्छ राशि से शिकायत करना निश्चित रूप से झूठी अर्थव्यवस्था है, जब हर दिन युद्ध चलता है जो एक बड़ी राशि खाता है। यह गंभीर बोझ गरीबों के कंधों पर पड़ता है, और इसलिए सन त्ज़ी ने निष्कर्ष निकाला है कि जासूसों के उपयोग की उपेक्षा करना मानवता के खिलाफ अपराध से कम नहीं है।

3. जो ऐसा काम करता है, वह न तो मनुष्योंका प्रधान है, न अपके प्रभु का कोई उपहार, न जयजयकार का स्वामी।

[यह विचार, कि युद्ध का असली उद्देश्य शांति है, इसकी जड़ चीनियों के राष्ट्रीय स्वभाव में है। यहां तक कि 597 ईसा पूर्व तक, चू राज्य के राजकुमार चुआंग द्वारा ये यादगार शब्द कहे गए थे: "'कौशल' के लिए [चीनी] चरित्र [पात्रों] से बना है] 'रहने के लिए' और 'एक भाला' (शत्रुता की समाप्ति)। सैन्य कौशल क्रूरता के दमन, हथियारों के आह्वान, स्वर्ग की नियुक्ति के संरक्षण, योग्यता की दृढ़ स्थापना, लोगों पर खुशी का श्रेष्ठता, राजकुमारों के बीच सद्भाव डालने, धन के प्रसार में देखा जाता है।

4. इस प्रकार, जो बुद्धिमान संप्रभु और अच्छे सेनापति को हड़ताल करने और जीतने और सामान्य मनुष्यों की पहुंच से परे चीजों को प्राप्त करने में सक्षम बनाता है, वह पूर्वज्ञान है।

[अर्थात्, शत्रु के स्वभाव का ज्ञान, और उसका क्या अर्थ है।

5. अब यह पूर्वज्ञान आत्क्राओं से नहीं लिया जा सकता; यह अनुभव से आगमनात्मक रूप से प्राप्त नहीं किया जा सकता है,

[तू म्यू का नोट है: "[दुश्मन का ज्ञान] अन्य समान मामलों से तर्क द्वारा प्राप्त नहीं किया जा सकता है।

न ही किसी निगमनात्मक गणना द्वारा।

[ली चुआन कहते हैं: "लंबाई, चौड़ाई, दूरी और परिमाण जैसी मात्राएं, सटीक गणितीय निर्धारण के लिए अतिसंवेदनशील हैं; मानवीय कार्यों की इतनी गणना नहीं की जा सकती है।

6. शत्रु के स्वभाव का ज्ञान केवल अन्य पुरुषों से प्राप्त किया जा सकता है।

[मेई याओ-चेन के पास एक दिलचस्प नोट है: "आत्मा-दुनिया का ज्ञान अटकल द्वारा प्राप्त किया जाना है; प्राकृतिक विज्ञान में जानकारी आगमनात्मक तर्क द्वारा मांगी जा सकती है; ब्रह्मांड के नियमों को गणितीय गणना द्वारा सत्यापित किया जा सकता है: लेकिन एक दुश्मन के स्वभाव अकेले जासूसों और जासूसों के माध्यम से पता लगाए जा सकते हैं।

7. इसलिए जासूसों का उपयोग, जिनमें से पांच वर्ग हैं: (1) स्थानीय जासूस; (2) आवक जासूस; (3) परिवर्तित जासूस; (4) बर्बाद जासूस; (5) जीवित जासूस।

8. जब ये पांच प्रकार के जासूस काम पर होते हैं, तो कोई भी गुप्त प्रणाली की खोज नहीं कर सकता है। इसे "धागों का ईश्वरीय हेरफेर" कहा जाता है। यह संप्रभु का सबसे कीमती संकाय है।

[क्रॉमवेल, सभी घुड़सवार नेताओं में सबसे महान और सबसे व्यावहारिक में से एक, अधिकारियों ने 'स्काउट मास्टर्स' को स्टाइल किया था, जिनका व्यवसाय स्काउट्स और जासूसों आदि के माध्यम से दुश्मन के बारे में सभी संभव जानकारी एकत्र करना था, और युद्ध में उनकी अधिकांश सफलता इस प्रकार प्राप्त दुश्मन की चालों के पिछले ज्ञान का पता लगाने योग्य थी। [1]
]

9. *स्थानीय जासूस होने* का अर्थ है किसी जिले के निवासियों की सेवाओं को नियोजित करना।

[तू म्यू कहते हैं: "दुश्मन के देश में, दयालु उपचार से लोगों को जीतें, और उन्हें जासूसों के रूप में उपयोग करें।

10. *आवक जासूस होना*, शत्रु के अधिकारियों का उपयोग करना।

[तू म्यू इस संबंध में अच्छी सेवा करने की संभावना के रूप में निम्नलिखित वर्गों की गणना करता है: "योग्य पुरुष जो पद से अपमानित हुए हैं, अपराधी जो सजा से गुजरे हैं; इसके अलावा, पसंदीदा जो सोने के लिए लालची हैं, जो पुरुष अधीनस्थ पदों पर होने से पीड़ित हैं, या जिन्हें पदों के वितरण में पारित कर दिया गया है, अन्य जो चिंतित हैं कि उनके पक्ष को पराजित किया जाना चाहिए ताकि उन्हें अपनी क्षमता और प्रतिभा प्रदर्शित करने का मौका मिल सके, चंचल टर्नकोट जो हमेशा प्रत्येक नाव में पैर रखना चाहते हैं। वह आगे कहता है, "इन तरह-तरह के अधिकारियों को गुप्त रूप से संपर्क करना चाहिए और अमीर उपहारों के माध्यम से किसी के हितों के लिए बाध्य होना चाहिए। इस तरह आप दुश्मन के देश में मामलों की स्थिति का पता लगाने में सक्षम होंगे, उन योजनाओं का पता लगाएंगे जो आपके खिलाफ बनाई जा रही हैं, और इसके अलावा सद्भाव को बिगाड़ते हैं और संप्रभु और उसके मंत्रियों के बीच दरार पैदा करते हैं। अत्यधिक सावधानी की आवश्यकता, हालांकि, "आवक जासूसों" से निपटने में, हो शिह से संबंधित एक ऐतिहासिक

घटना से प्रकट होती है: "आई-चाउ के गवर्नर लो शांग ने अपने जनरल वेई पो को पी में अपने गढ़ में शू के विद्रोही ली हसुंग पर हमला करने के लिए भेजा। प्रत्येक पक्ष ने कई जीत और हार का अनुभव करने के बाद, ली हसिउंग ने वू-तू के मूल निवासी एक निश्चित पो-ताई की सेवाओं का सहारा लिया था। उसने खून आने तक उसे कोड़े मारना शुरू कर दिया, और फिर उसे लो शांग के पास भेज दिया, जिसे वह शहर के अंदर से उसके साथ सहयोग करने की पेशकश करके और सामान्य हमला करने के लिए सही समय पर आग का संकेत देने के लिए बहकाना था। लो शांग, इन वादों में विश्वास करते हुए, अपने सभी सर्वश्रेष्ठ सैनिकों को बाहर निकालते हैं, और वेई पो और अन्य लोगों को पो-ताई की बोली पर हमला करने के आदेश के साथ उनके सिर पर रखते हैं। इस बीच, ली हसिउंग के जनरल, ली हसियांग ने मार्च की अपनी लाइन पर एक एम्बुस्केड तैयार किया था; और पो-ताई, शहर की दीवारों के खिलाफ लंबी स्केलिंग-सीढ़ी को पीछे करने के बाद, अब बीकन-फायर को जलाया। वेई पो के लोग सिग्नल देखकर दौड़ पड़े और जितनी तेजी से हो सके सीढ़ियों पर चढ़ना शुरू कर दिया, जबकि अन्य ऊपर से नीचे की रस्सियों से खींचे गए थे। लो शांग के सौ से अधिक सैनिकों ने इस तरह से शहर में प्रवेश किया, जिनमें से हर एक को तुरंत सिर काट दिया गय। ली सियुंग ने तब शहर के अंदर और बाहर दोनों जगह अपनी पूरी रोना के साथ आरोप लगाया और दुश्मन को पूरी तरह से खदेड़ दिया। [यह 303 ईस्वी में हुआ था। मुझे नहीं पता कि हो शिह को कहानी कहां से मिली। यह ली हसिउंग या उनके पिता ली टी, *चिन शू*, अध्याय 120, 121 की जीवनी में नहीं दिया गया है।

11. *भेदियों को परिवर्तित करना, शत्रु के भेदियोंको पकड़ना और उन्हें अपने उद्देश्यों के लिए उपयोग करना।*

[भारी रिश्वत और उदार वादों के माध्यम से, उन्हें दुश्मन की सेवा से अलग करना, और उन्हें झूठी जानकारी वापस ले जाने के साथ-साथ अपने ही देशवासियों पर जासूसी करने के लिए प्रेरित करना। दूसरी ओर, ह्सियाओ शिह-ह्सियन का कहना है कि हम उसका पता नहीं लगाने का नाटक करते हैं, लेकिन जो कुछ हो रहा है उसकी गलत धारणा को दूर करने के लिए उसे दूर करने का नाटक करते हैं। कई टिप्पणीकार इसे वैकल्पिक परिभाषा के रूप में स्वीकार करते हैं; लेकिन यह वह नहीं है जो सन त्ज़ी का मतलब था, परिवर्तित जासूस के साथ उदारता से व्यवहार करने के बारे में उनकी बाद की टिप्पणियों से निर्णायक रूप से साबित होता है (§ 21 sqq। हो शिह ने तीन अवसरों को नोट किया है जिन पर परिवर्तित जासूसों का उपयोग विशिष्ट सफलता के साथ किया गया था: (1) टीएन टैन द्वारा ची-मो की रक्षा में (देखें सुप्रा, पृष्ठ 90); (2) चाओ शी द्वारा ओ-यू के लिए अपने मार्च पर (देखें पृष्ठ 57); और 260 ईसा पूर्व में चतुर फैन चू द्वारा, जब लियन पो चिन के खिलाफ रक्षात्मक अभियान चला रहा था। चाओ के राजा ने लियन पो के सतर्क और कमजोर तरीकों को दृढ़ता से अस्वीकार कर दिया, जो छोटी आपदाओं की एक श्रृंखला को टालने में असमर्थ थे, और इसलिए अपने जासूसों की रिपोर्टों के लिए एक तैयार कान दिया, जो गुप्त रूप से दुश्मन के पास गए थे और पहले से ही फैन चू के वेतन में थे। उन्होंने कहा: "केवल एक चीज जो

चिन चिंता का कारण बनती है, वह यह है कि चाओ कुआ को सामान्य नहीं बनाया जाना चाहिए। लियन पो वे एक आसान प्रतिद्वंद्वी मानते हैं, जो लंबे समय में पराजित होना निश्चित है। अब यह चाओ कुआ प्रसिद्ध चाओ शी का पुत्र था। अपने लड़कपन से, वह युद्ध और सैन्य मामलों के अध्ययन में पूरी तरह से तल्लीन था, जब तक कि उसे विश्वास नहीं हुआ कि पूरे साम्राज्य में कोई कमांडर नहीं था जो उसके खिलाफ खड़ा हो सकता था। उनके पिता इस अतिरंजित दंभ से बहुत परेशान थे, और जिस चंचलता के साथ उन्होंने युद्ध जैसी गंभीर बात की थी, और पूरी तरह से घोषणा की कि अगर कभी कुआ को जनरल नियुक्त किया गया, तो वह चाओ की सेनाओं पर बर्बादी लाएगा। यह वह व्यक्ति था, जो अपनी ही मां और अनुभवी राजनेता लिन हसियांग-जू के गंभीर विरोध के बावजूद, अब लियन पो को सफल होने के लिए भेजा गया था। कहने की जरूरत नहीं है, उन्होंने पो ची और चिन की महान सैन्य शक्ति के लिए कोई मुकाबला नहीं साबित किया। वह एक जाल में गिर गया जिसके द्वारा उसकी सेना दो में विभाजित हो गई और उसका संचार कट गया; और 46 दिनों तक चलने वाले एक हताश प्रतिरोध के बाद, जिसके दौरान भूखे सैनिकों ने एक-दूसरे को खा लिया, वह खुद एक तीर से मारा गया था, और उसकी पूरी ताकत, राशि, यह कहा जाता है, 400,000 पुरुषों के लिए, बेरहमी से तलवार से डाल दिया गया।

12. *जासूसों को अभिशप्त करना, धोखे के उद्देश्य से कुछ काम खुले तौर पर करना, और हमारे अपने भेदियोंको उनके बारे में जानने और उन्हें दुश्मन को बताने की अनुमति देना।*

[तू यू अर्थ का सबसे अच्छा विवरण देता है: "हम दिखावटी रूप से अपने स्वयं के जासूसों को धोखा देने के लिए गणना की गई चीजें करते हैं, जिन्हें यह विश्वास करने के लिए प्रेरित किया जाना चाहिए कि उन्हें अनजाने में खुलासा किया गया है। फिर, जब इन जासूसों को दुश्मन की रेखाओं में पकड़ लिया जाता है, तो वे पूरी तरह से झूठी रिपोर्ट करेंगे, और दुश्मन तदनुसार उपाय करेगा, केवल यह पता लगाने के लिए कि हम कुछ अलग करते हैं। इसके बाद जासूसों को मार डाला जाएगा। बर्बाद जासूसों के एक उदाहरण के रूप में, हो शिह ने यारकंद के खिलाफ अपने अभियान में पान चाओ द्वारा रिहा किए गए कैदियों का उल्लेख किया है। (पेज 132 देखें। वह तांग चिएन को भी संदर्भित करता है, जिसे 630 ईस्वी में ताई त्सुंग द्वारा तुर्की कान चीह-ली को कट्टर सुरक्षा में शांत करने के लिए भेजा गया था, जब तक कि ली चिंग उसके खिलाफ एक कुचल झटका देने में सक्षम नहीं था। चांग यू का कहना है कि तुर्कों ने तांग चिएन की हत्या करके खुद का बदला लिया, लेकिन यह एक गलती है, क्योंकि हम पुराने और नए तांग इतिहास (अध्याय 58, पृष्ठ 2 और अध्याय 89, पृष्ठ 8 क्रमशः) दोनों में पढ़ते हैं कि वह बच गया और 656 तक जीवित रहा। ली आई-ची ने 203 ईसा पूर्व में कुछ इसी तरह की भूमिका निभाई, जब हान के राजा ने ची के साथ शांतिपूर्ण बातचीत खोलने के लिए भेजा। उनके पास निश्चित रूप से "बर्बाद जासूस" का वर्णन करने का अधिक दावा है, ची के राजा के लिए, बाद में हान हसिन द्वारा चेतावनी के बिना हमला किया जा रहा था, और ली आई-ची के विश्वासघात से क्रोधित होकर, दुर्भाग्यपूर्ण दूत को जिंदा उबालने का आदेश दिया।

13. *बचे हुए जासूस* अन्त में वे हैं, जो शत्रु की छावनी से समाचार लाते हैं।

[यह जासूसों का सामान्य वर्ग है, ठीक से तथाकथित, सेना का एक नियमित हिस्सा बनता है। तू म्यू कहता है: "तुम्हारा जीवित जासूस गहरी बुद्धि का आदमी होना चाहिए, हालांकि बाहरी रूप में मूर्ख है; जर्जर बाहरी, लेकिन लोहे की इच्छा के साथ। वह सक्रिय, मजबूत, शारीरिक शक्ति और साहस से संपन्न होना चाहिए; पूरी तरह से सभी प्रकार के गंदे काम के आदी, भूख और ठंड को सहन करने में सक्षम, और शर्म और बदनामी के साथ सहन करने के लिए। हो शिह सुई राजवंश के ताहिस वू की निम्नलिखित कहानी बताता है: "जब वह पूर्वी चिन का गवर्नर था, तो ची के शेन-वू ने शा-युआन पर शत्रुतापूर्ण आंदोलन किया। सम्राट ताई त्सू [? काओ त्सू] ने ता-अपने वू को दुश्मन की जासूसी करने के लिए भेजा। उसके साथ दो अन्य लोग भी थे। तीनों घोड़े पर सवार थे और दुश्मन की वर्दी पहने हुए थे। जब अंधेरा हो गया, तो वे दुश्मन के शिविर से कुछ सौ फीट दूर उतर गए और चुपके से सुनने के लिए रेंगते रहे, जब तक कि वे सेना में इस्तेमाल किए गए पासवर्ड को पकड़ने में सफल नहीं हो गए। फिर वे फिर से अपने घोड़ों पर चढ़ गए और साहसपूर्वक नाइट-बॉचगैन की आड़ में शिविर से गुजरे; और एक से अधिक बार, एक सैनिक के सामने आने के लिए, जो अनुशासन का कुछ उल्लंघन कर रहा था, वे वास्तव में अपराधी को एक ध्वनि कुडलिंग देने के लिए रुक गए! इस प्रकार वे शत्रु के स्वभाव के बारे में पूरी जानकारी के साथ लौटने में कामयाब रहे, और सम्राट से गर्मजोशी से प्रशंसा प्राप्त की, जो उनकी रिपोर्ट के परिणामस्वरूप अपने विरोधी पर एक गंभीर हार का कारण बनने में सक्षम थे।

14. इसलिथे सारी सेना में किसी के साथ भी जासूसों से अधिक घनिष्ठ संबंध नहीं हैं।

[तू म्यू और मेई याओ-चेन बताते हैं कि जासूस को जनरल के निजी स्लीपिंग-टेंट में भी प्रवेश करने का विशेषाधिकार प्राप्त है।

किसी को भी अधिक उदारतापूर्वक पुरस्कृत नहीं किया जाना चाहिए। किसी भी अन्य व्यवसाय में अधिक गोपनीयता संरक्षित नहीं की जानी चाहिए।

[तू म्यू एक ग्राफिक स्पर्श देता है: जासूसों के साथ सभी संचार को "मुंह से कान" किया जाना चाहिए। जासूसों पर निम्नलिखित टिप्पणी ट्यूरेन से उद्धृत की जा सकती है, जिन्होंने शायद किसी भी पिछले कमांडर की तुलना में उनका बड़ा उपयोग किया: "जासूस उन लोगों से जुड़े होते हैं जो उन्हें सबसे अधिक देते हैं, जो उन्हें बीमार भुगतान करता है वह कभी भी सेवा नहीं करता है। उन्हें कभी किसी को ज्ञात नहीं होना चाहिए; न ही उन्हें एक दूसरे को जानना चाहिए। जब वे कुछ भी बहुत ही भौतिक प्रस्ताव करते हैं, तो अपने व्यक्तियों को सुरक्षित करें, या अपनी निष्ठा के लिए बंधक के रूप में अपनी पत्नियों और बच्चों को अपने कब्जे में रखें। कभी भी उनसे कुछ भी संवाद न करें, लेकिन जो बिल्कुल जरूरी है वह उन्हें पता होना चाहिए। [2]]

15. जासूसों को एक निश्चित सहज ज्ञान युक्त बुद्धिमत्ता के बिना उपयोगी रूप से नियोजित नहीं किया जा सकता है।

[मेई याओ-चेन कहते हैं: "उनका उपयोग करने के लिए, किसी को झूठ से तथ्य जानना चाहिए, और ईमानदारी और दोहरे व्यवहार के बीच भेदभाव करने में सक्षम होना चाहिए। वांग हसी एक अलग व्याख्या में "सहज धारणा" और "व्यावहारिक बुद्धिमत्ता" की तर्ज पर अधिक सोचते हैं। तू म्यू अजीब तरह से इन विशेषताओं को स्वयं जासूसों को संदर्भित करता है: "जासूसों का उपयोग करने से पहले हमें अपने चरित्र की अखंडता और उनके अनुभव और कौशल की सीमा के बारे में खुद को आश्वस्त करना चाहिए। लेकिन वह आगे कहता है: "एक निर्लज्ज चेहरा और एक धूर्त स्वभाव पहाड़ों या नदियों की तुलना में अधिक खतरनाक है; इस तरह से घुसने के लिए प्रतिभाशाली व्यक्ति की आवश्यकता होती है। ताकि हम मार्ग पर उनकी वास्तविक राय के रूप में कुछ संदेह में रह जाएं।

16. परोपकार और सीधेपन के बिना उन्हें ठीक से प्रबंधित नहीं किया जा सकता है।

[चांग यू कहते हैं: "जब आपने उन्हें पर्याप्त प्रस्तावों से आकर्षित किया है, तो आपको उनके साथ पूर्ण ईमानदारी से व्यवहार करना चाहिए; तब वे अपनी पूरी शक्ति से तुम्हारे लिए काम करेंगे।

17. मन की सूक्ष्म सरलता के बिना, कोई भी उनकी रिपोर्ट की सच्चाई के बारे में निश्चित नहीं कर सकता है।

[मेई याओ-चेन कहते हैं: "दुश्मन की सेवा में जासूसों के जाने की संभावना के खिलाफ अपने गार्ड पर रहें।

18. सूक्ष्म बनो! सूक्ष्म बनो! और हर तरह के व्यवसाय के लिए अपने जासूसों का उपयोग करें।

[सीएफ. VI. § 9.]

19. यदि समय परिपक्व होने से पहले एक जासूस द्वारा समाचार का एक गुप्त टुकड़ा प्रकट किया जाता है, तो उसे उस व्यक्ति के साथ मौत के घाट उतार दिया जाना चाहिए जिसे रहस्य बताया गया था।

[शब्द दर शब्द, यहाँ अनुवाद है: "यदि [हमारी योजनाओं] को पूरा करने से पहले जासूसी के मामलों को सुना जाता है," आदि। इस मार्ग में सूर्य त्ज़ी का मुख्य बिंदु है: जबकि आप स्वयं जासूस को "रहस्य को बाहर निकालने की सजा के रूप में" मारते हैं, दूसरे व्यक्ति को मारने का उद्देश्य केवल है, जैसा कि चेन हाओ कहते हैं, "उसका मुंह बंद करना" और समाचार को आगे लीक होने से रोकना। यदि यह पहले से ही दूसरों के लिए दोहराया गया था, तो यह उद्देश्य प्राप्त नहीं होगा। किसी भी तरह से, सन त्ज़ी खुद को अमानवीयता के आरोप के लिए खुला रखता है, हालांकि तू

म्यू यह कहकर उसका बचाव करने की कोशिश करता है कि आदमी मौत के घाट उतारने का हकदार है, क्योंकि जासूस ने निश्चित रूप से रहस्य नहीं बताया होगा जब तक कि दूसरे को दर्द न हो उसे बाहर निकालने के लिए।

20. चाहे उद्देश्य सेना को कुचलने के लिए, किसी शहर पर हमला करने के लिए, या किसी व्यक्ति की हत्या करने के लिए, परिचारकों, एडजुएट-डी-कैंप के नामों का पता लगाकर शुरू करना हमेशा आवश्यक होता है,

[शाब्दिक रूप से "आगंतुक", बराबर है, जैसा कि तू यू कहते हैं, "जिनका कर्तव्य सामान्य जानकारी के साथ आपूर्ति करना है," जो स्वाभाविक रूप से उनके साथ लगातार साक्षात्कार की आवश्यकता होती है।

कमान में जनरल के द्वारपाल और संतरी। इनका पता लगाने के लिए हमारे जासूसों को कमीशन दिया जाना चाहिए।

[पहले कदम के रूप में, यह पता लगाने की दिशा में कोई संदेह नहीं है कि क्या इनमें से किसी भी महत्वपूर्ण कार्यकर्ता को रिश्वत से जीता जा सकता है।

21. शत्रु के जो जासूस हम पर भेद लेने आए हैं, उन्हें घूस देकर लुभाया जाना चाहिए, दूर ले जाना चाहिए और आराम से रखा जाना चाहिए। इस प्रकार वे परिवर्तित जासूस बन जाएंगे और हमारी सेवा के लिए उपलब्ध होंगे।

22. यह परिवर्तित जासूस द्वारा लाई गई जानकारी के माध्यम से है कि हम स्थानीय और आवक जासूसों को प्राप्त करने और नियोजित करने में सक्षम हैं।

[तू यू कहते हैं: "दुश्मन के जासूसों के रूपांतरण के माध्यम से हम दुश्मन की स्थिति सीखते हैं। और चांग यू कहते हैं: "हमें परिवर्तित जासूस को अपनी सेवा में लुभाना चाहिए, क्योंकि यह वह है जो जानता है कि स्थानीय निवासियों में से कौन लाभ के लालची हैं, और कौन से अधिकारी भ्रष्टाचार के लिए खुले हैं।

23. यह उसकी जानकारी के कारण है, फिर से, कि हम अभिशप्त जासूस को दुश्मन को झूठी खबर देने के लिए प्रेरित कर सकते हैं।

[चांग यू कहते हैं, "क्योंकि परिवर्तित जासूस जानता है कि दुश्मन को सबसे अच्छा कैसे धोखा दिया जा सकता है।

24. अंत में, यह उसकी जानकारी से है कि जीवित जासूस का उपयोग नियत अवसरों पर किया जा सकता है।

25. इसकी सभी पांच किस्मों में जासूसी का अंत और उद्देश्य दुश्मन का ज्ञान है; और यह ज्ञान केवल पहली बार में, परिवर्तित जासूस से प्राप्त किया जा सकता है।

[जैसा कि §§ 22-24 में बताया गया है। वह न केवल स्वयं जानकारी लाता है, बल्कि लाभ के लिए अन्य प्रकार के जासूस का उपयोग करना संभव बनाता है।

इसलिए यह आवश्यक है कि परिवर्तित जासूस के साथ अत्यंत उदारता के साथ व्यवहार किया जाए।

26. पुराने में, यिन राजवंश का उदय

[सन त्ज़ी का अर्थ है शांग राजवंश, जिसकी स्थापना 1766 ईसा पूर्व में हुई थी। 1401 में पान केंग द्वारा इसका नाम बदलकर यिन कर दिया गया।

मैं चिह के कारण था

[आई यिन के रूप में बेहतर जाना जाता है, प्रसिद्ध जनरल और राजनेता जिन्होंने चीह कुई के खिलाफ चेंग तांग के अभियान में भाग लिया था।

जिन्होंने हसिया के अधीन सेवा की थी। इसी तरह, चाउ राजवंश का उदय लू या के कारण हुआ था

[लू शांग अत्याचारी चाउ हसीन के तहत उच्च पद पर पहुंचे, जिन्हें उन्होंने बाद में उखाड़ फेंकने में मदद की। लोकप्रिय रूप से ताई कुंग के रूप में जाना जाता है, वेन वांग द्वारा उन्हें दी गई एक उपाधि, कहा जाता है कि उन्होंने युद्ध पर एक ग्रंथ की रचना की थी, जिसे गलती से *लियू ताओ* के साथ पहचाना गया था।

जिन्होंने यिन के अधीन सेवा की थी।

[चीनी भाषा में जितनी सटीकता मैंने अपने अनुवाद में प्रस्तुत करना अच्छा समझा है, उससे कम सटीकता है, और मार्ग पर टीकाएँ किसी भी तरह से स्पष्ट नहीं हैं। लेकिन, संदर्भ के संबंध में, हम शायद ही संदेह कर सकते हैं कि सन त्ज़ी आई चिह और लू या को परिवर्तित जासूस के शानदार उदाहरणों के रूप में पकड़ रहा है, या कुछ निकटता से अनुरूप है। उनका सुझाव यह है कि हसिया और यिन राजवंश अपनी कमजोरियों और कमियों के अंतरंग ज्ञान के कारण परेशान थे, जो ये पूर्व मंत्री दूसरे पक्ष को प्रदान करने में सक्षम थे। मेई याओ-चेन इन ऐतिहासिक नामों पर इस तरह के किसी भी आक्षेप से नाराज प्रतीत होते हैं: "आई यिन और लू या," वे कहते हैं, "सरकार के खिलाफ विद्रोही नहीं थे। हसिया पूर्व को नियोजित नहीं कर सकता था, इसलिए यिन ने उसे नियुक्त किया। यिन उत्तरार्द्ध को नियोजित नहीं कर सकता था, इसलिए होउ ने उसे नियुक्त किया। उनकी महान उपलब्धियां लोगों की भलाई के लिए थीं। हो शिह भी क्रोधित है: "मैं और लू जैसे दो दिव्य प्रेरित पुरुषों को आम जासूसों के रूप में कैसे काम करना चाहिए? सुन त्ज़ी के उनके उल्लेख का सीधा सा अर्थ है कि जासूसों के पाँच वर्गों का उचित उपयोग एक ऐसा मामला है जिसके लिए I और Lu जैसे उच्चतम मानसिक क्षमता वाले पुरुषों की आवश्यकता होती है, जिनकी बुद्धि और क्षमता ने उन्हें इस कार्य के लिए योग्य बनाया। उपरोक्त शब्द केवल इस बिंदु पर जोर देते हैं। हो शिह

का मानना है कि जासूसों के उपयोग में उनके कथित कौशल के कारण दो नायकों का उल्लेख किया गया है। लेकिन यह बहुत कमजोर है।

27. इसलिए यह केवल प्रबुद्ध शासक और बुद्धिमान जनरल है जो जासूसी के प्रयोजनों के लिए सेना की उच्चतम बुद्धि का उपयोग करेगा और इस तरह वे महान परिणाम प्राप्त करेंगे।

[तू म्यू चेतावनी के एक नोट के साथ बंद हो जाता है: "जिस तरह पानी, जो एक नाव को बैंक से बैंक तक ले जाता है, उसे डूबने का साधन भी हो सकता है, इसलिए जासूसों पर निर्भरता, जबकि महान परिणामों का उत्पादन, अक्सर विनाश का कारण होता है।

युद्ध में जासूस सबसे महत्वपूर्ण तत्व हैं, क्योंकि उन पर सेना की स्थानांतरित करने की क्षमता निर्भर करती है।

[चिया लिन का कहना है कि जासूसों के बिना एक सेना कान या आंखों वाले आदमी की तरह है।

[1] "स्काउटिंग के लिए एड्स," पी।

[2] "मार्शल ट्यूरेन," पी।